区域物流发展战略研究

——理论与实践

阿布都伟力·买合普拉◎著

中国经济出版社
CHINA ECONOMIC PUBLISHING HOUSE
·北京·

图书在版编目（CIP）数据

区域物流发展战略研究：理论与实践 / 阿布都伟力·买合普拉著. -- 北京：中国经济出版社，2025. 3.

ISBN 978-7-5136-7762-2

Ⅰ. F259.22

中国国家版本馆 CIP 数据核字第 2024HA9987 号

责任编辑　陈　瑞
责任印制　李　伟
封面设计　任燕飞设计工作室

出版发行　中国经济出版社
印 刷 者　宝蕾元仁浩（天津）印刷有限公司
经 销 者　各地新华书店
开　　本　710mm×1000mm　1/16
印　　张　15.25
字　　数　208 千字
版　　次　2025 年 3 月第 1 版
印　　次　2025 年 3 月第 1 次
定　　价　79.00 元
广告经营许可证　京西工商广字第 8179 号

中国经济出版社 **网址** http://epc.sinopec.com/epc/ **社址** 北京市东城区安定门外大街 58 号 **邮编** 100011

前　言 | PREFACE

区域物流学科研究特定经济区域的物流产业发展问题。这种经济区域一般是指县域经济单元以上的经济区域，从层次上可延伸到国际经济带所辐射的沿线区域。虽然区域物流的空间层次存在差异，但是其物流产业发展规律和规划要素是统一的，也就是说，不论区域大小，其物流产业的规划发展规律是一致的。区域物流是指一定经济区域依托物流产业基础设施支撑的，以一定经济社会物流供求关系为服务对象，以物流产业的市场运行机制为主体、宏观调控为辅助支持的物流产业运行系统。

在现实经济运行层面，物流产业是一个十分复杂的产业运行系统。从物流服务的对象看，农业、工业、商业贸易、旅游业等第一、第二、第三产业部门都需要物流产业提供综合性服务。从物流行业管理部门看，综合交通管理部门、发展和改革部门、经济运行和信息化部门、商业部门、应急管理部门等都具有相应物流领域的管理职能，都要行使一定的规划职能，因而物流产业是属于多头管理的产业部门。因此，对于区域物流的发展而言，既要满足各类产业部门的多元化物流保障需求，也要统筹考虑各类行业管理部门职能的有效协调发挥。同时，应该看到由于资源禀赋条件和生产力发展水平的差异，区域经济之间始终存在一定的发展差距。要缩小区域经济之间的发展差异，尤其是欠发达地区赶超相对发达地区，需要对相应的综合物流设施和物流产业体系进行系统谋划和推进，以改善区域经济发展环境和投资环境，加快区域发展，缩小区域发展差异。对此，需要从宏观层面设计一个更高层次的、全面的、综合的物流规划来统筹区域物流和区域经济的有效运行和高质量发展。对于经济相对发达地区而言，其综合物流基础设施体系和物流产业运行体系是相对成熟的，但是也存在降低社会物流的运行成本问题。对此，要从宏观上进一步规划和升级区域物流运行系统，优化物流业发展环境，提高物流系统的现代化装备水平，增强物流产业集群的协调运行能力，细化各类产业的专业化、个性化物流分工，最终进一步提高物流生产率，降低社会总体物流成本。

区域物流对区域经济的作用机理主要体现在流通环节的支撑服务层面。在区域经济的生产、流通和消费等环节中，区域物流具有中间环节的关键支撑作用，在一定程度上反映了区域经济体系的运行效率。流通效率不仅对生产环节起着重要的基础作用，也对消费环节起着重要的推进作用。作为生产环节和消费环节的重要连接纽带，流通环节为两者提供了双向支撑作用，涵盖了几乎全部社会产品在社会上与企业中的运动过程，是一个非常庞大且复杂的领域。

区域物流战略研究在区域经济发展中具有重要战略意义。在特定区域经济体系建设中，区域物流体系的建设发挥着战略支撑和战略引领的双重作用。战略支撑作用体现在为区域经济社会提供便利的物流基础设施和高效的物流运行服务。如果特定区域的物流基础设施不发达，就会严重制约该区域的经济社会发展和各类产业体系建设。各类产业的发展依托于高效率的物流流通支撑，包括原材料的运输、生产设备的运输、制成品的运输以及高效的配送效率等，这些都直接影响各类产业的发展。物流成本在产品成本中占据重要比重，物流成本的高低直接影响各类产业各类产品的市场竞争能力。区域物流对区域经济发展的战略引领作用体现在对区域资源开发的重大影响力上。特定物流基础设施的形成或特定物流服务体系的构建对各类产业体系的开发建设起着重要牵引作用。一些重要的物流基础设施，如铁路、高速公路等项目的建设，往往能倒逼该区域各类资源的产业化开发，加快形成各类产业体系。交通设施的改善还能引导特定区域产业结构的调整，为区域招商引资、企业落户、产品批量运输等提供便利条件。此外，区域物流与区域经济是相互匹配、互相制约的关系，两者相辅相成。

区域物流战略研究的目的，一方面是通过物流产业的有效发展，加快区域经济的发展，最终为区域经济高质量发展提供战略性支撑；另一方面是确保物流产业自身的有序规范发展。由于物流产业涉及多个产业部门和行业管理部门，且在一般市场环境条件下具有自发运行的特征，因此需要从宏观层面统筹物流产业的系统集成发展，以保障各类物流设施和运行制度的有效衔接，从而发挥物流产业的最大运行效益。为此，我们需要对区域物流的要素体系和区域经济的要素体系进行系统的分析和梳理，根据区域经济的现实发展需求和战略发展需求来设定区域物流产业的发展定位、方向及战略重点。在物流产业的战略研究上，应着重反映区域物流产业对区域经济的牵引作用，因为战略研究具有前瞻性、超前性、系统性和长远性。作为区域经济发展的重要构成部分和支撑，区域物流产业需要进行深入系统的研究，以充分发挥其在区域经济发展中的基础保障和战略引领作用。为此，要全面把握和确定物流产业的现实发展需求和长远性发展保障需求。

区域物流的战略性发展问题研究遵循特定的研究范式，它融合了一般性产业发展战略的基本要素以及物流产业自身的特点，在撰写具体的战略研究报告时应结合一般性要素和特殊性要素，构建出一个清晰的研究框架。对于区域物流产业的发展战略研究，我们需要系统分析一系列要素，包括特定区域物流产业的发展条件、发展定位、发展目标、重点任务、重点工程和保障措施等。其中，发展条件揭示了社会生产和消费中的物流供需状况，以及物流产业的发展基础条件；发展定位则明确了区域物流产业的功能及其在宏观空间层次中的分工和地位；发展目标描绘了区域物流基础设施的未来愿景、产业规模的预测以及物流服务体系建设的长远发展水平等；重点任务聚焦于区域物流产业当前急需补强的短板，同时关注长远的物流体系服务能力的建设，包括区域物流通道、网络、枢纽和节点的建设要求，以及专业物流体系的建设任务等；重点工程则反映特定经济区域依托于各类产业发展需求的特色物流体系、专业物流体系、示范性物流体系的系列工程；保障措施涵盖了区域物流发展的组织保障、要素保障及改革保障等方面。

我国是社会主义市场经济，政府的宏观调控在国民经济体系建设中起着重要的杠杆作用。区域物流，作为区域经济发展的重要支撑，同样在国家宏观调控中扮演着重要角色。在构建我国政府主导型的经济体系时，深入研究区域物流问题，特别是区域物流的规划和战略问题，显得尤为重要。这不仅是国民经济体系建设的需要，也是推进社会主义现代化强国建设的需要。自 21 世纪初我国发布《物流业发展中长期规划（2014—2020 年）》以来，区域经济和物流产业迈入新的发展阶段，引发了广泛的区域物流研究和规划需求。在此背景下，全国范围内多个经济发达地区率先制定了物流产业发展规划，将物流产业提升为区域经济发展的重要议程。随着国民经济发展规模的不断扩大以及国内国际双循环体系的逐步形成，物流产业领域多层次、相对细化的物流规划研究迅速兴起，为各层次的区域经济发展提供了有力支撑和引领。区域物流产业的规划或战略研究反映了政府对物流产业发展的战略性认识以及区域发展的推进措施，专业物流的细化研究则体现了物流市场的多元化运行需求。政府在宏观视角的规划、引导和调控与市场在基础性作用环境下的物流专业分工发展相结合，共同形成了具有中国特色的现代物流产业运行体系。总的来说，我国国民经济发展实践和政府主导型经济体系的建设，为区域物流宏观研究、规划研究和战略研究提供了十分广阔的理论舞台和政策实践空间。

本书研究内容由区域物流发展战略研究的基本理论和实践案例两个部分构成。在基本理论部分，首先阐述了区域物流的概念以及区域物流系统的构成要素，接着讨论了区域物流产业发展战略研究的内容框架，包括发展背景、现状、形势、目标、重点任务及保障措施等方面的分析范式。在实践案例部分，选取新疆巴音郭楞蒙古自治州（在正文统称巴州）的物流产业作为研究案例，按照区域物流发展战略研究的理论分析框架和要素进行了深入的实证研究。

鉴于区域物流基础理论研究和产业发展战略的实证研究都处在初期探索阶段，书中难免存在理论不够成熟之处，恳请读者给予批评指正。

阿布都伟力·买合普拉

2024 年 8 月 15 日于乌鲁木齐

目　录 | CONTENTS

理论篇

实践篇

理论篇

第一章
区域物流基础理论

第一节　区域物流概念

区域物流是一定经济区域范围内物流产业的整体运行形态，包括该区域内产生的所有社会物流行为，反映与社会生产和居民生活相关所有物资（物品）的商业性运输和配送。

之所以称为“经济区域”，是因为物流活动是基于一定的社会商品需求和供给而存在的。物流产业要素为社会经济运行提供有力的运输和配送支撑，离开了社会商品的运输和配送需求，物流产业活动则不存在。经济区域与一般的行政管辖区域或者自然分布区域具有一定的内涵区别，主要体现在“经济区域”内的经济活动存在一定的生产供求关系和规模。一般的“经济区域”具备一定的生产体系、消费体系和流通保障体系，具有一定的商业集散功能，并能够辐射到一定的经济活动范围。

一定的经济区域一般是指县域经济单元以上的经济区域，其宏观空间层次可以增大到国际经济带所辐射的沿线经济区域，包括县级区域、地州区域、省区市区域、国境内区域、国际经济走廊、洲际区域、国际经济带辐射区域等。这些区域的整体物流活动都可从区域物流的视角去识别和规划。常见的区域物流规划或战略研究依托以上的空间层次命名并在相应区域范围内具有产业指导意义和一定的政策约束力。

经济区域内物流产业的整体运行形态是指该区域内所有物流活动的总和以及这些活动的区域集散和辐射功能。根据经济区域空间层次的不同，区域物流产业的发展规模是存在差异的，经济空间越大，相应的物流产业规模就越大。一般情况下，经济发达地区的区域物流活动与欠发达地区的区域物流活动在产业支撑能力层面以及物流服务能力层面也存在相应的发展差异。此外，由于经济全球化和世界经济一体化水平的差异，国境内区域物流和跨国性区域物流活动受到的制度约束也存在一定差异。尽管区域物流由于空间层次和区域的发展程度存在一定的规模差异，但是区域物流运行的基本要素体系是相同的，物流产业在特定区域内的内在运行规律也是相同的。

物流产业属于国民经济中的服务产业部门，是第三产业的重要组成部分，具有一定的宏观产业形态。在一般统计框架系统中，第三产业中的“交通运输、仓储和邮政业产值”代表了物流产业的发展规模。同时，统计框架中的农产品的产量、工业品的产量、国内贸易的规模和进出口贸易的规模等在一定程度上反映了物流的需求规模和工作量，因为这些商品的生产、流通和消费等主要环节都是由物流产业来提供支撑和运输保障的。在宏观调控层面、经济制度层面和产业政策层面，物流产业基本上是以宏观产业形态而存在和备受关注的，对此，在区域的体制机制层面有不同的行业管理部门对物流产业从不同领域进行管理和产业指导。

作为具有产业形态的生产力部门，物流行业通过服务交易和服务价格体现其商业性特征，不是所有的物资或物品移动都具有物流经济行为特征，只有产生物流活动交易的行为属于物流经济形态或商业行为形态，并成为物流产业活动的有效组成部分。物流交易产生于物流需求方和物流供给方之间，而生产性企业的物流外包和跨国企业的供应链管理需求均促使第三方物流的专业化发展。第三方物流发展水平在一定程度上反映一个区域的物流产业分工水平和发达水平，一般情况下，第三方物流越发达，表明区域物流业和区域经济越发达。由于商品的运距、运输方式、时效性、通达效率、商品的特殊性等差异，导致物流服务价格存在差异。

一定区域内的物流产业活动规模是通过国民经济中的统计部门进行采集和汇总的，而数据是以年度作为一个时间周期进行采集汇总，并且由不同的物流行业管理部门提供一定时间段的物流运行数据。这些数据大多是以交通运输量和快递配送量的数据进行采集，其中公路运输部门提供一定区域内汽车货物运输量，铁路部门提供铁路货运量，民航部门提供航空货运量，国有能源公司等提供管道运输量，邮政和快递公司等提供社会快递配送量。区域内物流行业管理部门大体上依托以上渠道的数据汇总研判区域物流产业的发展规模和变化。此外，从理论上讲，一定经济区域内所有农产品、工业品、建筑固定资产等的规模也反映了社会物流的运输和配送规模，这些具体物资产品是通过物流渠道进行移动和配置的。只要是具有商品生产特征的物资产品都可以作为物流产业的服务对象，并作为反映物流产业运行规模的参考指标。国民经济统计中的社会消费品零售总额、进出口贸易总额等指标也是从侧面反映物流产业流通量的重要指标，这些经济交易行为的金额是伴随着具体的物资流动而产生的。此外还有一类数据，比如全社会所有运输和流通企业以及个体工商户的营业收入也是反映一个经济区域物流业务量的重要分析指标，这些企业的经济收入是伴随各类物流服务而创造的。

一定经济区域依托自身城乡规模、人口和各类产业发展规模产生社会物流需求，包括第一产业物流（农牧林渔业等）、第二产业物流（矿业、制造业、建筑业等）和第三产业物流（商业贸易、旅游、城乡消费等）等。这些社会物流需求根据商品物资的特点又分为大宗物流、冷链物流、制造业产品物流、商贸物流等，其中大宗物流主要是指一定区域内生产规模较大的矿业产品、能源产品和特色农业产品的物流运输；冷链物流主要是指农村地区从田头到城乡消费者的各类生鲜农产品的物流配送过程；制造业产品物流主要是指各类工业企业生产的各类工业制造品的原料和制成品的搬运过程；商贸物流主要是指围绕社会大众生活、生产需求的各类商品物资（包括内贸和外贸）的物流运输和配送过程。

一定经济区域物流产业服务体系依托一定的物流产业基础设施、物流装备和物流企业群体提供社会物流服务，满足社会物流需求。物流产业基础设施包括公路、铁路、机场、管道、园区、货运场站、码头、配送中心、冷库、库房等基础设施；物流装备包括车辆、船只、运输机、集装箱、搬运机械、搬运工具、信息化平台等装备工具；物流企业群体包括提供社会物流服务的大型跨国国际物流企业、国有企业、大型民营企业、中小企业、个体工商户等。

区域物流产业按照社会物流业态又可分为邮政快递物流、回收物流、应急物流等。其中邮政快递物流依托于电子商务的特征十分明显；回收物流指的是生产垃圾、生活垃圾的再回收利用过程；应急物流指的是保障社会经济安全的应急物资储备、社会动员物流体制机制等。

区域物流产业在宏观调控层面受制度、政策和规划约束。一般情况下，区域物流的运行模式是依托市场机制的基础性作用而形成的，但同时，作为自发性发展特征比较强烈的行业部门，物流产业存在无序发展、重复建设、资源闲置、恶性竞争、地方分割和部门分割、行业规制和标准差异制约等问题和弊端，需要从宏观层面对其进行调控和规范发展。对此，很多地区出台相应的行业规范文件和产业指导意见，以优化区域物流的运行系统，改善区域物流的运行环境，加快统一物流市场的形成。而做大做强交通枢纽区域的物流产业更需要从规划层面和企业培育层面加大政府工作力度，着力培育物流产业的主导产业能力，以全面发挥对区域经济的关键引领作用和对地区生产总值的拉动作用。

第二节　区域物流系统

区域物流系统是区域社会经济大系统的一个子系统，是指在一定的经济区域范围内，物流活动所需的基础设施、物质资料、物流主体等要素相互联系、相互制约的有机整体。

区域物流系统是由区域物流各要素组成的，各要素之间存在有机联系并具有使物流总体合理化功能。区域物流系统的基本要素包括物流主体（政府、企业及服务组织）、物流客体（物流对象）和物流载体（物流基础设施等），而物流主体、物流客体和物流载体又各有其完整的结构体系，每一个要素都表现出各自不同的功能，从而形成区域物流的整体功能。区域物流系统基本要素框架见图 1-1。

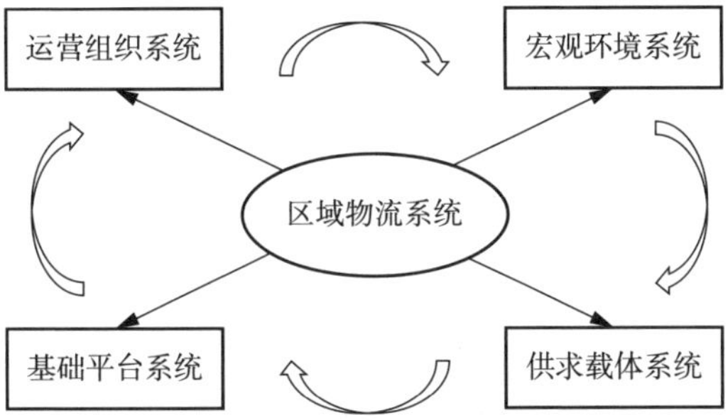

图 1-1　区域物流系统基本要素框架

基础平台系统。区域物流基础平台在区域物流系统中起支撑作用。区域物流基础平台是物流服务的承担方，为支撑区域物流活动高效运行提供基础条件。区域物流基础平台是在区域物流整体服务功能上和某些环节上，满足物流组织与管理需要的、具有综合或单一功能的物流基础平台系统，包括区域物流活动的硬件设施和软件设施，其中硬件设施涵盖公路、铁路、航空、水运、能源管道运输等所有大型运输方式的基础设施和相关装备系统；① 软件设施包括服务于物流运输活动的公共信息化平台、物流企业管理平台、仓储管理平台、物流大数据系统集成平台和所有行业相关软件等。区域物流基础平台系统影响第一产业、第二产业和第三产业中物流需求主体的物流外包决策，进而影响物流专业化和市场化的进程。物流基础设施是区域物流顺畅运行的必要条件和平台，其包括线状设施和点状设施等。物流系统的物质基础要素是保证物流活动有效、协调进行的基础条件。②

运营组织系统。物流运营组织系统包括直接参与或专门为物流市场提

① 物流产业基础设施包括公路、铁路、机场、管道、园区、货运场站、码头、配送中心、冷库、库房等基础设施；物流装备包括车辆、船只、运输机、集装箱、搬运机械、搬运工具、信息化平台等装备工具。

② 阿布都伟力·买合普拉．区域物流研究：基础理论和综述［M］．乌鲁木齐：新疆大学出版社，2014：136-137.

供物流（运输、仓储、转运、装卸搬运、配送、流通加工、组织管理等）服务的物流组织，包括第三方物流企业、运输企业、仓储企业等。物流运营组织是供应链物流渠道起点和终点的连接者，在整个物流活动过程中起着主导性和决定性的作用。这些企业可为本区域、中心城市、跨区域或国际物流市场提供综合物流服务、专业化物流服务或功能性物流服务，从而形成多层次、多功能、不同主体性质的现代物流运营群体，即区域物流供给主体、区域物流需求主体、物流信息运营商主体、区域物流产业集群。区域物流运营主体在空间分布上具有相对集中或分散的组织特征，它们集聚货流、衔接物流作业环节，因而，其组织运作水平决定了区域物流的服务质量，其专业化发展程度直接影响着区域物流的运行效率。

供求载体系统。区域物流供求载体系统由物流对象、区域资源条件、社会物流需求与供给、生产流通消费环节中的产业运行、物流活动在区域经济社会环境背景下的产业或者行业循环系统、各类物流互动的表现形式等诸多要素构成，即区域物流客体、区域资源条件、产业部门供求条件、社会生产循环系统或市场系统。区域物流供求载体系统包括各类社会企业的物流供求关系，即生产类企业的物流需求和供给类企业的物流需求，或者物资供应地的需求和接收地的需求等。区域物流供求载体系统反映一个经济区域各类产业的生产能力和规模，包括第一产业的生产规模、第二产业的生产规模和第三产业的生产规模等。区域物流供求载体系统的功能包括依托市场机制，协调社会物流供求关系；通过输入—输出功能，与社会经济系统实现衔接；维持区域性物流活动的可持续发展；促进宏观物流的合理化。

宏观环境系统。区域物流宏观环境是对区域物流供给主体和需求主体产生影响作用的环境主体集合，主要包括政府管理主体、中介服务主体、知识支持主体。政府管理主体是指政府的物流产业管理部门；中介服务主体是指为物流产业提供法律服务、信息化服务、规划服务的各类机构，包括各类物流行业组织、协会、学会等；知识支持主体是指设置物流相关专业，培训各类物流人才的机构，包括各类高校、职业技术学校、民间培训机构等。区域物流环境系统对物流供需主体有不同影响，对物流供需主体的经营活动具有比较直接、具体的支配力和影响力，主要功能有体制、制度功能，法律、规章功能，命令功能，标准化系统功能，产业政策功能，资源要素供给功能等。区域物流宏观环境系统是物流系统的体制层，体制层对协调社会物流系统与企业物流系统的目标，促进二者有机结合和协调发展，发挥物流系统在经济生活中的特定功能具有举足轻重的作用。①

第三节　区域物流的空间组织结构

区域物流空间组织是物流产业在一定经济区域的集聚方式和辐射方式，包括物流通道、物流枢纽、物流节点和物流网络等空间组织。

物流通道是指特定经济区域不同方向的骨干交通线路通道，一般指从不同方向进出该经济区域的铁路通道和公路通道。一般情况下，特定经济区域与周边地区通过一些骨干交通线路实现连接，实现主要的物流通道。这些通道使得特定经济区域与主要的经济发达区域或中心市场实现有效连接。对于国境内区域而言，一般指的是重要的铁路通道、公路国道体系、省道体系等；对于国际经济走廊或者经济带而言，指的是跨境骨干铁路或者公路通道体系。一些大型能源通道、航空物流线路也属于物流通道的范畴，称为能源管道通道、空中通道等。物流通道对区域经济发展而言具有重大带动作用，一般经济区域的一些核心产业基地分布在通道的沿线区域。当然，通道的选址与经济区之间的地理环境、山水环境、交通骨干线施工难度和最近距离等诸多因素相关。通道的沿线区域一般会辐射到特定经济区域的主要城市和产业基地，因此通道具有板块经济影响效应。此外，通道线路上的交通运输量（车流量）规模较大，经济区域的主要运输

① 阿布都伟力·买合普拉．区域物流研究：基础理论和综述［M］．乌鲁木齐：新疆大学出版社，2014：139-152.

量通过通道实现流通。

物流枢纽是指物流通道沿线的主要交通枢纽城市。物流枢纽是集中实现货物集散、存储、分拨、转运等多种功能的物流设施群和物流活动组织中心。国家物流枢纽是物流体系的核心基础设施，是辐射区域更广、集聚效应更强、服务功能更优、运行效率更高的综合性物流枢纽，在全国物流网络中发挥关键节点、重要平台和骨干枢纽的作用。枢纽城市一般坐落于多方向交通通道和线路的汇集之地，在特定经济区域具有重要的商贸物资集散功能。枢纽城市分为国家物流枢纽城市、省区市物流枢纽城市两类，相应背景下才具有枢纽城市的资格和竞争力。物流枢纽城市以依托的主要运输方式和区位条件为划分依据，可分为陆港型、港口型、空港型、生产服务型、商贸服务型、陆上边境口岸型等 6 种类型。[①]

物流节点是指物流通道和物流枢纽城市辐射范围之内物流活动相对聚集的空间场所，是物流网络中连接物流线路的结节之处，是所有进行物资中转、集散和储运的节点。物流节点包括经济区域内的重点物流园区、口岸城镇、县域物流集散中心、空港、港口、码头、货运场站、大型公共仓库及现代物流（配送）中心等。物流节点具有物资集散作业、仓储、线路连接、信息管理等综合功能，是物流系统的重要组成部分，是组织各种物流活动，提供物流服务的重要场所。按照节点的功能，大致可将其分为转运型节点、储存型节点、集散型节点、配送型节点、综合型节点等。

物流网络是指一定经济区域内物流通道、物流枢纽和物流节点通过交通线路相互连接构成的地域分布体系。用图论来表述，网络可描述为由若干有向线条和若干不同等级节点相连接的连通图。物流通道、物流枢纽和物流节点通过交通线路组合起来，形成区域物流系统的网络结构。物流线路是运输工具的载体和通过的途径，是由交通（公、空、铁、水等综合交通运输网络）、通信干线连接起来的基础设施。线路也可分为主干线、次干线、支线三个层次。主干线主要是指连接物流园区、物流中心的城市间

---

① 国家发展改革委，交通运输部．国家物流枢纽布局和建设规划［Z］．2018-12-21.

高速公路网、铁路网、航道网、航空网；次干线则是指连接同一城市中不同节点的城市道路、航道及铁路线；支线则是指节点内部的线路。区域物流网络表示空间经济之间的联系，空间上表现为交织成网的交通基础设施，它还表示区域经济联系的系统，这种联系表现在地区之间和企业之间的经济等方面，反映了区域经济发展的一种有序结构。物流网络上零散微观物流活动除了交通线路之外，还要依靠物流运营组织的多式联运系统进行集散，实现物流节点、物流枢纽和物流通道的组合。

第二章

区域物流发展战略的概念及研究方法

第一节　区域物流发展战略的概念

区域物流发展战略是描绘区域物流产业未来发展的蓝图，也是区域物流发展的行动指南。区域物流产业的发展，离不开发展战略的指导。区域物流发展战略对区域经济的发展、产业结构的调整与升级及各行业、各部门、各地区产业的协调发展都具有一定的指导作用。为此，在区域物流发展战略的确定中，应当体现前瞻性、可执行性、长远性。

区域物流发展战略是在一个特定的经济区域范围内根据区域经济和社会发展的长远计划、区域的自然及社会经济条件，从历史、现状和发展趋势出发，在正确认识区域物流规模、结构与特点的基础上，对一定时期内（一般为中长期）区域物流发展的目标、区域物流体系的建设、区域物流发展任务与对策等的一体化运作模式和技术组织所进行的系统设计。

区域物流发展战略在一定区域范围内对整个物流体系建设进行总体的战略部署，它以国家、地区的经济和社会发展计划为指导，以区域物流系统内的政治、经济、文化、自然资源、交通条件等为依据，考虑区域物流系统发展的潜力和优势，在掌握交通运输、社会物质生产力、商业贸易流通等物质要素的基础上，研究确定区域物流系统的发展方向、规模和结构，对空间配置做出合理的、全面的、轮廓性的部署，使物流基础设施网络更加合理布局，统一安排交通运输等物流综合设施，为区域经济可持续发展提供有力支撑。

第二节 区域物流发展战略的研究范围

区域物流发展战略的任务就是建立合理的区域物流运作体系。即在区域物流系统范围内，从整体和长远利益出发，统筹兼顾，因地制宜，正确配置物流要素，使之布局合理、比例协调、发展迅速，为区域经济的发展提供最优的物流支持环境。

区域物流发展战略是一项复杂的系统工程，涉及多领域、多学科知识。区域物流发展战略在现代物流理论、区域经济理论、系统理论等学科理论指导下，根据研究所框定的特定区域范围，为避免所框定范围内物流发展的盲目性，结合所框定范围内的国民经济、社会发展长远计划和区域的自然条件、交通运输条件，按照区域内物流软、硬件设施满足社会经济发展及人民生活需要的要求，综合分析区域物流基础设施建设规模、结构与特点、速度、发展潜力与未来趋势等系统影响因素，通过运用一定的工具进行物流需求市场预测，根据区域物流战略的理论基础、规划原则、方法，研究设计一定时期内区域物流的发展方向、发展目标、发展思路、功能定位、空间布局、重点任务、实施对策等，为政府发展现代物流业提供依据，从而有效降低物流在仓储、运输、装卸搬运、包装、流通加工及信息服务等环节的经济成本和社会成本，实现区域物流产业的高质量发展。

一般来讲，一份完整的区域物流发展战略报告至少应包括区域概况、产业竞争力与环境分析、形势分析与需求预测、指导思想与发展原则、战略定位与愿景使命、空间布局与实施计划、重点任务、重点工程、保障措施与工作分工等内容（见图 2-1）。

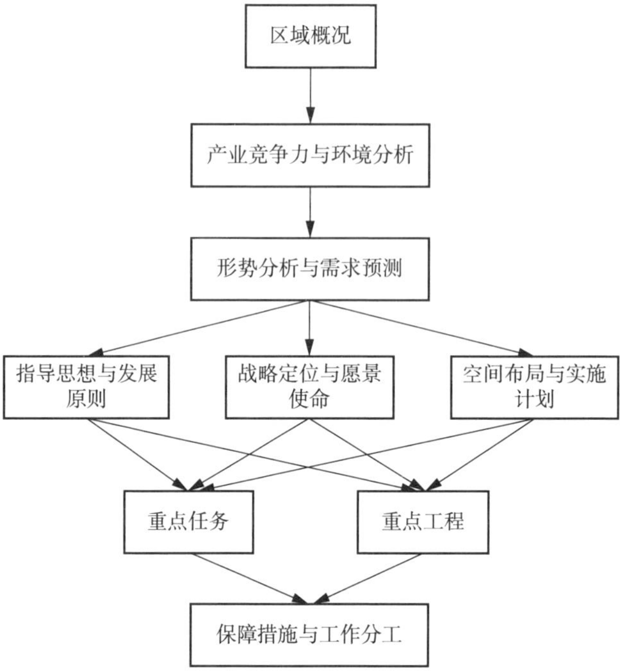

图 2-1 区域物流发展战略报告基本构成

第三节 区域物流发展战略的基本特征

一、战略性

区域物流发展战略具有突出的战略性，其核心是与社会经济发展、人民生活密切相关的，带有全局性和长远性的物流发展战略部署，是区域物流基础设施建设、物流企业发展的总纲，对区域物流突破性发展、跨越式发展具有促动意义，也是形成区域物流竞争力的重要依托载体和手段。因此，科学和有远见的区域物流发展战略，可以避免低效益的单独建设和不必要的重复建设，合理安排物流基础设施的有序建设和对物流企业进行统一管理，从而对区域经济建设的全局和各组成部门产生巨大的社会、经济效益。

二、区域性

区域物流发展战略是一项区域性很强的工作。由于物流发展水平与经济发展水平密切相关，各个地区具有不同的背景、基础和条件，不同地区的物流发展战略必须从自身特征出发，视地区情况而定，遵从因地制宜的原则。区域物流发展战略既从区域性视角，又从产业性视角进行研究分析，总体上以经济区域为研究对象。

三、综合性

区域物流发展战略是一项内容复杂的综合性战略，涉及地区经济发展水平、人民生活状况、综合交通基础设施建设及信息网络建设等各个方面，要从近期和远期、区内和区外对区域物流的辐射范围、功能定位等进行规划设计，其头绪众多、情况复杂，需要综合平衡和反复论证。总体上，区域物流发展战略涉及区域物流基础设施建设、物流产业体系建设、物流市场主体培育、物流管理体制改革等诸多层面。

四、目的性

发展战略是为了明确方向，制定目标，并为实现某种目标或状态而进行的研究，一方面要增强物流产业对区域经济的支撑作用，另一方面要加快物流产业自身的转型升级。区域物流发展战略的整体目的是增强区域物流的综合竞争能力，形成区域物流发展优势，以某种战略手段推动区域物流产业的突破性发展和跨越式发展等。

五、前瞻性

区域物流体系要超前于区域经济社会的发展需求而建设，全面引领区域经济社会的发展。从区域经济发展与物流产业发展的关系以及区域物流产业的功能看，物流产业对区域经济发展具有基础性、引领性和战略性作用。因此，对于区域经济发展而言，区域物流发展战略应当前瞻性规划，由区域物流体系的超前规划建设拉动区域经济的增长，创造区域资源开发条件，培育区域特色产业体系，最终推动区域生产力发展。

六、动态性

区域物流发展战略是一个动态实施过程，这就要求重视战略实施过程的循环、保持产业战略的弹性。战略实施过程中各步骤、各环节是相互关联的，在整个过程中要不断地结合实际反馈情况进行调整和修正。如发现预定的发展战略目标在实际实施中难以实现，就需要及时对发展战略目标进行调整和修正。同时，区域物流发展的内部因素和外在环境中存在大量不可控因素，这些因素的变化会影响区域物流的发展，这就要求区域物流发展战略尽可能保持比较大的弹性，能够根据变化的情况进行必要的调整。

第四节　区域物流发展战略的研究方法

一、理论分析法

主要从理论视角分析区域物流体系的结构、建设趋势、与区域高质量发展的互动关系等；查阅学习一些国内知名规划机构和部分知名专家学者的各类研究成果、区域物流发展理念和思路等；对区域物流体系的复杂系统要素进行理论性思考和梳理；对区域物流竞争力要素进行系统分析，并讨论区域物流要素的合理培育路径。

二、实地调研法

力争对区域物流主要通道、沿线枢纽城市、重要节点等基础设施体系进行实地调研，重点查看民航、铁路、高速公路和口岸基础设施进展和远景规划等，了解区域物流支撑能力；对重点产业基地、产业园区进行深入调研，了解经济社会物流需求和各类产业部门的物流需求特点；根据条件，选择部分沿海发达地区作为典型对象，比较研究物流体系的演变特征。

三、部门和专家座谈法

与研究区域的政策研究机构、发展和改革委员会、交通运输部门、民用航空部门、海关部门、部分大型能源企业、部分有影响力的民营物流企业、国际物流企业等机构行业管理人员、相关领域专家、行业组织和企业家群体进行访谈交流，讨论区域物流体系建设方向和可行性，以及体制机制改革思路等问题。

第三章

区域物流发展战略研究的内容框架

第一节　区域物流发展条件、基础和背景分析

区域物流发展战略的确定，必须有充分的依据。战略目标最终能否实现，要看发展战略是否符合区域的实际和发展的需要。因此，在制定战略方案前要做大量细致的综合考察和周密的调查研究工作，使得区域物流发展战略的依据充分可靠。要搞清物流系统赖以发展的物质因素，包括区域经济资源条件、产业发展基础、商业流通规模、重大项目带来的经济变动等。地区经济体系的研究分析反映了该区域物流产业服务的对象特点，包括产品的生产规模、流通规模、消费规模、物流方式等。研究区域产业越发达，物流产业就越有发挥作用的条件和潜力。区域物流发展条件、基础和背景分析主要包括以下几个方面。

一、经济地理与资源环境条件

经济地理与资源环境条件包括地理区位特点、各类自然资源和矿产资源（农业资源）的分布特点等。区域资源条件直接影响区域经济发展的方向、经济结构和具体的内容。在收集和整理资料的过程中，必须对该区域的资源做全面分析与评价。所谓资源，指的是自然资源（土地、水、气候、矿产等）和经济资源（在该区域内已积累的物质财富，包括工农业生产、交通运输、水利资源、城乡建设等物质技术基础）。通过对该区域的资源进行分析和评价，进一步明确区域物流发展的性质、任务和方向，确定区域物流发展的专业化和综合发展的内容与途径。自然资源的分布决定了该区域未来资源开发和产业发展的方向和规模，因此首先要摸清该区域

各类产业资源的原始分布特点。例如，一类具有全国意义或全省意义的重要资源，往往会成为该地区区域经济发展的支柱。此外，区域自然条件在这里主要是指对物流设施在建设和布局上有影响的自然条件，例如地质、地形、气候和水资源条件，以及自然灾害如地震、台风、滑坡等，在一定程度上这些自然条件对区域物流规划的影响是非常大的。

二、区域技术经济条件

区域技术经济条件主要包括区域生产力发展历史、现有基础及其构成、水平和技术特点等。经济基础是人们利用资源在一定地域进行物质资料生产、流通、分配和消费活动时价值创造的总和。一定的经济基础是该区域物流的物资位移服务的物质基础。一个区域经济基础是经过长期历史形成的，也是进一步发展的重要因素。要对当期地区经济的发展情况进行系统分析，包括第一产业、第二产业、第三产业的发展特点、发展规模、发展方向等。研究区域如果是县域，那就对县域所属一些经济区域、开发区域和乡镇区域的产业发展特点进行分析；如果研究区域是地州区域，那就对构成该地州的所辖县市经济发展情况进行分析；如果研究区域是省级区域，那就对构成该省区的各地州产业发展状况进行系统分析，更高层次的区域以此类推。根据研究区域的特点，对所属经济单元的产业特点、发展定位、规划目标等情况进行全面分析，以指出该区域所属县市的产业经济优势和劣势。在各产业分析的板块，还要提出相关主要产品的生产规模，比如，各类农业产品的产量规模、工矿产品的产量规模、城乡社会消费品的零售规模等。

三、国家对行业和地区经济及社会发展的长期计划和要求

通过调查研究，收集有关区域的经济和社会发展长期计划以及各项基础技术资料。国家对某一地区的国民经济和社会发展的长期计划明确规定了该地区在全国或全省区所处的地位和发挥的作用，以及今后的发展规模、速度和方向等。这为区域物流发展战略研究提供了最基本的依据和战

略定位范围。在尚未制订国民经济和社会发展长期计划的地区，应当对区域经济的发展方向，如区域经济结构、发展速度进行预测。宏观产业政策的变化、国家和地区重大区域发展战略的确定、国际经济带或经济走廊的建设等，都对区域物流发展思路和战略具有重要影响。宏观层面的产业导向目录、国家对相关产业体系的规划都具有引领发展意义和规范发展意义。对此，一定的经济区域需要合理评价自身的发展优势和劣势，有效参与宏观层面的产业分工和区域分工，稳步培育自身的区域经济竞争力和物流产业竞争力。同时，一般情况下国家层面的或者宏观层面的产业发展导向伴随着一定规模的资金支持，对此，各经济区域需要主动谋划自身物流产业发展能力，抓紧抓好宏观政策的演变区域，获得更多示范类项目，在区域物流创新发展格局中打造自身发展优势。针对经济区域的物流产业发展能力而言，在区域宏观层面需要高度重视区域物流的发展，率先构建有利于区域物流快速、健康发展的管理体制机制，全面优化物流产业的发展环境，切实增强物流产业政策的针对性，开展重大建设工程和系统工程，全面增强物流产业对经济社会发展的支撑服务能力。

第二节　区域物流发展现状分析

区域物流产业发展竞争优势的形成主要取决于四个基本要素，即综合基础设施体系建设、物流产业体系建设、物流市场主体发展、管理体制环境。其中综合基础设施主要包括交通设施体系，物流产业体系主要反映物流相关产业的发展规模，物流市场主体主要是指从事物流运输和信息化活动的企业组织，管理体制包括政府的产业政策、市场管理法规、部门协同工作机制等。要确定区域物流发展战略，首先就要对区域物流产业的四大要素进行系统深入的调研，了解产业发展的硬件环境和软件环境，掌握社会物流需求的特点和市场主体的服务供给能力，发现区域物流健康、可持续发展中的堵点和制约因素，针对性地提出区域物流发展定位和发展思路，开展一系列的物流体系完善工程，最终实现区域物流产业的强有力发展。

一、综合基础设施体系建设现状

区域物流基础设施不仅是保证区域物流活动有效组织、协调运行的基础条件，还是最重要的物流资源，其完善程度和先进程度往往是一个区域物流发展水平高低的重要体现，也直接影响着物流的运作效率和区域物流规划系统的空间布局。

综合基础设施分为物流硬件基础设施平台和物流软件信息系统平台。硬件基础设施涉及区域内的铁路、公路、水运、航空、仓库、场站、能源管道、物流运行设备等区域物流有关基础设施和条件。物流运行设备是以基础设施为运行条件并与之相配套的独立设备，包括集装箱、汽车、牵引机车、飞机、船只等。综合基础设施是物流产业得以生存、运行和发展的关键基础，对区域物流的发展具有重大作用，有时基础设施的变化导致区域经济体系的变化和新兴产业部门的形成，从而对物流产业的规模和运行方式产生重大影响。综合基础设施的完善程度反映了社会物流的规模化运行水平和高效率运行水平，表明一个区域配套的物流服务体系的通达性、连接性和及时性。区域物流基础设施体系形成网状的区域物流空间布局和组织，渗透到经济社会循环的所有环节，构成社会经济有效运行的基本脉络。综合基础设施在特定经济区域的建设密度，也反映区域物流在经济空间中的聚集特点和辐射能力。

综合基础设施体系建设中铁路设施的建设对区域经济的发展具有重要的拉动作用，是区域大宗物资运输的主要方式，具有规模化物流特点，对区域资源类矿产品的运输、大宗农产品的运输能够产生重大影响。铁路运输具有载运量大、行驶速度快、运行一般不受气候条件的影响、连续性强等特点。铁路运输因具有成本相对较低、安全稳定性较好、跨区域运输距离较长等特点成为区域交通运输的重要动脉，对国民经济物资运输具有重大影响。公路物流对于保障城乡商品物资运输和企业供应链保障发挥重要的支撑作用，是多式联运体系的重要组成部分，是区域交通路网密度的主要载体。公路运输对不同的自然条件适应性强，机动灵活，空间活动范围大，可以直接深入广大的中小城镇和偏僻的山区农村，实行门对门的直接运输，减少转运环节，而且投资较铁路少，速度快，在短途及某些货物的中途运输中具有明显的优势，又能与其他运输方式配合，承担客货的集散功能。公路的通达水平和高速公路的运行效率往往对区域物流体系的运行效率产生决定性作用。航空物流是区域经济地理环境下最便捷的流通方式，为社会高附加值产品运输、电商快递产业发展提供重要保障，也是旅客运输最为快捷的交通方式。航空运输具有速度快、航程长、劳动生产率高、能够到达地面运输方式难以到达的地区、航空线路不占地面区域等特点，十分适合远距离、急需、贵重、时间性较强的运输。航空运输对于区域经济社会人员流动、消费驱动、旅游等第三产业发展产生了深远的影响。

综合基础设施通过空间布局中的点状、线状、网状分布形成枢纽城市、物流园区、物流中心、配送中心等多层次的物流空间组织。物流枢纽城市、重点物流园区、大型仓库基地、大型商品集散市场、大型物资分拨中心、大型货运场站等都属于节点性、空间性的综合物流设施范畴，在区域经济社会发展中发挥着重大的商品物资集散作用。这些多层次、节点性物流集散设施一般由多种交通运输设施、多式联运系统、多种运输工具组合布局和作用而形成、运转。物流枢纽城市对区域、国家、国际的综合交通枢纽体系建设具有重要的支撑作用，是全社会商品物资大规模流通和社会物资全方位保障的重要宏观区域。一定经济区域物流园区的数量和等级、仓储设施的面积和容量、商品市场的货物流通量、场站设施的等级和货物处理量等都是反映区域经济发展水平和社会流通效率的重要指标和评价标准。节点性综合物流设施通过多式联运系统连接并依托具体的场站设施、物流工具装备和运输工具保障区域范围内商品物资的有序流通，对城乡经济社会有效运转、制造业可持续发展、社会消费品零售体系建设和城镇便利化运输体系建设等产生重大影响。

物流软件信息系统平台是物流基础设施的软件系统，是指利用计算机、网络和通信等现代信息技术对区域内物流作业、物流过程和物流管理的相关信息进行采集、分类、筛选、储存、分析、评价、反馈、发布、管理和控制的通用信息交换系统。同时，物流软件信息系统平台着眼于一个区域的整体物流系统，通过整合现有物流信息资源，避免重复建设，使物流资源配置更合理、更优化，以提高全社会的物流效率，降低全社会的物流成本。根据信息属性和技术可实现性，物流软件信息系统平台由客户服务信息平台、物流作业平台和接口信息平台三部分组成。

客户服务信息平台是物流企业进行业务管理和信息服务的平台，是对外提供物流服务与客户进行联系的窗口。通过客户服务信息平台，可以实现供需信息的网络发布、网上询价和网上下单，从而提高物流供需双方的工作效率，减少物流服务的交易成本。物流作业平台是满足区域内外物流企业完成生产过程的各项功能需求的平台。通过物流作业平台，可以实现区域内货运场、站间的纵向联网及与外地物流信息网的横向连接，为物流发展提供全面的信息支持和保障，对仓储、运输、结算实施科学的管理和调度。接口信息平台是实现和建立与交通、运输等政府相关行业管理部门信息系统，港口、铁路、机场等相关物流枢纽信息系统，银行、保险等相关服务机构信息系统的信息沟通渠道。接口信息平台为政府相关职能部门与物流企业之间的信息沟通提供了纽带，强化政府对物流市场的宏观管理与调控能力。

二、物流产业体系建设现状

在分析区域物流的过程中，需要重点关注物流产业规模、增长率、产品和服务结构等。地区经济统计中的交通运输、仓储和邮政业产值是直接反映物流产业的产值指标。该指标的规模以及占地区生产总值的比重反映了物流产业对地区经济发展的贡献程度。而社会消费品零售总额、进出口贸易额等反映了社会总体的物流需求水平和物流作业量等。社会消费品的流通从生产环节到最终的消费环节都产生物流配送的需求和产值，而且每个环节的流通都是有效的，不具有重复计算的特点，是实实在在的流通产值创造过程。从中能够看出物流产业具有复杂性，也体现在区域间物流关系上。社会消费品和进出口贸易产品往往在不同区域之间、供给区域和消费区域之间流通，形成物流产业的常态运行。从区域发展过程来看，一个区域，无论其区域范围的大小，无论其空间经济组织如何完备，都不可能是一个完全封闭独立的空间，都必然与其他区域发生物质、信息等方面的交流，只不过在空间范围和联系程度大小上有所不同。就物资流动而言，任何一个区域既可以是输出中心，又可以是输入中心。正是由于各区域间经济的相互制约、相互作用，使得物流在具有广泛性的同时日趋复杂。

由于不同区域内产业结构与产业分布，市场分布，产品种类、流向、流量具有差异，因此，不同区域物流需求的特点也不相同，这种差异表现在区域内物流产业的功能结构、空间布局和物流服务模式上，影响着区域物流发展战略的形成和确定。一定经济区域内货运量的规模是反映物流市场规模的重要指标。其中公路物流、铁路物流、航空物流和能源物流等分系统运行，但组合形成整体的货运量市场规模。货物在特定经济区域的聚散程度反映了区域或城市的枢纽能力和节点能力，货物的流向等也能够反映区域间的经济联系和辐射作用等。

一定经济区域内各类农产品的产量、工矿能源产品的产量等均反映社会产业物流的需求。这些农业、工矿产品的种类形成物流市场的各类业态，包括普通货物物流、大宗货物物流、快递物流等。经济区域的物流市场结构在很大程度上受到经济区域产业体系建设规模和特点的约束，因此，需要根据特定经济区域的产业发展特点和社会物流特点，分析其物流服务的特点和物流市场的运行特点。

社会固定资产的投资规模也是能在一定程度上反映物流产业部分内容的重要指标之一，因为所有的固定资产都具有具体物质和物资特点，随着固定资产项目的实施，相关商品物资进入动员运行阶段。一定规模的区域固定资产投资往往伴随着一定规模的物质或物资流通量，固态的建筑设施也是多种物资集合构建的物质框架，牵动着多个建材建筑等行业部门的运行。固定资产投资规模能够很好地反映一定经济区域新增的商品物资流通规模和固态建筑形成规模。一般大型基础设施项目的实施不断拉动物流产业的运行规模，意味着多元化的物资系统进入原料搬运、生产加工、制成品运输、落地安装配置等阶段。总体上，固定资产投资资金伴随着一定规模的商品物资流通量，是侧面分析物流产业规模的潜在指标之一。

三、物流市场主体发展现状

区域物流市场主体是指在区域物流活动中利用适当的物流载体，通过一定的物流手段，将区域中需要流转的有形和无形产品从供应地送达需求地或消费地的组织或个人，包括物流企业和物流中介组织。实际上，物流企业和物流中介组织为城市、区域、跨区域或国际物流市场物流服务的客体提供综合物流服务、专业化物流服务或功能性的物流服务，从而形成多层次、多功能、不同主体性质的区域物流服务系统。物流市场主体具有产业服务创新功能，不断优化物流服务的环节、工具和方式，以提高社会物流的运行效率，满足客户和消费者的物流需求，创造企业效益，最终有意或无意推动物流业态的创新发展和物流产业结构的转型升级。物流市场主体的产业组织创新行为除了市场需求的拉动和刺激之外，在很大程度上是市场主体自身的创新引领推动的，也就是说，物流市场主体在不断地创造“物流市场”，因此在物流产业发展环节，市场主体的行为是主动的、积极的。在这种背景下，物流产业体系依托不断地优化过程向前发展。

物流企业可划分为运输型物流企业、仓储型物流企业和综合服务型物流企业三种类型。运输型物流企业是以从事货物运输服务为主，包含其他物流服务活动，具备一定规模的实体企业。该类型企业的主营业务活动以实现货物运输为主，为客户提供门到门运输、门到站运输、站到门运输、站到站运输等一体化运输服务；根据客户需求也可以提供物流功能一体化服务。仓储型物流企业是以从事区域性仓储服务为主，包含其他物流服务活动，具备一定规模的实体企业。该类型企业的主营业务活动为为客户提供货物存储、保管、中转等仓储服务和配送服务，并为客户提供其他仓储增值服务，如商品经销、流通加工等。综合服务型物流企业是从事多种物流服务活动，并根据客户的需求提供物流一体化服务的企业。该类型企业的主营业务活动范围广泛，可以为客户提供运输、货运代理、仓储、配送等多种物流服务项目，并能够为客户提供一类或几类产品契约性一体化物流服务；为客户制订整合物流资源的解决方案，提供物流咨询服务。

中介组织就是为降低企业交易成本而提供信息服务的一种组织制度创新，其主要功能在于为交易双方提供中介服务，以便降低交易成本，特别是信息成本。中介组织主要包括受政府委托，从事专项经济管理活动且具有半官方性质的中介组织、行业性组织、公正性中介服务组织、服务性中介组织和经纪性中介组织等五类。物流中介组织主要由行业性组织和服务性中介组织组成，如物流行业协会、物流学会、物流商会、物流研究会等，其中物流行业协会是物流中介组织的主体。由于物流产业的复杂性、特殊性和多元性，需要物流行业组织等社会支撑系统的研究和对接，从政策上和技术上解决产业发展中的一些瓶颈约束问题，实现产学研部门的协同互动，在政府宏观调控和市场主体行为之间发挥重要的桥梁纽带作用。

在地区工商企业的注册系统中，通过“物流”“运输”等检索词获得物流企业的数据，这些企业包括公司制企业和个体工商户等。这些物流企业的基本经济数据能够反映一定经济区域物流市场主体发展的水平，比如，企业注册资金指标、企业营业额指标、企业从业人员指标等。物流产业从业人员是物流产业可持续发展的重要人力资源因素，在物流市场服务能力体系建设中发挥着重要作用。地区统计年鉴中，交通运输、仓储和邮政业从业人员的数量也能在一定程度上反映物流从业人员的规模。此外，物流企业分析的一个重要指标是 A 级以上物流企业的数量，A 级以上物流企业越多，表明特定经济区域物流产业越发达。

四、管理体制环境现状

政府及相关行业管理部门可以通过政策手段调控区域物流系统，对区域物流系统的发展起到指导规范作用。发展物流既是企业提升竞争力和经济效益的战略，也是国家及地方国民经济发展和经济结构调整、经济增长方式转变的战略需求，政府的宏观引导和支持是物流发展中不可缺少的因素。政府在区域物流发展战略中起到推动、组织、扶持和管理的作用，而其核心是管理作用，即维护良好的市场经济秩序，从公平竞争的角度培育良好的物流企业发展环境。在我国目前物流产业多部门管理的条件下，由于部门利益和地区利益分隔的存在，物流管理的协调性差、效率低，因此，克服管理体制障碍，构建一个部门分工明确、运作协调的组织管理体系对于我国物流发展而言具有重要意义。

制定政策是政府引导物流产业发展的重要方式，政府对区域物流发展的指导作用主要是通过政策制定来实现的。政府通过制定区域物流发展战略、规划和调整现行的不适应物流发展的相关政策来表达政府对物流发展的引导意图，如鼓励的发展方向、经营方式、物流技术类型、企业组织形式等，为微观经营领域的相关企业发展创造条件。政府对物流的政策可以分为支持性政策体系、引导性政策体系和发展性政策体系三类。支持性政策体系旨在为物流发展提供基础条件。主要包括物流产业政策、政府投资政策、企业融资政策、土地政策、税费政策、运输管理政策等。引导性政策体系旨在为物流发展创造良好环境。主要包括空间布局引导政策、优化物流产业结构引导政策、工商企业剥离物流业务政策等。发展性政策体系旨在为物流发展提供方向引导。主要包括重点物流企业发展扶持政策、国外物流企业的引入政策等。

一定区域的物流管理体制环境可以从该区域组建物流产业领导小组办公室、制定行业部门之间职责分工、制定物流产业发展规划、出台物流产业扶持政策、实施物流产业支持项目、推进物流标准化工作和物流统计工作等视角进行系统分析。物流产业领导体制的一个重要功能是对分散到所有行业部门的物流产业体系进行统筹管理，打破行业分割和地区分割，加快物流统一市场体系建设，提高社会物流的标准化发展水平，培育物流产业的主导产业能力。物流产业发展规划的编制和出台是物流管理机构的重要职能之一，通过产业发展规划引导一定时期的物流产业可持续发展。对物流管理体制环境进行分析时，需要重点梳理该经济区域物流产业发展规划的基本情况以及实施意见的基本情况。物流产业规划反映了该经济区域物流产业发展的基本思路、路径和重点建设项目等总体情况，可依托相关层面的工作，对区域物流宏观环境情况以及环境管理条件、能力等进行系统分析。

第三节　区域物流发展面临的形势分析

区域物流发展面临的形势一般从宏观政策环境、区域发展战略环境、产业自身的创新演变能力等方面进行分析。

宏观政策环境是一定研究区域所处的国家、国际等外部环境层面的，与该产业战略研究相关的重大政策环境，比如，国家的重大产业发展战略、外向型经济发展战略、国际经济合作倡议、国际经济走廊建设等。国家、国际的宏观政策环境和发展战略是一定研究区域的主要发展背景和背靠框架，特定区域在这种背景下认识自身的区域价值并发挥其应有的区域经济功能。除了政策和战略环境外，宏观环境也包括一定的经济环境、社会环境以及现代化、工业化、信息化等时代背景等。总体上，这些外部宏观环境因素能够对特定区域的发展产生重大影响，而且在一定背景下，这些宏观政策对特定区域的发展做出一些定位和分工，指明其发展方向和思路。在这种宏观政策环境下，特定经济区域一方面要抓住重大战略机遇，提升自身的发展能力和区域竞争力；另一方面要服从宏观层面的战略部署，做好服务、支撑和贯彻工作。宏观政策环境也可以依托国家或地区重大国民经济规划纲要为背景进行分析，这些规划纲要指明了特定区域的发展定位和发展方向，对该区域的物流产业发展做出一定的要求和部署，指出物流产业的发展定位和功能以及一些具体的建设任务和工程，相关内容对区域物流产业发展具有重要的指导意义。

区域发展战略环境是一定产业领域所要面对和服务的区域经济社会的发展背景、条件、基础和要求等，是一定产业赖以生存和运行的具体的经济社会基础和直属的管理体制机制背景。特定区域按照宏观环境的发展要求和自身的发展基础确定战略发展方向和工作思路，规划区域的长远发展目标，比如，根据区域的重大发展战略、中长期规划或者五年规划等。这些规划包括该区域的发展定位、现代化产业体系建设目标、重点建设任务、重大建设工程、重点因素保障措施等。这些区域战略的目标、建设任务，所选择的区域战略和产业战略均对该区域产业部门的运行产生重要环境影响。各类产业体系的建设都要围绕区域主要战略进行部署，努力完成区域发展战略所确定的各类任务。由于区域首脑的战略思路和管理部门的重视程度不同，各类产业的发展状况存在一定差异。总体上，特定区域的发展战略和市场环境决定区域物流的社会需求，要求区域物流领域做好支撑和服务工作。在区域发展战略的确定背景下，该区域的经济社会发展需求和目标对物流产业领域提出更高的发展要求和服务要求。区域物流产业领域要紧紧围绕所处区域的战略发展需求，构建自身的发展体系和服务体系，以满足该区域经济社会发展的客观要求。

同时，特定区域的产业发展受到相邻区域和相应领域产业部门的竞争压力，即会面临特定的周边环境的产业竞争。在现代市场经济环境下，经济区域不是内部闭环运行或孤立运行的，而是总会与周边地区和市场环境发生或多或少的经济联系和经贸往来。不同经济区域的市场经济环境、产业部门的形成和发展往往具有共性规律，经济合作与竞争是区域经济发展的永恒主题。对此，特定的经济区域还要对周边环境的竞争形势进行全面分析和把握，了解周边环境的发展态势和发展进度，客观、全面地评估自身所处的发展阶段。识别和评价超出自身控制能力的外部发展趋势与事件，可以很好地明确自身面临的机会与威胁，从而决定该区域和产业领域能够选择做什么和怎么做，并根据自身的优势和劣势，提出产业优化发展思路和相应举措，以保证自身处在产业竞争环境有利的地位。区域间和产业间竞争能力是由区域首脑的工作思路、宏观设计能力、战术策略、工作团队、工作体制机制、区域营商环境等多种因素决定的，其中区域主要领导的战略谋划能力和统筹执行能力发挥着重要的决定性作用。同时，竞争区域的创新发展能力与该区域原有的发展基础、资源禀赋条件、产业体系的完备程度、人口规模、人才资源条件、区位优势等多种因素有关。对此，需要对周边的产业竞争环境和产业发展动态做出客观的分析评价，取长补短，全面按照市场经济规律办事，全面发挥市场主体的能动和创新作用，尽量做大做强自身的发展优势，以便在周边环境产业竞争中处于战略主动位置。

特定产业自身的创新演变形势也是产业发展需要充分考虑的内在因素。一定的产业部门有其自身内在演变和转型升级的规律，这些规律主要体现在与现代科学技术的结合及信息化装备水平的提升上。所有的行业部门都是追求创新和不断优化的，最终力求增强产业发展能力。对此，应不断加大研发投入，引进优质人才和先进的管理模式，进行业态创新和运营体系改造，引领行业跨越式发展。在特定产业领域总有一定的科研机构、研发机构进行产品和服务创新改造，形成若干个产业发展新业态新模式和创新发展趋势，形成一批竞争力强和市场价值高的企业群体。这些都对特定产业的自我发展能力产生重要影响。总体上，科学技术和先进管理理念对特定产业的转型升级起着重要推动作用。企业群体是产业体系创新的主体力量，而行业管理体制机制是产业体系创新的重要指导力量和制约力量。市场经济按照“看不见的手”运行，产业体系自发地选择技术创新、管理创新、服务创新、组织创新的进程。特定产业部门进行环境分析时，对于自身的发展趋势和创新趋势需要有一个基本的判断，并朝着现代化的方向和增强区域经济社会服务的方向前进。

第四节　区域物流需求分析

区域经济的发展水平、产业结构、产业布局、产业升级都直接影响区域物流需求总量和水平。区域经济的可持续发展以及各类产业规模的不断扩大为区域物流提供源源不断的服务需求，在一定意义上讲，社会经济的不断发展过程也是物流需求的不断创造过程。同样，区域物流产业作为区域经济的基础性产业，其发展有利于促进区域生产力的发展，优化区域产业布局，改善产业结构，提高企业经济效益和国民经济综合能力，增强区域经济竞争力。

物流需求分析是指借助定性和定量的分析手段，了解社会经济活动对于物流能力供给的需求强度，将物流需求与生产需求的社会经济活动进行相关分析的过程。物流活动日益渗透到生产、流通、消费等整个社会经济活动过程之中，与社会经济的发展存在密切的联系，是社会经济活动的重要组成部分，故物流需求与社会经济发展具有密切的相关性，社会经济发展是影响物流需求的主要因素。同时，通过物流需求分析，能够引导社会投资有目的地进入物流服务领域，将有利于合理规划、建设物流基础设施、改进物流的供给系统。

物流需求分析的目的在于为社会物流活动提供物流能力供给不断满足物流需求的依据，以保证物流服务的供给与需求之间的相对平衡，使社会物流活动保持较高的效率与效益。在一定时期内，当物流能力供给不能满足这种需求时，将对需求产生抑制作用；当物流能力供给超过这种需求时，不可避免地会造成供给的浪费。因此，物流需求是物流能力供给的基础，物流需求分析的社会经济意义亦在于此。

区域经济各产业部门的生产力水平和产值规模，在一定程度上反映了社会物流总的需求水平。因此，首先要对各类产业部门的一定周期发展趋势进行预测分析，同时，全面分析区域发展战略中对所属各类产业领域的规划目标和任务。根据这些需求变动，再预判物流产业的规模变动关系。主要产业部门有农业、工业、商业、进出口贸易等，固定资产投资规模的变化也是研判区域物流需求的重要指标之一。地区生产总值的增长与区域物流需求的增长具有正相关关系，可以依托特定的相关性分析方法，对其关系进行定性分析，掌握区域经济与物流产业的互动关系规律，并根据区域经济的发展变化预测区域物流的发展变化。对区域物流需求进行具体分析时，可对第三产业统计中的“交通运输、仓储和邮政业增加值”进行预测，以获得未来物流产业发展的规模数据，这是围绕区域物流需求的直接数据，在相关分析时，其数据价值是可靠的。同时，区域总的货运量和结构是分析区域物流需求的一个直接数据来源，公路、铁路、民航等的货物运输量依托历史一定周期的数据，可对未来一定周期的发展规模进行定量预测。在影响社会物流需求的基本要素中，除了地区生产总值、各类产业需求和物流产业自身的参照性统计指标，区域重大基础设施项目和产业项目储备和实施也是判断区域物流需求潜力的重要指标之一。比如，在区域的中长期发展阶段，有众多的重要固定资产项目投资，表明区域物流具备一定的可持续增长动力。一些大型物流通道项目的落地也对沿线区域产生重大的社会物流需求，一方面，使沿线区域的特色资源能够获得开发的机会；另一方面，新通道建设创造新的交通线路和运输线路，将对原有区域间和区域周边货物流向产生一定影响，引起该区域原有货物运输线路的调整和分流，导致区域物流竞争格局的一些变化。又如，电商等新兴行业部门的迅速发展也会催生源源不断的社会物流供给需求等。

结构分析是物流需求分析的一种思路，可以反映专业物流的发展需求，也是社会物流需求分析的细化和分解。结构性分析，除体现在不同交通运输方式的层面，还体现在各产业物流的细化分析方面，比如农业物流、工业物流、商贸物流等结构分析。也可根据物流市场的结构进行细化分析，比如大宗货物需求、冷链物流需求、电商快递物流需求等，或者城镇物流需求、农村物流需求等区域结构的分析。

运用基础的产业统计数据预测和分析物流产业发展需求。围绕区域及其相关区域（全国或有关国家与地区）经济与社会发展的统计资料、区域规划资料，以及物流及其相关方面的统计资料，使用必要的统计分析方法与数据处理方法，对各种数据进行分类、统计与分析。同时，对区域内大型物流基础设施、物流网点、典型企业进行实地调查，以获得第一手资料，从而得出初步的数据结论，并通过 SWOT-AHP 分析法等方法建立一定的数理模型，运用 Eviews、SPSS、SASMatlab 等经济计量预测分析工具，对区域物流的需求总量、增长贡献率等相关内容进行预测。

第五节　区域物流战略定位、战略目标的讨论

一、战略定位

区域物流发展的战略定位主要包括两个层次：一是区域物流在区域、全国、跨国区域乃至全球物流中的战略定位；二是区域物流在该区域经济与社会发展中的战略定位。

第一层次的战略定位主要有三个层次：一是在国内某一区域中的战略定位，即在国内某一区域中，该区域物流应该处于何种地位；二是在全国的战略定位，即在全国范围内，该区域物流应该处于何种地位；三是在跨国区域或全球物流中的战略定位，即在跨国区域或全球物流中处于何种地位。

就第二层次的战略定位而言，则主要根据本区域物流，以及本区域经济、社会发展中的历史、现状、趋势，确定本区域物流发展，特别是物流产业发展在本区域经济、社会发展中的地位，即确定本区域的物流产业是一般性产业还是支柱产业或战略性产业。同样，在确定区域物流发展在区域经济、社会发展中的战略定位时，特别是确定物流产业是否为本区域的支柱产业或战略性产业时，不仅要进行定性分析，也要进行定量分析，从而保证战略定位的准确性、科学性。

二、战略目标

战略目标是区域物流产业发展预期取得主要成果的期望值。战略目标的设定，同时是区域物流发展宗旨的展开和具体化，是区域物流发展宗旨中确认的区域物流发展目的、发展要求的进一步阐明和界定，也是区域物流在既定的时间周期内产业发展所要达到水平的具体规定。

战略目标分为总体目标和具体目标。总体目标是区域未来发展周期内物流所要达到的目的，是宏观描述。而具体目标是未来 5 年要实现的各项

产业发展指标，比如物流产业规模、基础设施发展水平、市场主体发展水平、物流综合服务能力等，以及每年增长的比例。具体目标是战略目标的核心，需要预设各种条件进行测算。实际上，区域物流发展目标不仅是区域物流发展战略的重要内容，而且是区域物流发展战略的核心内容。从区域物流发展的目标属性与作用来看，区域物流发展目标主要包括资源类目标与产出类目标。

资源类目标包括区域物流基础设施发展目标、物流网点发展目标、物流设备与工具发展目标、物流信息化发展目标、物流科技发展目标、物流人才培养目标等。区域物流基础设施发展目标又可进一步分解为铁路、公路、海运或内河航道、管道等各种物流线路的长度、等级（如铁路的复线率与电气化比率、高等级公路尤其是高速公路比率等）、空间布局，以及车站、港口、机场的数量、吞吐能力、功能结构、空间布局等；物流网点发展目标包括大型仓库、物流中心、配送中心或流通加工中心等的数量、作业能力、空间布局等；物流设备与工具发展目标包括大型物流设备与工具（如机车、车辆、船舶、集装箱、货运汽车、装卸搬运设备与工具、包装设备与工具、仓库设备或工具等）的技术水平、标准化程度、作业效率、更新速度等；物流信息化发展目标包括物流信息平台的规模、功能、效率，以及计算机应用与普及率、电子数据交换系统的建设与应用、企业物流信息系统的开发与应用等；物流科技发展目标包括物流科技开发机构、人员、科技开发成果及其应用等；物流人才培养目标包括人才培养的规模、结构，以及人才培养体系等。

产出类目标主要包括物流量目标、物流产值目标、物流就业目标、物流成本目标、物流产业化目标、物流环境目标等。物流量目标可进一步分解为各种物流方式的货运量与货物周转量及其内部构成、增长率，以及区域物流量在区域、全国乃至跨国区域或全球物流中的占有率等；物流产值目标包括区域物流产值规模、增长率、占 GDP 的比重，以及区域物流产值占有率等；物流就业目标包括区域物流就业总规模、增长率、占全部就业量的比重，以及区域物流就业量占有率等；物流成本目标包括区域物流总成本与下降率、占 GDP 的比重等；物流产业化目标包括区域内专业化物流企业的发展规模、结构，以及区域物流的专业化与市场化比率等；物流环境目标包括物流废弃物（如废气、废水、废物等）的排放量及其回收处理率等。

三、战略目标的确定应遵循的原则

1. 满足区域经济发展需要的原则

区域物流发展战略应从区域经济发展的需要出发，也就是说，区域物流发展战略应充分考虑区域经济的发展对区域物流的需求，合理估计区域物流的市场容量或规模，使服务提供和服务需求相互适应。既要避免供大于求，出现资源浪费的现象，也要防止供小于求而使区域经济的正常发展受到制约。

2. 系统原则

区域物流是一个庞大而复杂的社会系统工程，必须运用系统的方法进行战略研究，既要统筹兼顾，也要保证重点、照顾一般，还要注意挖掘区域的潜力，充分调动参与区域物流的各个环节和区域内的各种资源力量，以及其他一切社会物流服务主体的积极性和主动性。

3. 协调原则

区域物流发展与区域内其他的经济建设既相互管理、相互促进，也相互制约。区域物流的发展体系应与区域的其他各项经济建设协同发展，同时应与区域的社会、文化、政治、教育等建设和发展相互协调，千万不可孤立进行。应强调组织物流的各部门及运输、保管、装卸、包装、流通加工、配送、信息处理各环节的相互协调，必须加强信息交流，在时空上互相衔接。

4. 充分利用现有物流资源的原则

现代物流强调的重点是通过现代先进技术的运用，对现有物流资源加以整合利用，而不是过多地上新的项目。要正确理解“第三利润源泉”，应更多地从成本节约和物流乘数效应的角度去理解“第三利润源泉”。事实上，物流产业是一个本身利润低，但带动效应大的产业。如果过多增加新的物流资源，不仅会给社会带来更大的负担和造成浪费，也不利于微利物流企业的发展。

5. 规范化原则

对区域物流的规范化运作无论从物流服务的提供方，还是从物流服务的需求方而言，都是十分必要的。现代物流需要对其所有的系统要素，围绕着物流成本与物流客户之间的平衡进行系统优化。在既定的物流成本预算下，尽可能使物流客户服务水平得到提高。反过来，要在既定的物流客户服务水平下，使得物流成本尽可能地低。许多研究表明，要实现这一平衡，必须通过制度的合理安排，对区域物流平台构筑的流程和物流的流程进行规范。唯有如此，才能有效提高区域物流的运作质量。

6. 服务产业集群发展的原则

大量的研究和实践证明，产业集群是提升区域经济竞争实力的有效形式。因此，区域物流发展的战略应充分考虑产业集群发展的客观规律。通过配套、完善的物流服务使在其服务范围内的产业集聚发展，同时为区域物流自身创造更广阔的物流需求空间，促进物流产业的发展。

7. 优先发展经济发达地区的原则

基于上述非均衡发展理论，优先发展物流“增长极”，然后沿着不同的渠道向外扩散并对整个地区物流业产生不同的影响。区域物流为区域经济服务，区域经济是区域物流发展的前提，因此，优先发展经济相对发达地区的物流业是科学的。

第六节　区域物流空间布局的设计

区域物流空间布局是指区域空间内的点、线、面、网络之间相互组合而形成的结构。区域物流空间内的点表示区域结构内主要的点状分布中心，这些点具备物流产业增长要素，能够影响周围的经济活动。将这些点相连，点与点之间、点与线之间就会形成地理空间内的线状分布格局，从整体上看，所有的点与线会组成一个空间网络结构。通过网络布局能清晰地看出该空间内的物流产业布局情况，由于每一片区的人口和物流产业布局不同，物流网络的疏密、布局也各不相同。

区域物流空间主要是在区域物流需求的种类构成、流量、流向等方面预测的基础上，对不同层次的物流设施（区域物流发展轴、物流产业聚集区、枢纽城市和节点区域）的总体布局和建设数量、规模、功能定位和服务水平等进行研究。区域物流空间布局可分为宏观和微观两个方面，宏观上的区域物流空间布局是通过大量调查和分析论证，确定区域物流设施宏观总体布局，即对物流产业发展轴、物流产业聚集区和物流枢纽城市的布局。合理的宏观区域物流空间可以更好地发挥物流的联网运作能力，从而最大限度地满足经济区域社会经济发展和人民生活对物流服务的需求。微观的区域物流空间是确定某一物流场所在选址城市的空间相对位置，确定新（改）建的地点和规模，以及配置相应的软硬件设施。宏观区域物流空间是微观区域物流空间的前提和先决条件，微观区域物流空间是宏观物流规划的延伸和发展，是后者的细化。从区域物流空间布局的着眼点来看，前者着眼于区域和城市，后者着眼于具体的物流场所。

一、物流产业发展轴

物流产业发展轴也可以称为物流轴线或物流通道、物流干线，是一定经济区域与周边主要经济区域之间相互连接的主要的物流经济走廊，是连接物流聚集区、枢纽城市和节点区域的主要通道，对沿线经济区域的物流产业具有重要的吸引、集聚、扩散等作用。一些交通干线（公路、铁路、航空、水运和管道）、通信线路、节点等都是物流轴线的组成内容。区域物流产业发展轴构成节点之间、节点与域面、域面与域面之间功能联系的通道，是区域经济空间的主动脉。区域物流发展轴是区域主要的物质和信息等要素流动的“渠道”或“通道”，此外它本身会发生扩展和分叉等变化。就其要素流动的渠道而言，它具有线性、具体、高效和灵活等特点，对于地域联系起着不可替代的重要作用。区域物流空间系统中的轴线必须有一定的长度、方向和起始点，由此规定了它们在空间所处的位置。根据轴线的自然条件、技术装备状况以及经济运量，各种轴线可分为若干方向的轴线，这决定了它们在区域物流网络中所处的地位和发挥的作用。

就其动态变化而言，随着干线实力的增强、干线动力的扩大和线路的扩展，产生了支线，其必然呈现密集“网状”扩散的运动态势。

二、物流产业聚集区

由于不同区域地理环境和经济发展水平的差异，区域物流网络在形成的过程中会形成不同的物流产业聚集区，这些产业聚集区由若干重要节点的组团或特定枢纽城市与周边若干节点的组团形成，在一个区域中可以配置一个或多个物流中心城市或节点。物流产业聚集区大致可以分为放射状聚集、扇形聚集、轴带形聚集等。区域物流空间布局中，物流产业聚集区是物流经济活动最密集、最活跃的地方，是物流经济活动的空间“集聚点”或“最高点”。

三、物流枢纽城市

物流枢纽城市是物流产业发展轴的核心主体，是物流聚集区的重要支撑主体，是区域物流节点、物流线路等要素赖以存在的空间基础，即受到区域物流节点吸引或辐射影响而形成的腹地。物流枢纽城市是为整个经济区域提供主要物资供给的区域物流空间组织，其运行主要取决于节点要素之间的空间相互作用，如一个大城市节点的持续发展，就必须通过物流网络和信息网络等与不同规模的节点保持广泛交流并获得发展的动力。区域物流节点体系和枢纽城市物流节点体系是有机结合的，在一个经济区域中可以配置一个或多个物流枢纽城市。

四、物流节点区域

物流节点是区域物流系统中具体从事物资仓储、配货、包装、装卸、流通加工等活动的场所，它可以是物流园区、大型仓库基地、货运站场、配送中心，甚至一个城镇等。物流节点是区域物流网络中连接物流线路的节点之处，也是物流线路的起点和终点，起到连接各条线路的中心作用。物流节点在空间的配置形式决定着物流的线路、流向和流程，影响着物资规模化、有序化的流动，是物流活动发生的主要载体。优化物流节点体系是提高区域物流系统运作效益的重要途径。节点的规模有大有小，有高层次的节点，也有基层的节点，节点的层次越低，数量越多，从而构成金字塔形的空间网络结构体系。

物流园区是当前综合性物流节点的主要表现形式，是各种物流设施和不同类型物流企业在空间上集中布局的场所，是具有一定规模和综合服务功能的物流集结点。物流园区是具有经济开发性质的城市物流功能区域，一般依托经济中心城市，位于大型交通枢纽附近，将分布于城乡各处的配送中心、转运中心、存储中心连接和统一起来，从而实现物流系统的规模化、集约化和专业化发展。物流园区也是依托相关物流服务设施降低物流成本、提高物流运作效率，改善与企业服务相关的流通加工、原材料采购，与消费地直接联系的生产活动、具有产业发展性质的经济功能区。物流园区通过配套、完善各项基础设施、服务设施，提供优惠政策，吸引物流企业、配送中心在此集聚，使其获得规模效益，同时减小大型配送中心为城市布局所带来的影响，有利于增加物流行业的利润。通常情况下，城市郊区布置大型物流园区，中心城区边缘布置物流中心或配送中心。

物流中心是从事物流活动的场所或组织，应基本符合主要面向社会服务、物流功能健全、有完善的信息网络、辐射范围大、品种少、大批量、存储吞吐能力强以及物流业务统一经营、管理等要求。物流中心是组织、衔接、调节和管理物流活动的据点。物流中心可以是物流企业服务网络的一个节点，也可以是一个聚集多个物流企业的场所，还可以是车站、港口、机场等交通据点。

第七节　重点任务和重点工程部署

一、重点任务

区域物流发展的基本任务是根据区域物流发展规划纲要，结合区域经济、社会、历史以及地理条件，将各类物流要素如交通运输和仓储设施等合理地组合布置在最适宜的区域，使物流网络布局与经济发展、资源、环境，以及城镇居民点、基础设施等建设布局相协调。通过区域物流设施的规划和建设，从而形成高效的、有规模效应的，能实现联合运输的经济的区域物流支撑体系。重点建设任务是着力提高区域内的物流基础设施水平，促进互联互通，着力促进物流业转型升级，提高重大工程实施的整体性和协同性，建设一体化、顺畅衔接的物流通道和设施网络，加强新技术和现代化设备的应用，提高区域物流运行效率。

1. 物流大通道建设

根据物流产业总体空间布局的要求，进一步疏通和优化经济区域多方向的连接通道，提升该经济区域在更高层次通道规划或者国家通道规划中的地位。合理规划布局公路、铁路和航空物流基础设施，完善物流大通道和物流枢纽节点布局，构建便捷、高效的物流基础设施网络，促进多种运输方式顺畅衔接和高效中转，提升区域物流体系综合能力。要详细列出涉及多方向通道建设的综合交通运输设施，启动一些重大交通基础工程，打通主要枢纽城市与多方向经济中心之间的联系通道，不断提高区域物流通道连接能力和区域经济互动发展能力。

2. 物流节点网络体系建设

依托通道沿线物流聚集区打造物流枢纽城市和若干个重要物流园区，促进物流要素集聚，增强辐射带动能力，基本形成物流聚集区—物流枢纽—物流园区—物流中心—配送中心（末端网点）等多层次的现代物流网络体系。在各物流产业聚集区，根据各县市的交通区位优势、产业发展条件和区域发展潜力，布局建设一批起点高、规模大、辐射面广的物流园区，在中心城市和园区制造业基地周边建设一批现代化物流中心，在城市社区和村镇布局建设配送末端网点，形成层级合理、规模适当、需求匹配的物流节点网络。统筹规划建设一批以布局集中、用地节约、产业集聚、功能集成、经营集约为特征的物流园区、物流中心和配送中心，提高物流服务效率，降低物流成本。

3. 行业物流服务体系建设

将工业物流、农产品物流、商贸物流、快递与邮政物流、国际物流、应急物流和绿色物流等七大物流部门作为经济区域发展现代物流业的主要抓手，一业一策，各个突破，构建功能完善的行业物流服务体系。各重点行业的物流布局，根据行业特点、产业基础、集聚功能和合理辐射半径等因素，遵循布局集中、服务联动、集聚发展的原则，规划布局物流分拨配送区域和配送网络，为相关产业发展提供强力支撑。

4. 培育物流市场主体

物流市场主体第三方物流企业、运输企业、仓储企业等可以为本区域、中心城市、跨区域或国际物流市场提供综合物流服务、专业化物流服务或功能性物流服务，从而形成多层次、多功能、不同主体性质的物流产业群体。积极培育物流市场主体，出台政策鼓励生产和商贸企业按照分工协作的原则，剥离或外包物流功能，推动物流企业与生产、商贸企业互动发展。大力扶持龙头物流企业，在经济区域范围内选择若干具有一定经营规模和竞争优势的大型物流企业作为物流行业的重点示范企业，在资金、土地等方面给予重点扶持和政策倾斜，在行业中形成示范、带动效应。支持邮政、供销进一步完善终端服务网点，拓展增值服务和高端服务，打造覆盖经济区域所有城乡的物流服务网络。

二、重点工程部署

对于区域物流发展中的重点工程，需要结合区域物流的实际，秉持切实解决当前经济社会发展的关键问题的原则，综合考虑国家、地方的发展重点，对区域内的重要项目进行总结和概括。一般来说，区域物流规划涉及的重点工程主要包括多式联运工程、物流园区工程、农产品物流工程、制造业物流与供应链管理工程、资源型产品物流工程、城乡物流配送工程、电子商务物流工程、物流标准化工程、物流信息平台工程、应急物流工程等。

重点工程因经济区域的发展差异和需求差异而不同，根据经济区域的物流产业发展实际而确定。区域物流相对发达地区的重点工程更多地体现在区域物流体系的进一步优化、提高物流产业转型升级水平、培育物流产业主导地位、推动产业组织创新、促进物流国际化发展、提高城镇物流配送效率、实施各类区域物流示范工程等方面。区域物流欠发达地区的重点工程更多地体现在区域物流基础设施的进一步完善、区域物流堵点的打通、区域物流网络的完善、物流标准化工程的实施、物流管理体制的改革、物流产业政策体系的建设、区域物流合作的加强、物流信息化工作的开展、物流市场主体的培育等基础性工程方面。

第八节　保障措施确定

在区域物流发展战略视野下，区域物流体系的构建需要通过充分集聚各种要素来发挥综合效应，发挥制度保障对基本要素、支撑要素、功能要素及市场要素等的指导作用，坚持与时俱进的同时认清国内外经济形势变化趋势，构建真正适合区域物流发展的体制机制体系。在区域物流发展的具体措施制定上，强化政府对物流宏观环境、监管体系等的协调，优化发展物流的土地、税费、财政、产业、融资等政策环境，规范物流行业市场有序性、推动物流企业自律性管理、强化服务专业化与标准化、推进信息化和网络化建设、推广物流企业新技术应用。因此，完善的工作体系、政策体系和制度体系是区域物流发展战略得到贯彻落实的重要难题和保障。

一、发展措施

区域物流发展措施是实现区域物流发展目标的保证，因此，必须针对区域物流发展的目标，制定切实可行的各种措施。区域物流发展的措施大体可分为三类：一是强制性措施；二是诱导性措施；三是服务性措施。所谓强制性措施，是指各微观物流主体必须执行的措施，这类措施主要是各种法律；诱导性措施也叫激励性措施，主要是指促进或激励微观物流主体为实现区域物流发展目标而进行积极努力的各种经济政策；服务性措施是指区域物流管理当局为实现区域物流发展目标而向区域内微观物流主体提供的各种服务与支持。由于区域物流发展目标的性质与特点不同，各种措施的适用目标及其有效性也不同。这就要求不同的发展目标要采取不同的措施。

二、工作分工

区域物流发展的涉及面广、工作量大、专业性强，需要成立专门的工作推进领导小组或行业管理办公室，引领区域物流产业的协调发展，实现物流产业发展的战略目标，落实物流产业发展的重点任务和工程。由于物流涉及的部门较多，因此有必要由相应经济区域的党委或政府部门牵头成立产业领导小组，指定专门的分管领导负责经济区域的物流产业发展工作。在领导小组框架下，聚集发展和改革、交通运输、工业和信息化、商业管理、农业农村、城市建设、应急管理、民航、铁路、国有能源企业、生态环境保护等各类业务职能部门组合参与的工作责任体系和分工体系，统筹协调推进区域物流可持续发展。领导小组办公室建立稳定的工作协商和对接机制，协调经济区域的区域物流规划、资源要素保障、政策制定、行业管理等具体工作，推行常态化的工作碰头机制和部门联动机制，讨论区域物流发展中的重大问题，形成工作实施意见和产业发展导向目录。特别是在解决区域物流发展中的具体问题时，需要各部门或单位以强烈的政治责任健全抓落实的工作责任制，必须明确所涉部门或单位在区域物流发展中的工作职责、工作重点，把各项工作战略任务分解到部门、具体到岗位、落实到人头。更为重要的是区域物流发展战略的实施落实。必须提高标准抓落实，切实增强执行力，不打折扣、立说立行，形成全面抓落实，上下一条线、层面一盘棋的良好局面，真正把有限的资金和资源用在发展经济和改善物流服务体系上，统筹协调，确保每项工作都有人抓、有人管、能落实。

三、制度保障

区域物流发展战略的实施落地是多领域、多渠道进行的，总体上需要有综合性的制度、政策和要素保障体系，这些配套制度包括规划指导、产业政策、金融政策、招商政策、人才政策、科技政策、改革政策、开放政策等多个方面。规划指导反映了区域物流体系受发展战略的约束要求；产业政策反映了区域物流市场结构的调整方向和优化方向；金融政策反映了物流产业项目的资金保障，包括各类产业发展项目的政府资金保障、银行等金融机构的行业资金保障、投融资等社会资金保障等；招商政策反映了域内外力量的产业参与和项目拉动；人才政策反映了物流产业创新发展的多元化人才保障；科技政策反映了物流产业基础设施、装备、行业服务模式、产业管理方式等层面的创新发展和产业转型升级路径；改革政策反映了物流产业发展的宏观体制改革和行业规范发展体系的构建要求；开放政策反映了区域物流发展的区域联动、国内外产业合作机制的构建和物流企业“走出去”等发展要求。这些领域制度保障是区域物流发展战略在多领域的工作抓手，需要多措并举，齐头并进，同期推动，协同执行。

实践篇

第四章

巴州经济地理与资源环境

第一节　巴州经济地理条件

新疆位于亚欧大陆的地理中心，是我国面积最大、陆地边境线最长、毗邻国家最多的省份。新疆有着得天独厚的水土光热资源、十分丰富的矿产资源和独具特色的旅游资源，是我国战略资源的重要基地，是我国西部大开发的重点地区，是我国向西开放的桥头堡和重要门户，是丝绸之路经济带的核心区，在全国经济社会发展中具有重要地位。

巴州是新疆维吾尔自治区下辖州，位于天山南麓，地处新疆维吾尔自治区东南部，是全疆地州边界线最长、与新疆各地州市接壤最多（与和田、阿克苏、伊犁、塔城、昌吉、乌鲁木齐、吐鲁番、哈密 8 地州市毗邻而居）、东联外省最近（与西藏、青海、甘肃 3 省区交界）的地州。东邻甘肃省、青海省；南倚昆仑山与西藏自治区相接；西连和田、阿克苏地区；北以天山为界与伊犁、塔城、昌吉、乌鲁木齐、吐鲁番、哈密等地州市相连。巴州东西和南北最大长度均为 800 余千米，全州行政区划土地面积为 47.15 万平方千米，占新疆总面积的 1/4，是我国面积最大的地级行政区，被称为“华夏第一州”。全州辖 8 县 1 市，行政面积为 47.15 万平方千米，总人口 136.6 万，有蒙古、汉、维吾尔、回等 46 个民族，少数民族人口占 42.4%。

巴州在全疆经济社会发展和国防建设中具有“承北启南”的特殊战略地位，辐射力、吸引力和综合服务能力强。巴州是南北疆联系的交通要道，是进入南疆的门户和新疆第二条出疆大通道，也是联系全国、贯通中亚的交通枢纽和能源运输大通道，具有承北启南、连接东西的区位优势。已形成铁路、公路、航空、管道兼备的综合性立体运输网络。巴州辖域内公路、铁路、航空、通信网络十分便利。新疆境内7条国道中的5条经过巴州境内，巴州境内国道里程1893千米，将巴州同境外的甘肃省、乌鲁木齐市、伊宁地区、阿克苏地区联系在一起，在境内则将库尔勒市、焉耆回族自治县、尉犁县、和静县、和硕县、轮台县、若羌县等县市的城镇联系起来，构建了巴州公路交通的大格局。G315东起青海西宁，终点为新疆喀什，途经且末、若羌，是新疆连通内地的第二条重要通道。贯穿巴州的G218，北上可达省府乌鲁木齐，南下至G315后，东至青海，西达伊犁。和库高速路从巴州和硕县起至库尔勒市止，是纵贯南疆G314的重要组成部分。南疆铁路吐鲁番环库尔勒区段1984年通车，铁路可达北京、西安等主要城市，即将竣工的南疆吐库Ⅰ级双线电气化道路二线将使库尔勒至兰州的时间缩短到仅需22小时，此外，建设中的库格铁路是第二条出疆大通道。巴州境内国道里程1893千米，全州85个乡镇通了公路，其中83个乡镇通了柏油路。南疆铁路贯通巴州全境，库尔勒经济技术开发区铁路专用线、轮台工业园区铁路专用线以及和静地方电气化铁路建设工作取得积极进展。库尔勒机场与北京、上海、乌鲁木齐、西安、石家庄、成都等地通航，库尔勒机场改扩建、且末机场迁建、若羌机场和轮台机场新建项目正加紧建设。随着库尔勒国家公路运输枢纽项目的开工建设，境内一批高等级公路、高速公路的建成，巴州南来北往、东进西出的交通要冲和物资集散地位将更加突出。随着库尔勒—格尔木铁路、伊宁—库尔勒铁路、新源—巴伦台高速公路项目的建设，交通基础设施将进一步完善，开发开放的潜力巨大。从区域交通网络上看，库尔勒市作为国家级公路枢纽城市，是“一带一路”国际货运班列的始发城市之一。巴州作为“西气东输”工程的起点，是能源输出的重要战略通道。经过多年的开发建设，全州已形成铁路、公路、航空、管道一体化的立体运输网络。新疆维吾尔自治区综合交通运输陆路通道规划示意见图4-1。

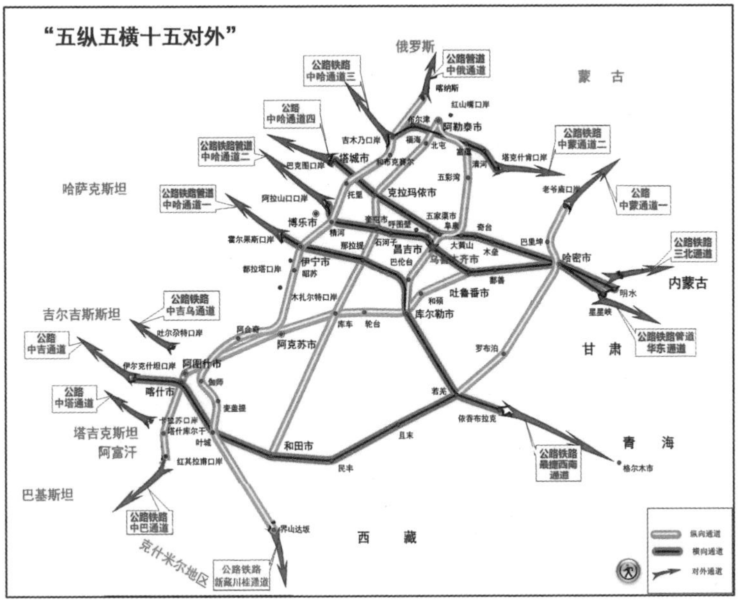

图 4-1 新疆维吾尔自治区综合交通运输陆路通道规划

巴州与周边地区多个县市毗邻，依托立体交通运输和信息网络与区内外市场联系较紧密，市场发育程度逐步提高。目前，巴州已有农副产品、汽车、钢材、木材、农机、机电、建筑建材、生活日用品等专业市场 30 多家，集贸市场 7 家以上，综合大型商场 10 余家，辐射区域主要是巴州和南疆。大型粮油、果品、蔬菜等农副特产品市场面向全国和中西亚市场。

巴州现辖库尔勒市、和静县、焉耆回族自治县、博湖县、和硕县、轮台县、尉犁县、若羌县和且末县。在新疆各地州市中，巴州在非农业人口、人均生产总值、农民人均纯收入、工业总产值、工业企业数量和固定资产投资上均处于前列，部分产品和行业的发展在新疆具有较强的辐射能力，甚至在全国占有一席之地。州行政中心库尔勒市具有较强的城市竞争力，位居我国西部地区百强县市之首。库尔勒市经济技术开发区是南疆地区经济实力最强的经济区，在南疆未来的发展中处于领先地位。

库尔勒市是巴州的首府，是全州政治、经济、文化、教育、信息中心。库尔勒地区在古代是“丝绸之路”北道和中道的咽喉要道，位于新疆中部、天山南麓、塔里木盆地东北边缘，是东疆、南疆和北疆的三岔口，进出南疆的要塞，新疆的南北疆分水岭。库尔勒市属天山支脉库鲁克山和霍拉山地貌区，其西北部为天山山脉的霍拉山，东部是库鲁克塔格山，中部为库尔勒绿洲，南部为塔里木河冲积平原，再往南为塔里木盆地。库尔勒市地势北高南低，境内有高山、河流、湖泊、戈壁、沙漠和平原绿洲，平均海拔 950 米。孔雀河穿市而过，在市境内达 271 千米，库尔勒市坐落于素有“巴音郭楞金三角”之称的孔雀河三角洲上。库尔勒市是南北疆的交通枢纽，全疆 7 条国道有 3 条（G216、G218、G314）通过库尔勒市境内。库尔勒是沟通南北疆唯一铁路干线南疆铁路的中转站，有火车直达喀什、阿克苏、乌鲁木齐、吐鲁番、哈密、兰州、西安、成都等城市。“十三五”期间开工建设的青新铁路，由库尔勒经若羌至青海格尔木，与青藏铁路相连，该线路的开通将大幅缩短库尔勒至内地的时间和距离。扩建的库尔勒机场，航班经乌鲁木齐可直达北京、上海、西安、成都、广州等地，是仅次于乌鲁木齐国际机场的新疆第二大机场，已成为新疆地区乃至我国西部的一个主要支线机场，远期将成为干线机场。西气东输管道、输气二线工程穿境而过，并设有 5 亿立方米专用气接口。随着多条公路、铁路、机场、输气管道改扩建等一批重点项目的建设投运，公路、铁路、航空、管道“四位一体”的立体交通运输格局逐步形成，库尔勒市交通优势更加突出（见图 4-2）。

库尔勒全市总面积为 7116.9 平方千米，总人口约 60.17 万，常住人口 48.7 万，流动人口约 30 万。有汉、维吾尔、蒙古、回等 23 个民族，少数民族占 30.1%。库尔勒市下辖 9 个乡、2 个镇、5 个农牧园艺场、5 个城市办事处，另有 3 个州属农牧园艺场及新疆生产建设兵团第二师所属 3 个农业团场。市域内驻有新疆生产建设兵团第二师师部、塔里木油田分公司、塔里木石化工程建设指挥部和南疆铁路临管处等中央、自治区单位。库尔勒因盛产香梨，又称“梨城”，素有“瓜果之乡”之美誉。库尔勒市的 GDP、财政收入、固定资产投资、社会消费品零售总额等，近 5 年来一直保持在南疆 5 地州份额的 1/5 以上，且经济总量在南疆的比重也在逐步扩

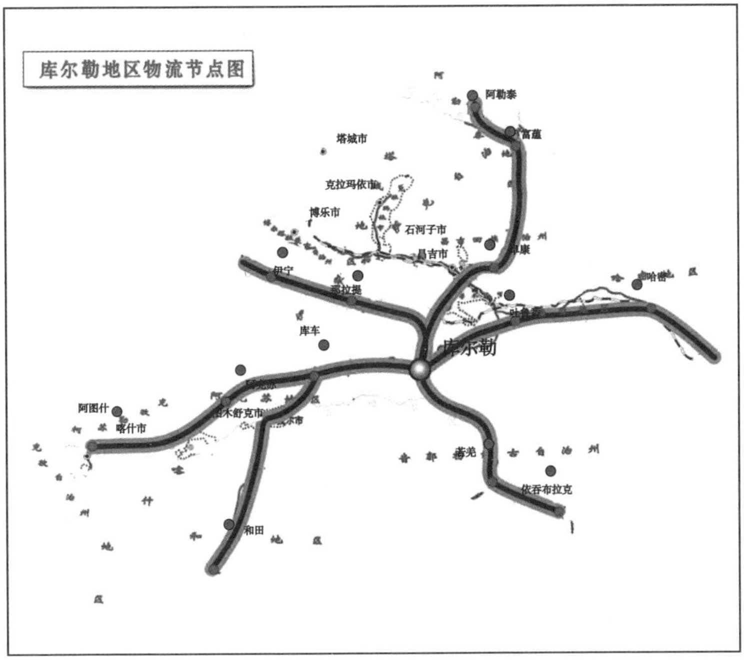

图 4-2　库尔勒市在全疆综合交通运输体系中的区位优势

大。库尔勒是南疆地区唯一进入工业化中期阶段的县级市，也是南疆地区唯一一个人均 GDP 突破 1 万美元大关的县级市（2008 年库尔勒市人均 GDP 为 88502 元），城市化达到了 60%的较高水平。库尔勒吸引投资能力和经济发展的动力均远远超过南疆其他城市，是形成南疆中心城市和全疆大城市的重要因素。在全疆的经济地位方面，与 9 个有代表性区域重要城市乌鲁木齐、克拉玛依、昌吉、石河子、奎屯、伊宁、哈密、喀什、阿克苏进行比较，库尔勒的经济发展水平和经济实力在全疆 19 个城市中均处在前三位（前两位分别是乌鲁木齐和克拉玛依 2 个地级市），在 16 个县级市中，综合经济实力排列首位，主要经济指标已达到地级市水平。

在《新疆城镇体系规划（2012—2030 年）》中提出了“一主三副”中心城市发展战略，把库尔勒市确定为三个副中心城市之一。在国家战略层面，库尔勒地处天山南坡经济带前沿、西陇海经济带的侧翼，是西部大开发战略中“西进、南下”的重要分支和桥头堡，战略地位十分重要。优先发展天山北坡经济带是新疆维吾尔自治区落实国家西部大开发战略的总体思路。库尔勒是新疆维吾尔自治区西部大开发扶优扶强首批推出的重点城市，是环塔里木盆地的政治、经济、文化、科技中心。库尔勒对于充分依托天山北坡经济带优势，发挥承北启南、扶北促南的辐射作用，带动区域经济快速发展具有重要的意义。

库尔勒市作为巴州首府城市、自治区副中心城市、南北疆的重要接合部，坐落于亚欧大陆和新疆腹心地带，与喀什、霍尔果斯两大经济特区比肩而立，是新疆深化改革、扩大开放、引领发展的“金三角”区域，建设国际物流示范区具有多方面的有利条件。区域内优势产业蓬勃发展，库尔勒经济技术开发区 1000 万锭纺织服装城、库尔勒市上库产业园乙烷制乙烯、PTA 等重点项目加快建设。库尔勒国际物流示范区以库尔勒市为核心，以环塔里木盆地的 8 个县为纵深腹地，作为衔接南疆、北疆、东疆物流圈的核心地带，能够外联中亚、西亚、南亚和东欧，内接南疆各地州市和北疆环天山经济带，东联青海、西藏、甘肃、陕西等西部各省区（随着铁路网青海—成都段建设将直达大西南及长江流域地区），形成新疆物流产业的聚集区、示范区和先行区。

第二节　巴州资源环境

巴州土地资源丰富，共有国土面积 4715 万公顷，其中，农用地 567 万公顷，占总面积的 12.17%；建设用地 7.56 万公顷，占总面积的 0.16%；其他土地 4093 万公顷，占总面积的 87.67%。其他土地中自然保留地（未利用土地）4035 万公顷，占土地总面积的 86.64%。

巴州境内共有大小河流 53 条，其中开都河、塔里木河、黄水沟、迪那河、车尔臣河、米兰河等为主要河流。巴州和静县的巴音布鲁克草原是我国第二大草原，面积约 2.5 万平方千米。巴州主要旅游景点有金沙滩、博斯腾湖旅游区等。

巴州地域辽阔，地貌复杂，地形多样，北有天山，南有昆仑山和阿尔金山，中部是盛产石油、天然气的塔里木盆地，矿产资源种类丰富，分布广泛，成矿地质条件较好，开发潜力巨大。特别是巴音布鲁克、昆仑山、阿尔金山、中天山、库鲁克塔格山等地，不仅资源丰富、分布集中，而且类型全、组合条件好，有利于资源开发。巴州境内现已发现74种矿产资源，矿床、矿点681处，其中有9种储量居全国前十位。具有比较优势的矿产主要有石油、天然气、钾盐、红柱石、蛭石、石棉、铁、铜、菱镁矿、煤、金、玉石等。罗布泊钾盐远景储量2.9亿吨，约占全国储量的50%；罗布泊北山镍铜矿区镍矿探明128万吨，远景300万吨，属超大型矿床，并列入全国第二批找矿突破战略行动整装勘查区名单。红柱石预测资源量4.13亿吨，居全国第1位；蛭石已探明资源量2500万吨，占全国已探明储量的92%；菱镁矿已探明储量4316.7万吨，居西北第1位、全国第4位；铁矿探明总资源量35亿吨，是新疆铁矿开发的重要区域；花岗岩、石膏、锰、陶瓷黏土资源储量均居全疆首位。目前巴州已开采的矿产有煤、铁、锰、铜、铅、锌、金、红柱石、菱镁矿、冶金用白云岩、钠硝石、制碱用灰岩、盐矿、钾盐、滑石、石棉、蛭石、石膏、玉石、水泥用灰岩、制灰用灰岩、建筑用白云岩、建筑用砂、玻璃用脉石英、陶瓷土、砖瓦用黏土、水泥配料用黏土、建筑用花岗岩、饰面用大理石等31种矿种（见表4-1）。丰富的矿产资源为巴州发展工业提供了资源保障。

表4-1 巴州各县市主要矿产资源列表

县市	矿种
若羌县	钾盐矿、煤矿、石棉矿、钨矿、锡矿、铜镍矿、铅锌矿、铁矿、砂金等主要矿种
且末县	铁矿、煤矿、石棉矿、玉石矿、铜锌矿等主要矿种
轮台县	煤矿、盐矿等主要矿种
尉犁县	铁矿、蛭石矿等主要矿种
库尔勒市	红柱石矿、煤矿等主要矿种

续表

县市	矿种
和静县	铁矿、铅锌矿、菱镁矿、白云岩矿、石灰石矿等主要矿种
和硕县	花岗岩矿、铜矿等主要矿种
焉耆回族自治县	红柱石矿、花岗岩矿等主要矿种
博湖县	盐矿等主要矿种

资料来源：巴州各县市官网。

巴州主要矿产资源量见表 4-2。

表 4-2　巴州主要矿产资源量

序号	矿种	矿床（处）	储量单位	资源储量					备注
				储量	基础储量	资源量	资源储量	远景资源量	
1	石油	9							
2	天然气								
3	煤	19	千吨	67435.1	146449	247625.7	461509.8		
4	泥炭	3						4787.7	
5	铁	28	矿石万吨	2410	24271.3	373455	400136.3	205359.7	
6	锰	3	矿石千吨		2104	2497	4601	368	
7	钒	1	千吨					559.2	
8	铜	10	吨		6700	56794.95	63494.95	24764	
9	铅	1	吨		2040	9714.99	11754.99		
10	锌	1	吨		11330	7443.8	18773.8	28682	
11	钨	2	千吨					393.35	
12	锡	1	千吨					425.3	
13	岩金	11	千克			8981.06	8981.06		
14	砂金	4	千克			1048.36	1048.36		
15	铍	1	吨			29.05	29.05	432.62	
16	铌	1	吨			939.46	939.46		
17	钽	1	吨			82.24	82.24		

续表

序号	矿种	矿床（处）	储量单位	资源储量					备注
				储量	基础储量	资源量	资源储量	远景资源量	
18	菱镁矿	2	千吨			25969.5	25969.5	18008.6	
19	红柱石	3	千吨	801.5	3427.3	115544.5	119774.3		
20	白云岩	6	千吨	60.9	67.9	5795.2	5924	737611	
21	熔剂石灰岩	6	千吨		5497	286630	292127		
22	磷	8	千吨		219	57219	57438		
23	硫铁矿	2	千吨			12645.78	12645.78		
24	钾盐	3	千吨	1043.36	17634.9	160941.5	179619.7	58495.5	
25	钾硝石	1	千吨			103.9	103.9		
26	石盐	10	千吨		199	4659083	3290088	7949370	
27	镁盐	3	千吨	161950.5	1546760	56851.1	1603611	1381711.2	
28	铯盐	3	千吨		96.97	194.76	291.73		
29	芒硝	5	千吨		46089	73819.7	119908.7		
30	钙芒硝	1	千吨			71216369	71216369		
31	化工用石灰岩	2	千吨	32124	171193	139212	310405	71910	
32	蛇纹岩	4	亿吨					15.31	
33	橄榄岩	2							
34	毒砂	2	千吨					6534	
35	石膏	10	千吨			61792	61792	32411.3	
36	滑石	5	千吨			3579.8	3579.8		
37	水泥用页岩	2	千吨			61796	61796	1960350	
38	石英岩	2	千吨			63.53	63.53	31099	
39	陶瓷土	1	千吨					169692	

巴州油气资源丰富，开发前景广阔。勘探表明，塔里木盆地是我国油

气资源量超百亿吨的三大盆地之一，约 1/2 的面积在巴州境内。据最新一轮资源评价结果，全盆地可探明的油气储量当量为 197 亿吨，其中原油 112.9 亿吨，天然气 8.4 万亿立方米，目前探明程度不到 18%，勘探潜力巨大，被地质专家誉为中国石油天然气工业的“希望之海”。目前在塔里木盆地和焉耆盆地已累计探明 36 个整装油气田，探明加控制油气储量 12 亿吨。天然气大场面已经明朗，探明天然气地质储量 6628.12 亿立方米，控制天然气地质储量 2502.04 亿立方米，预测天然气地质储量 4751.36 亿立方米，三级储量达到 1.28 万亿立方米，可以确保年输气 180 亿立方米并且稳产 30 年以上，为塔里木地区建成我国石油工业的战略接替区打下了资源基础。

特色农产品资源相对丰富，加快农业产业化发展的潜力巨大。巴州生物种质资源、光热资源丰富，拥有长线棉、甜菜、库尔勒香梨、番茄等特色农产品，甘草、罗布麻等特色药用资源和马鹿、牛羊等特色动物，这些丰富的特色生物种质资源，为巴州依托特色优势，走特色经济之路，推进特色农业产业化发展提供了良好的物质条件。由于巴州立足农业优势，集中发展特色农副产品加工业，已形成了独具特色的优势农产品格局“白色资源”（棉花、羊毛、牛羊奶）、“红色资源”（番茄、红花、枸杞、线椒、红枣）、“金色资源”（哈密瓜、葡萄、香梨），并建立了相应的生产基地，这为加工企业提供稳定优质的原料打下了坚实的基础。

第三节　巴州主体功能区划分

巴州有国家级主体功能区 2 类 8 处，其中禁止开发区域 6 处、限制开发区域 2 处；有自治区级主体功能区 3 类 23 处，其中重点开发区域 21 处，禁止、限制开发区域各 1 处。

国家级限制开发区域 2 处，分别是阿尔金草原荒漠化防治生态功能区（且末、若羌 2 县）和天山南坡库尉轮农产品主产区（库尔勒、尉犁、轮台 2 县 1 市）。

国家级限制开发区不适宜大规模、高强度工业化、城镇化开发，在阿尔金草原荒漠化防治生态功能区的生态环境脆弱地区，应通过生态移民搬迁，减小人为活动的影响，减缓生态压力。在天山南坡库尉轮农产品主产区应通过把工业化、城镇化限定在城镇和园区内等措施，保障承担关系国家农产品供给安全和生态安全任务。

自治区级限制开发区域 1 处：天山南坡中段山地草原生态功能区，包括和静、焉耆、和硕、博湖 4 县。该区域为水源涵养型生态功能区，主要提供生态公共产品，确保和资源环境承载相一致的农产品供给，限制大规模、高强度工业化和城镇化。

天山南坡库尉轮农产品主产区是国家级限制开发区天山南坡农产品主产区的重要组成部分，包括库尔勒市、尉犁县、轮台县。该区域在限制进行大规模高强度工业化、城镇化建设基础上，在资源环境可承载范围内，保障国家和自治区重要农产品供给，发展特色经济，提高农产品生产能力，重点建设国家优质棉基地，库尔勒香梨、轮台杏等特色农产品基地。焉耆盆地农产品产区是自治区重要的粮食、畜产品、水产品、葡萄及特色经济作物产区，包括和静、焉耆、和硕、博湖 4 县。且若农产品主产区是自治区重要的粮食、畜产品和红枣产区，包括且末、若羌 2 县。在限制进行大规模高强度工业化、城镇化建设基础上，重点是发挥生态功能，保障农产品供给。

国家级禁止开发区域 6 处，分别是阿尔金山、罗布泊野骆驼、巴音布鲁克、塔里木胡杨林 4 个国家级自然保护区和博斯腾湖风景名胜区、巩乃斯国家森林公园。

国家级禁止开发区应依法依规实施强制性保护，严格限制人类活动影响，禁止工业化、城镇化开发，禁止不符合主体功能定位的各类开发活动。严格依法保护自然生态系统的完整性，重点提供生态公共产品，发挥生态功能，打造生态屏障，保障生态安全。

自治区级禁止开发区域 1 处：中昆仑自然保护区。该区域禁止进行工业化、城镇化开发，严格控制人为因素对自然生态的干扰，引导人口有序转移，保障生态安全。

生态屏障建设层面，到2020年，基本形成以天山南坡中段山地草原生态功能区、中昆仑自然保护区、阿尔金山国家级自然保护区以及阿尔金草原荒漠化防治生态功能区为南北屏障，以环塔里木盆地东北缘、东南缘绿洲以及沙漠公路绿化工程为支撑，以点状分布的省级以上自然保护区、风景名胜区、森林公园、湿地、水源地组成的生态安全战略格局。该区域是维系巴州经济社会发展和生态安全的重要保障，是巴州各族人民赖以生存发展的条件，必须加大建设力度，实施最严格的法律保护，促进经济、社会、生态文明相统一，区域发展相协调。

巴州境内自治区级重点开发区域21处，分别为库尔勒市城区和铁门关市城区、各县城关镇以及10个自治区级工业园区。该区域有一定的经济基础、发展潜力和资源环境承载能力，适宜人口集聚和一定规模的工业化、城镇化开发，是巴州经济社会发展重点区域。

巴州重点开发区域主要构筑天山南麓—昆仑山北麓一主一辅的重点产业开发群。

天山南麓重点产业开发群是自治区级重点开发区和天山南坡产业带的重要组成部分，是巴州经济社会发展的核心区域，包括库尔勒、铁门关、轮台、尉犁、和静、焉耆、和硕、博湖6县2市主城区和城关镇，库尔勒经济技术开发区、库西、上库、轮台、和静、焉耆、和硕、尉犁8个国家和自治区经济技术开发区（工业园区）。该区域以建成国家重要的纺织工业基地、石油天然气化工基地，新疆重要的电力能源保障基地、装备制造基地、钢铁产业基地、农产品精深加工基地为目标，成为集聚人口、繁荣绿洲经济、建设生态文明、辐射带动南疆经济发展的主阵地。

昆仑山北麓重点产业开发群是昆仑山北坡产业开发的重点，是自治区重点培育的产业聚集区和基地。包括且末、若羌2县县城和且末、若羌、罗布泊3个自治区级工业园区。该区域以建成国家级盐化工、自治区重要的矿产品和特色农副产品深加工基地为目标，成为集聚人口、保障生态安全、促进南北区域协调发展的有力支撑。

第五章

巴州区域经济发展现状

第一节　巴州产业结构

巴州地域辽阔、物产丰富，加快区域发展具有资源优势、区位优势和产业优势。经过长期的持续稳定发展，巴州国民经济实力显著增强。2015 年实现生产总值 1052 亿元，比上年增长 4%，其中，第一产业实现增加值 197 亿元，同比增长 7%；第二产业实现增加值 600 亿元，同比增长 0.8%左右，工业实现增加值 520 亿元，同比增长 1%，建筑业实现增加值 80 亿元，同比基本持平；第三产业实现增加值 255 亿元，同比增长 11%。三次产业结构为 18.7∶57∶24.3。

2015 年完成固定资产投资 718.35 亿元（见表 5-1），其中，第一产业投资 28.41 亿元，第二产业投资 445.93 亿元，第三产业投资 244.01 亿元。农民人均纯收入 15678 元，比上年增加 1063 元；城镇居民人均可支配收入 26523 元，同比增长 12.2%。

表 5-1　2010—2015 年巴州主要经济指标完成情况

指标	2010 年	2011 年	2012 年	2013 年	2014 年	2015 年
人口（人）	1323028	1366011	1374726	1404151	1398597	1253812
生产总值（万元）	6340562	7888359	8906141	9939397	10873228	10012998
工农业总产值（万元）	7737339	10176403	11806026	12950775	14077705	11953789
工业总产值（万元）	5688807	7777300	8936973	9695924	10524120	8462059
人均生产总值（元）	46509	56841	64174	70849	76832	72126
财政收入（万元）	435699	632207	792969	930528	1010794	944930
财政支出（万元）	967861	1435954	1708433	1899709	1982036	2087033
固定资产投资总额（万元）	3604207	4168780	5567194	7325278	8223896	7183471

在“十二五”时期，巴州区域经济发展坚持“稳中求进、改革创新”总基调，大力实施“三大战略”①，坚定“三个走在前列”不动摇②，各项事业发展取得新成就。

一、农业

巴州农产品资源丰富，发展特色农产品精深加工产业条件优越。巴州是新疆第三大优质棉生产基地和重要的特色农产品、特色林果生产基地，是种植香梨、酿酒葡萄、红枣、白杏、工业番茄、色素辣椒的最佳地区。名优产品库尔勒香梨、若羌红枣远销世界各地，市场广阔。2015 年，棉花产量 53 万吨，甜菜产量 58 万吨，工业番茄产量 224 万吨，工业辣椒产量 131 万吨，香梨产量 54 万吨，红枣产量 30 万吨，白杏产量 3.76 万吨，芦苇产量 20 万吨，鲜奶产量 8.0 万吨，肉类产量 14.8 万吨。

巴州农作物中，粮食产量一直保持着较稳定的增长规模，从 2011 年的 40 万吨稳步增长到 2015 年的 88 万吨，产量增长了 1 倍多（见图 5-1）。粮食播种面积由 2011 年的 98 万亩③增加到 2015 年的 181 万亩。从总体上看，粮食产量的增长受到了粮食补贴政策的有效刺激，同时，棉花等其他农作物的市场压缩使得众多农户改种粮食，保障家庭收入的稳定增长。棉花种植规模 2014 年一度扩大到 541.8 万亩，产量也猛增到 60 万吨，但是到了 2015 年种植规模压缩到 383 万亩，整整压缩了 160 万亩规模，产量也从 60 万吨下降到 53 万吨。巴州农作物的市场价格以及市场供求关系的变化一直影响着主要农作物产量的变化。

2015 年，巴州水果产品中香梨的产量最大，达到 54 万吨，其次为红枣，产量达到 30 万吨（见图 5-2）。巴州上述两个特色水果产品的产量之所以有如此大的规模，与巴州农业体系建设始终坚持做大做强具有地理商

---

① “三大战略”：实施库尉轮率先发展、焉耆盆地全面振兴、且若追赶跨越“三大战略”，形成多点支撑的发展格局。

② “三个走在前列”：实现新型工业化走在南疆前列、新型城镇化走在南疆乃至全疆前列、城乡人均收入水平走在全疆前列，成为促进新疆跨越式发展的重要战略支点。

③ 1 亩≈0.0667 公顷。

标特征的特色产品规模有关。目前，库尔勒香梨和若羌红枣享誉海内外，已成为新疆特色林果业产品中并列于哈密瓜、吐鲁番葡萄的著名地域品牌和代表性品牌。同时，市场需求的认可和稳定性进一步验证了巴州农业部门和相关县市所选择特色农业发展战略的正确性。市场需求的稳定性和不断扩大趋势，进一步增强了香梨、红枣等特色林果业产品的生产能力体系建设，使得生产能力和市场消费能力形成了良性的互动式供求关系。

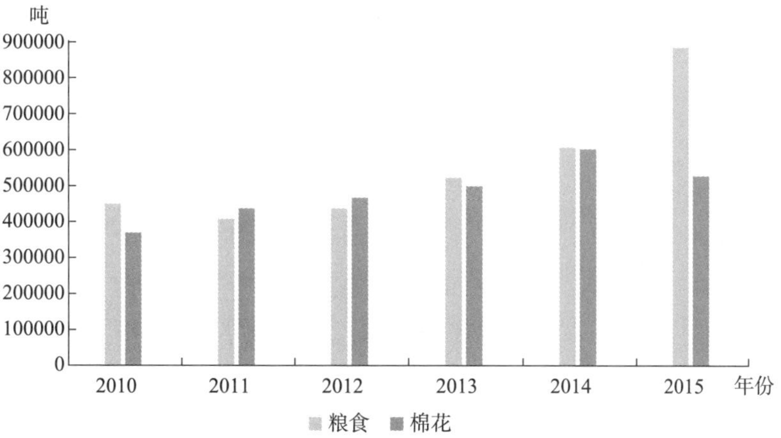

图 5-1 2010—2015 年巴州主要农作物产量

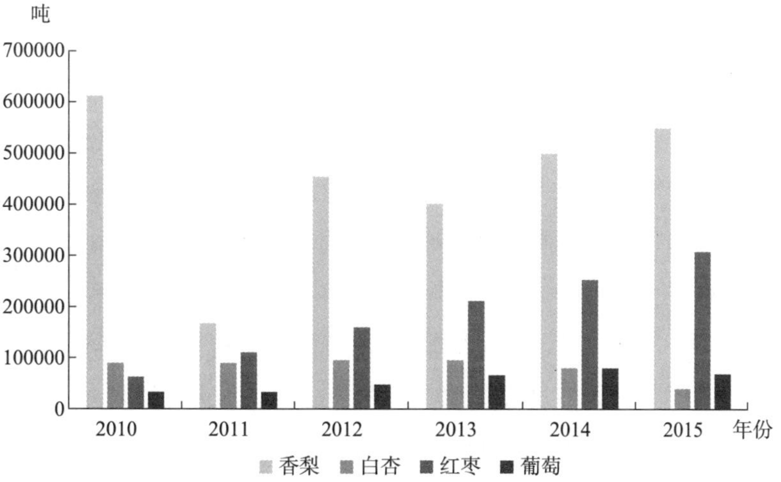

图 5-2 2010—2015 年巴州主要水果产量

巴州也是传统的畜牧业大区，畜牧业发展由来已久，在现代市场经济条件下，其生产方式不断发生变化。2015 年，牛马等大牲畜年末存栏头数达到 23 万头（匹），羊的数量达到 341 万只，肉类产量达到 14.8 万吨，肉类总产量保持稳定增长。此外，巴州牛奶产量也保持着较稳定的生产规模，基本保持年产 8 万吨左右。随着家禽养殖业的发展，巴州禽蛋产量保持稳定增长，由 2011 年的 2 万吨增加到 2015 年的 3.3 万吨，增长了 65%（见图 5-3）。

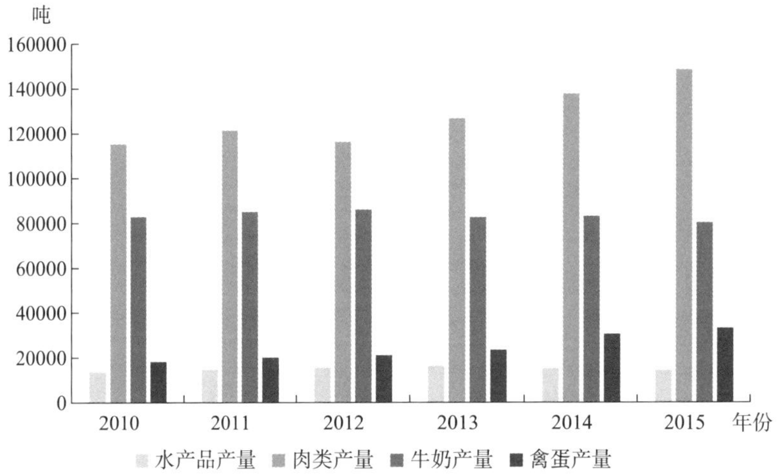

图 5-3　2010—2015 年巴州水产品及畜产品产量

巴州农业结构调整的基本思路是，坚持区域化布局、规模化生产、标准化管理、产业化经营，调优种植业，调强林果业，调大畜牧业和农业服务业，促进特色农产品向优势产业带集中，强化基地建设，提升科技支撑、加工转化和市场开拓能力，提高农业生产经营专业化、标准化、集约化水平。稳定发展粮食生产（专用小麦、玉米）；实施“退白扩红”战略，棉花以南 5 县为主，建设焉耆盆地以工业番茄、加工辣椒、酿酒葡萄为主的特色产业带。发展特色林果业（香梨、红枣、葡萄、白杏），发展沙区产业，发展现代畜牧业，推进畜禽养殖的集约化、标准化和产业化，发展设施农业。加快农业产业化进程，提高农业安全生产水平。

二、工业

2015 年全州实现工业增加值 520 亿元，其中，石油工业完成增加值 390 亿元，非石油工业实现增加值 130 亿元，非石油工业占全州工业比重为 25%。

巴州工业产品中，规模较大的产品主要是能源资源产品，其中原油 2015 年产量达到 590 万吨，其次为原煤，产量为 264. 3 万吨。此外，其他年产百万吨以上的工业品主要是建材产品，包括水泥 188. 4 万吨，钢材 100. 9 万吨。其他产量规模较大的产品主要是化工产品，包括钾肥、丁二醇等。可以看出，巴州规模以上工业发展格局中，能源资源型产业占主导地位（见表 5-2）。

表 5-2　2015 年主营业务收入 500 万元以上工业企业主要工业产品产量

产品名称	单位	绝对数
原煤	万吨	264. 3
原油	万吨	590. 0
原油加工量	万吨	7. 0
1，4-丁二醇	万吨	16. 74
化学纤维	万吨	33. 2
轮胎外胎	万条	74. 5
平板玻璃	万重量箱	289. 8
天然气	亿立方米	236. 3
发电量	亿千瓦·时	73. 5
钢材	万吨	100. 9
水泥	万吨	188. 4
纱	万吨	9. 1
成品糖	万吨	6. 1
机制纸及纸板	万吨	3. 0
钾肥	万吨	78. 5
罐头	万吨	19. 7

巴州工业结构重点领域见表5-3。

表5-3 巴州工业结构重点领域

主要工业结构领域	主要产业发展内容
石油天然气化工、石油装备及石油技术服务	原油、天然气生产基地；油气化工基地；大型油气储备基地；下游产业链发展
特色矿业	黑色金属产业（铁矿和钢铁冶炼、锰铁合金及下游产品，铸管和石油套管等金属制品）、有色金属产业（多金属矿，铜铅锌钨冶炼加工）、非金属和建材加工业（钾盐、方解石、红柱石、蛭石、菱镁矿等矿产开发；磷化工；盐矿稀有金属提炼；蛭石、菱镁矿、红柱石、石棉产业链延伸）、煤炭开采加工（现代化煤矿、煤化工）
特色农产品和棉花系列加工业	发展香梨、红枣、葡萄、杏、番茄、辣椒等特色农产品精深加工产业；巩固提升乳肉制品加工、制糖、酿造等产业；承接东部棉花系列加工产业
能源产业	水电、火电、气电、风力发电和太阳能发电
装备制造业	石油石化、矿业、特色农产品加工业等特色专用和成套设备制造业
战略性新兴产业	有色金属和石化新材料、新型半导体材料、节能环保、新能源、医药保健等新兴产业

巴州各县市依托各自的资源、区位优势，在城乡接合部的戈壁荒滩规划建设了各具特色的工业园区，实现了工业向园区集中、污染集中治理的局面。目前，巴州已开工建设的工业经济园区有11个，分别是库尔勒经济技术开发区（国家级）、轮台工业园区（自治区级）、和静工业园区（自治区级）、若羌罗布泊盐化工工业园区（自治区级）、和硕经济开发区（自治区级）、焉耆工业园区（自治区级）、博湖工业园区、尉犁工业园区、若羌工业园区、且末昆仑工业园、库尔勒上库综合产业园区；正在规划、拟设立的工业园区有1个，即库尔勒塔什店循环经济产业园区。巴州工业园区发展的总体思路是，完善园区功能，提高园区对项目的吸纳和承载力，形成特色鲜明、产业关联度强、辐射带动能力大的工业园区，积极承接东部产业转移，集聚生产力要素，促进资源优化配置。巴州主要工业园区的产业集群定位见表5-4。

表 5-4 巴州主要工业园区的产业集群定位

工业园区	产业集群定位
库尔勒经济技术开发区	打造“石油石化、棉纺化纤、机械加工、农副产品加工、高新技术、矿产品加工”六大产业集群
轮台工业园区	石油石化、石油装备及技术服务产业集群
和静工业园区	钢铁产业及配套产业集群
若羌罗布泊盐化工工业园区	矿产加工业集群
河北工业园区	重点培育和发展精细化工、装备制造、医药保健、成衣制造四条产业链

经过多年的发展，巴州工业园区呈现出基础设施建设加快、投资规模不断扩大、产业集聚度逐步提高、工业生产快速增长、投资环境持续改善、经济实力明显增强的发展态势，已成为巴州新型工业化建设的主战场、县域经济的“增长极”和经济发展最具活力的地区。园区建设在实现工业集聚发展的同时，带动了城镇基础设施、公益设施的建设，人口也向园区集中，扩大了城镇规模，促进了城乡统筹发展。

巴州工业结构调整的基本思路是，坚持走新型工业化道路，用信息化带动工业化，改造提升传统产业，培育高新技术产业和战略性新兴产业，发展低碳、生态产业。重点发展石油石化、矿业、特色农产品和棉花系列加工、能源和装备制造业，形成特色鲜明、产业关联度强、辐射带动能力大的工业园区。积极承接东部产业转移，集聚生产力要素，促进资源优化配置。“十三五”期间，巴州人民政府按照国家和自治区产业布局，加快建设国家级纺织服装加工出口产业基地，积极发展纺织化工、辅料等配套行业；重点发展番茄、辣椒、杏、葡萄、红枣精深加工及牛羊肉精深加工，延长产业链条，培育焉耆清真食品加工园，打造面向全疆、辐射中西亚的清真食品加工基地；培育立足新疆、面向中亚的大型油气开采运输装备制造基地，推动发展以纺织装备、汽车整车及零部件制造、工程机械设备等为重点的其他装备制造业。纺织服装出口加工、农牧产业深加工、装备零部件制造将加速商贸流通和企业集聚，带动作为服务于生产性行业的邮政业的发展。

三、第三产业

巴州服务行业涉及批发和零售业，交通运输、仓储和邮政业，信息传输、软件和信息技术服务业，租赁和商务服务业，科学研究和技术服务业，水利、环境和公共设施管理业，居民服务、修理和其他服务业，教育，卫生和社会工作，文化、体育和娱乐业，物业管理、房地产中介服务等，行业分布十分广泛。

“十二五”以来，巴州服务业稳步增长，人民生活水平不断提高，经济建设和社会建设取得重大进展，服务业对经济社会发展的支撑和拉动作用日益突出。巴州坚持把服务业发展作为产业结构优化升级的战略重点，着力扩大服务业总体规模，优化服务业内部结构，巴州服务业发展呈现出“速度加快、规模扩大、质量提升”的良好态势。2015 年巴州服务业结构与发展规模见表 5-5。

表 5-5　2015 年巴州服务业结构与发展规模

服务业结构	发展规模
国内贸易	全州实现社会消费品零售总额 157.22 亿元，其中，城镇实现社会消费品零售额 146.2 亿元，乡村实现社会消费品零售额 11.02 亿元
对外贸易	实现进出口总值 3 亿美元，其中，实际出口总值 1.29 亿美元，进口总值 1.71 亿美元。全州累计落实招商引资项目 660 个，其中，落实区外项目 649 个，到位资金 445.76 亿元
交通运输和邮政业	全州公路货运总量 6226 万吨，货物周转量 103.99 亿吨千米。客运总量 1820 万人次，旅客周转量 17.87 亿人千米。邮路总长度（单程）3778 千米，邮政局所、服务网点 133 个，全年完成邮政业务总量 1.15 亿元。年末本地固定电话用户 39.4 万户，移动电话年末用户数 161.5 万户，移动电话交换机容量 551 万门，互联网用户 27.71 万户
旅游业	全州接待游客总人数 890 万人次，其中，接待海外游客 1.77 万人次，旅游总收入 51 亿元。全州共有星级旅游宾馆 36 家，旅行社 18 家，A 级旅游景区（点）20 个，实现营业收入 3.27 亿元
金融和保险业	实现地方财政收入 94.49 亿元，金融机构各项存款余额 978.17 亿元，金融机构各项贷款余额 593.80 亿元，各类保险公司实现保费收入 29.25 亿元

续表

服务业结构	发展规模
教育和科学技术	全州共有中小学学校 181 所，中等职业学校 8 所，高等学校 1 所，特教学校 1 所。全州共有科研机构 5 个，全年争取自治区科技项目 52 项，争取资金支持 1287 万元，实施自治州科技项目 46 项，投入财政资金 210 万元；全州专利申请量与授权量分别为 627 件和 273 件
文化和卫生	全州共有文化馆 11 所，公共图书馆 10 座，博物馆 10 座，专业艺术表演团体 10 个，全年举办各类演出场次 867 场。共有卫生机构 1021 个，其中，医院 49 个，基层医疗卫生机构 896 个，专业公共卫生机构 76 个；卫生技术人员 8654 人，实际拥有床位数 7473 张

从巴州第三产业整体发展的情况看，批零与住宿餐饮、交通运输等传统服务业快速发展，金融、信息、科技、农业服务等新兴服务业崛起，电子商务等新兴业态初步发展。对外开放领域不断拓展，服务业吸纳就业能力进一步增强。

巴州现代服务业结构的基本调整思路是，把推动服务业大发展作为产业结构优化升级的战略重点，大力发展生产性服务业和生活性服务业。重点发展旅游业、现代物流业、房地产业、金融业、电子商务、物联网等产业。

旅游业。加快 G314 线和 G218 线两条重点旅游产业带建设。西线——塔里木沙漠胡杨旅游区，建成国家 AAAAA 级旅游景区；东线——博斯腾湖休闲度假旅游区，整体创建国家 AAAAA 级旅游景区；北线——巴音布鲁克生态民俗旅游区，争创国家 AAAAA 级旅游景区，纳入世界自然遗产保护名录；南线——罗布泊阿尔金山特种旅游开发，开展高端科考旅游；完善库尔勒旅游目的地城市功能，加强旅游景区基础设施建设，提升服务接待能力和水平。

现代物流业。构建以库尔勒为中心，和静、轮台、若羌为副中心，辐射巴州乃至整个南疆地区的物流集散地和配送网络。依托重点工业园区，建设产业基地型物流园区。发展各类专业市场，培育一批大型综合物流企业集团。积极推进库尔勒市、轮台县、焉耆回族自治县、若羌县物流园等项目建设。“十二五”末，基本建成与经济发展相适应的现代物流体系。

房地产业。加强和改善房地产业宏观调控，保持房地产开发投资稳步增长。加大住房租赁市场培育力度，深化住房制度改革，建立健全与市场需求相适应的多层次住房供应体系。加强物业管理，推进住宅小区物业服务社会化。房地产开发投资每年保持在20亿元以上，年均新开工住宅面积在120万平方米以上。

金融业。加快建立结构合理、功能完善、安全高效的现代金融体系。改善金融生态环境。充分发挥库尔勒市区位优势，加快聚集各类金融机构，培育总部性金融机构，打造南疆金融中心。

电子商务。加强“数字巴州”建设，推进物联网研发应用、电子政务网络建设，促进教育培训、科技服务、文化娱乐等产业发展。

第二节　巴州各县市经济指标比较分析

巴州行政辖区包括库尔勒市、轮台县、尉犁县、若羌县、且末县、焉耆回族自治县、和静县、和硕县、博湖县9个县市。各县市行政区划面积见表5-6。

表5-6　各县市行政区划面积　　单位：平方千米

地区	土地面积
全州	471526
库尔勒市	7219
轮台县	14184
尉犁县	59399
若羌县	198318
且末县	138645
焉耆回族自治县	2429
和静县	34976
和硕县	12753
博湖县	3603

巴州8个县中，地域面积10万平方千米以上的县有2个，分别为若羌县和且末县，其中地域规模最大的为若羌县，地域面积接近20万平方千米，也是全国地域面积最大的县。焉耆回族自治县、博湖县地域面积相对较小。人口规模10万人以上的县有4个，分别为轮台县、尉犁县、焉耆回族自治县、和静县，其中人口规模最大的县为和静县，人口有18万多。总体上，北部4县人口密度较高，南4县地域面积相对较大。

一、各县市“十二五”经济发展现状

（一）库尔勒市

“十二五”时期库尔勒市全面实施“一个目标，五个核心，一个基础，一条主线，一个抓手，五大战略”总体发展思路，加快实现“三个走在前列”，取得了经济建设、政治建设、文化建设、社会建设和生态文明建设的新成就，为“十三五”发展奠定了坚实的基础。

综合实力大幅提升。主要经济指标稳居全疆县市前列。2015年全市实现生产总值677.3亿元，较2010年增长38.1%，年均增长7.62%；全社会固定资产投资完成434.7亿元，较2010年增长100%，年均增长20%；地方财政收入完成56.61亿元（含开发区），较2010年增长141%，年均增长28.2%；社会消费品零售总额95.4亿元，较2010年增长106%，年均增长21.2%。在2015年度“中国中小城市综合实力百强县市”位居第50，较2011年上升24位，跻身全国50强，并荣膺中国“十佳‘两型’中小城市”“最具区域带动力中小城市百强县市”“中小城市新型城镇化质量百强县市”称号，也是西北地区唯一荣获“三连冠”的全国文明城市。

产业结构不断优化。突出产业发展提档升级。三次产业结构由2010年的5.3∶79.7∶15.0调整为2015年的6.6∶74.9∶18.5。新型工业化取得新突破，库尔勒经济技术开发区升格为国家级开发区，库尔勒纺织服装城列入自治区“三城七园一中心”规划并启动实施，上库综合产业园、塔什店循环经济产业园分别获批为自治区级、自治州级产业园区，园区基础设施不断完善，吸引仓储物流、石油装备制造、农副产品精深加工、新型建材等近120家企业入驻园区，地方工业经济总量持续壮大，“一主两翼”互为补充、错位发展的新型工业化格局全面形成。农牧业现代化水平显著提升，制定实施了一系列促进农牧业发展的政策措施，加快推进西尼尔畜牧生态产业园建设，香梨、畜牧业、设施农业、特色种植业实现提质增效，农业综合生产能力有效提升，成为农牧民增收的支柱产业。农产品质量安全得到保障，获得无公害、绿色、有机农产品认证41个，香梨品牌“孔雀河畔”知名度不断提升。棉花种植面积111.9万亩，较2010年增加21.18万亩，增长23.35%。特色种植业面积11.77万亩，香梨种植面积40.88万亩，设施农业面积1.49万亩。牲畜存栏达60.47万头（只），较2010年增长40.07%；出栏达69.6万头（只），较2010年增长10.9%。现代服务业蓬勃发展，汇嘉时代、富力·宝源、红星美凯龙等一批现代商贸服务设施建成，物流、旅游、金融保险、信息等生产性服务业提档升级。天鹅河景区成功创建国家AAAA级旅游景区，旅游收入达到12.7亿元，接待游客303.85万人次，较2010年分别增长183%、81%。

城市建设持续领先。抢抓政策优势、区位优势和发展优势，科学谋划，找准发展定位，创新“四大理念”，实施“三步走”战略，着力构建“三山三带三组团，六轴六廊六绿心，三核九极六载体”总体布局，全面实施“三河贯通”棚户区改造工程，一期建成并通水行船，改造棚户区300余万平方米，形成300万平方米商务文化中心，“九馆三中心”建成并免费开放，“一城三区，一区双核”城市发展格局全面形成，中心城市综合服务功能和辐射带动作用明显提升。常住人口城镇化率提高到73.5%。

基础设施日益完善。累计完成全社会固定资产投资1890亿元，是“十一五”时期的2.1倍。现代化综合交通枢纽体系加快发展，吐鲁番—库尔勒铁路二线、库尔勒—阿克苏铁路复线、库尔勒—库车高速公路建成通车，格尔木—库尔勒铁路、库尔勒机场改扩建、S206线博湖—库尔勒经济技术开发区项目开工建设，库尔勒机场开通国内航班站点11个，旅客吞吐量突破百万人次，开通“南疆之星”城际列车，构建了“城区内一刻钟上高速、市域内半小时通达、市周边一小时经济圈、疆内外四小时联系圈”的现代交通网络。建成一批重大市政工程，新（改、扩）建城市、园区主次干道 72 千米、桥梁 37 座及给排水、热力、天然气管道 272 千米，新增供热面积 800 万平方米。城市供水二期工程开工建设，市民中心、展示中心、健身中心等一批城市公共服务设施建成。旧城改造项目荣获“中国人居环境范例奖”，天鹅河景观工程荣获“全国市政金杯示范工程奖”。新农村建设取得新成效，累计新建防渗渠 300.8 千米，高标准节水灌溉面积达到 85.25 万亩，建成农村公路 245 千米，农村天然气入户 2.35 万户，农村生产生活环境明显改善。

生态环境显著改善。坚持“环保优先，生态立市”，按照“三山三带三组团，六轴六廊六绿心”生态框架布局，持续实施天然林保护、退耕还林、荒山绿化、水土保持等重点生态工程建设和城乡环境综合整治行动，建设生态林 15.4 万亩，荒山绿化 2.1 万亩，全市森林覆盖率达到 19.33%，森林蓄积量达到 172.89 万立方米，林地保有量达到 13.94 万公顷；建成城市绿道 50 千米，新增绿地面积 337 公顷，建成区绿化覆盖率达到 40%，初步形成了现代生态花园城市的新格局。落实最严格的水资源管理“三条红线”制度，完成退耕 16.5 万亩、休耕 16.8 万亩。加大节能减排力度，推进重点领域和重点企业节能改造，完成生活垃圾处理二期、老城区污水处理厂改造等工程，生活垃圾无害化处理率达 95%，城市污水集中处理率达 90%。单位生产总值能耗上升趋势减缓，主要污染物排放量明显下降。

改革开放深入推进。获批国家中小城市综合改革试点城市和自治区统筹城乡综合配套改革试点城市，加快政府职能转变，加大简政放权力度，各项改革加快推进。实施行政事业单位分类改革，建立权力清单，推进行政审批事项改革，提前实现压减 35%以上目标。充实基层力量，站所下放乡镇管理。深化商事制度改革，落实“三证合一、一照一码”登记制度，为创业创新清障搭台。医药卫生体制改革稳步推进，棉花目标价格改革试点有序开展，农村土地承包经营权流转积极推动，集体林权制度改革基本完成。国资监管机制进一步完善，加快投融资体制改革，引入社会资本参与公共服务领域建设。

对口援疆彰显成效。充分利用河北省石家庄市综合优势，全力推进产业援疆、项目援疆、智力援疆，5 年累计投入援疆资金 4.66 亿元，高起点、高水平建成了教育、卫生、棚户区改造、富民安居、基层阵地等一批民生工程和优势产业发展项目，选派一批领导干部、未就业高校毕业生赴河北省石家庄市挂职锻炼、学习培训，两地互访互动、交往交流交融明显加强。

（二）若羌县

“十二五”期间，若羌县牢牢把握国家西部大开发、对口援疆和“一带一路”等重大历史机遇，正确处理改革发展稳定的关系，直面复杂严峻的经济形势，攻坚克难、奋力拼搏，全县经济社会实现跨越式发展。

1. 经济持续快速发展，综合实力显著提高

2015 年，全县实现生产总值 67 亿元，年均增长 24.52%；人均生产总值达到 12.1 万元，较 2010 年增长 3.3 倍。地方财政公共预算收入 8.8 亿元，年均增长 27.32%；全社会固定资产投资累计完成 222.8 亿元，较“十一五”时期增长 2.4 倍；实现社会消费品零售总额 1.02 亿元，年均增长 16.7%。城镇居民可支配收入和农牧民人均纯收入分别达到 2.76 万元和 2.85 万元，农牧民人均纯收入连续 7 年稳居西北 12 省区市首位，在全疆提前 5 年实现了生产总值、农牧民人均纯收入较 2010 年翻番的目标，荣登“全国县域发展指数”全国百强第 59 位、全疆排名第 1，为全面建成小康社会奠定了坚实基础。

2. 三次产业稳步调整，四化建设同步推进

全县三次产业结构由 2010 年的 25∶60∶15 调整为 2015 年的 25∶65∶10。农牧业现代化健康发展。新增绿色、有机枣果 11 万亩，严格实行“原产地地理标志”和二维码溯源地管理，积极开展维权打假专项活动，获得“中国红枣之乡”“新疆著名商标”等 30 余项奖项及习近平总书记“若羌枣、味道好”的称赞。积极推进设施农业发展，扎实实施草原生态

保护补助奖励机制，稳步推进规模化养殖和特色养殖业，成立农民专业合作社 102 家。新型工业化步伐持续加快，初步形成若羌城区、祁曼地区、罗布泊地区“三大工业经济圈”。园区基础设施不断改善，入园企业 30 余家，2015 年实现工业增加值 38.5 亿元。罗布泊盐化工工业园成功创建自治区级新型产业化示范基地，国投罗钾扩能改造项目加快建设，中坡山铜镍矿、三峰山铜金矿、红十井金矿等矿业勘探开发取得重大成果。若羌工业园区（一区两园）成功升格为自治区级工业园区，塔东工业园初步形成了以润通贵金属冶炼、天山水泥、玖鑫硅业为主的精深加工产业规模；纺织业、水泥制品快速兴起，6 万锭纺织规模已形成。依吞布拉克矿业加工园电力设施得到保障，铁精粉、煤炭产业稳步发展。现代服务业加速推进，城东综合物流园加快建设，铁干里克镇、瓦石峡镇、依吞布拉克镇集贸市场及罗布泊镇商贸中心建成投用，玉都、帝豪建材等综合专业性市场运营平稳，国道服务区加快建设，韵达等 10 多家快递公司县内落户，北园春等餐饮住宿项目建成营业，若羌大厦、楼兰大厦等房地产项目建成使用，成功举办数届楼兰文化旅游节和红枣节。新型城镇化建设日新月异，完成瓦石峡乡、铁干里克乡撤乡建镇工作，城镇化率达到 51.5%。实现了县域城市道路、供排水、供热、天然气的全覆盖，并率先在全疆全面实现城乡供水阶梯制水价和供水分户计量，城乡供水实现同质同价，以 PPP 外包创新实现城乡环卫一体化。“幸福乡村”示范工程成为全疆样板村。全国文明城市创建扎实推进，人居环境更加优美。新型信息化建设全面展开，电子政务外网、红枣网、阳光农廉网建成使用，若羌兵地颐高电子商务产业园启动实施，“互联网+特色农副产品”营销模式逐步推开，工业化和信息化融合发展，启动“智慧城市”建设，成为西北 5 省区首个城乡公共场所 Wi-Fi 全覆盖、全免费城市。

3. 基础设施加大投入，生态环境持续改善

区域性交通枢纽加快建设，完成 Z590 专线改造，全县已建成等级以上公路总里程 1875.88 千米；哈密—罗布泊铁路建成通车，格尔木—库尔勒铁路、民用机场全面开工，若羌二级客运站即将开工建设。电力能源保

障能力提升，成功实现且末—若羌、青新110千伏电力联网；建成并投用新能源22万千瓦装机规模；玖圣热电联产5.4万千瓦投入使用；西部楼兰能源开发有限公司2×15万千瓦热电获批；尉犁—若羌220千伏输变电工程即将开工建设；10千伏以下老旧农网改造全面完成。水利基础设施加快建设，米兰河山口水利枢纽工程下闸蓄水，若羌河水库前期工作加快推进，塔什萨依河梯级水电站即将开建，启动实施若羌工业园供水项目，若羌河、瓦石峡河防洪工程全面完工。生态环境明显改善，城镇绿化覆盖率由39%提高到42%，人均公共绿地面积达到23平方米；结合林业重点工程和红枣产业发展，累计新增绿化造林10.7万亩，加强森林有效管护，全县森林覆盖率达到2.07%；加强饮用水水源地保护，对420余个建设项目开展环境影响评价、节能评估审查，加强节能监察能力建设，强化重点用能企业监测，广泛开展节能监察活动，全县万元GDP能耗比“十一五”末降低13%。

4. 援疆开放型经济迈上新台阶

人才援疆力度加大，邢台累计派驻援疆干部人才102名，若羌选派344名干部到邢台交流学习，传帮带作用发挥明显，经济和社会发展的智力支撑不断增强。产业项目对接力度加大，河北双语幼儿园、河北急救综合楼等项目建成投用，河北建投罗布庄风电项目顺利实施，教育、医疗及民生领域的援疆加快推进，邢若两地建立起深情厚谊。

（三）和静县

“十二五”时期，和静县按照“稳增长、调结构、惠民生”的总体要求，面对国内经济下行压力，努力克服复杂多变的国际国内形势和实体经济增长乏力等不利因素影响，不断加大经济结构调整力度，国民经济稳步增长，综合实力明显增强，城乡面貌焕然一新，生态保护成效显著，生活环境持续改善，社会事业全面发展。

1. 综合经济实力不断增强

2015年，预计实现国民生产总值70.8亿元（现价），较2010年增长

61%，年均增长12.2%；地方公共财政预算收入3.55亿元，较2010年增长27.7%，年均增长5.54%；社会消费品零售总额5.46亿元，较2010年增长1.7倍，年均增长34%。“十二五”全社会固定资产投资累计完成260亿元，完成目标任务的1.9倍，较“十一五”增长2.7倍，为“十三五”全面建成小康社会奠定了坚实的基础。

2. *产业发展提质增效*

把加快新型工业化作为产业结构调整的主要抓手，加快“六大产业”建设步伐，积极实施“五大战略”，努力构建现代化工业产业体系。钢铁、矿产、电力、农副产品加工等优势产业规模扩大，钢铁新增产能230万吨达到350万吨，铁精粉新增产能350万吨达到500万吨，工业经济骨架进一步拓展。农业产业化程度不断提高，综合生产能力进一步增强。旅游、文化等现代服务业融合发展，商贸、物流、金融、信息等服务业迅速崛起。巴音布鲁克景区创建成自治区级生态旅游示范区，并通过国家AAAAA级旅游景区资源与景观质量评审，《东归·印象》实景剧、舞台剧常态化演出，巩乃斯成功创建国家AAAA级旅游景区，北山森林公园、东归生态公园创建为AAA级景区，旅游基础设施进一步完善，为打造全疆重要的旅游目的地夯实了基础。“十二五”末，三次产业结构调整为29∶31∶40。

3. *基础设施不断完善*

区域综合交通能力得到进一步提升，开工建设一批重大交通项目，完成G217、G218、S301、S305、S321、S206改扩建工程。累计改扩建农村公路612.67千米，新建354千米，农村公路建设总里程达到1440千米，是中华人民共和国成立以来建设规模最大、投资最多的时期。加强水利工程建设，新增高标准节水灌溉面积15万亩，有序推进定居兴牧水利工程，新建防洪堤34.6千米。能源保障能力进一步增强，新增水电站5座、光伏电站7座，新增绿色能源电力装机56万千瓦。全县电力总装机容量达到100万千瓦，发电量为30亿千瓦·时。信息基础设施建设进一步加强，城乡基础设施明显改善。

4. 城市建设日新月异

“十二五”期间是和静县变化最大的5年，城乡一体化统筹进一步推进，县城规划区面积由9.12平方千米扩大到40平方千米，建成区面积由7.84平方千米扩大到22平方千米。县城功能日趋完善，完成县城道路建设66.5万平方米，城区亮化完成3644盏，县城供水管网完成62.5千米、排水管网完成39.6千米，县城污水处理厂提标改造，哈尔莫敦、巴伦台等建制镇污水处理厂和巴音布鲁克镇生活垃圾填埋场相继建成投用，城镇集中供热面积达到240万平方米，燃气供热完成11240户，巴音布鲁克等乡镇实施气化工程。巴润哈尔莫敦建制镇示范试点工作开始实施，建成东归生态公园，启动实施北山绿化工程，推进生态建设，共建美好家园成为各族干部群众的自觉行动，居民生活环境得到很大改善。

5. 人民生活水平显著提高

“十二五”末，城镇居民人均可支配收入达26530元，年均增长14.3%，完成规划任务的1.06倍；农牧民人均纯收入达15004元，年均增长12.8%，完成规划任务的1.31倍，提前两年完成“十二五”规划目标。住房保障取得新突破，建成农村安居房19181套、游牧民定居房3334套，城镇保障性住房15621套，解决了全县12496户43736名城乡低收入群众的住房困难。城镇化率达到51%，比2010年提高4个百分点。

6. 生态环境保护成效显著

深入实施天然林保护、退耕还林、退牧还草、水土保持、农业综合开发、土地整理、荒山绿化、地质灾害治理等重点生态建设工程。全面落实节能减排工作措施。2015年，全县森林覆盖率达到4.9%。巴音布鲁克列入世界自然遗产地名录、荣获“中国十大魅力湿地”称号，巩乃斯荣获“中国美丽田园”称号，成功创建国家园林县城和自治区生态县。

7. 受援工作成效显著

投资2.1亿元建成河北新村、县人民医院门诊楼，受援1500万元建成莫呼查汗水库。引进新兴铸管等 17 家企业，18 个项目建成投产。培养、培训各级干部 2480 名，援派干部 77 名。

（四）焉耆回族自治县

“十二五”时期，焉耆回族自治县坚持“稳中求进、改革创新”的总基调，按照州委提出的焉耆盆地争先进位、全面振兴的战略部署，深入推进“做大一个园区、做强两大支柱、加速三化进程”，积极应对经济下行和“三期叠加”复杂形势带来的风险挑战，破解发展难题、提高发展质量，全县经济社会呈现健康、可持续发展的良好局面，为“十三五”经济社会发展奠定了坚实基础。

1. 经济保持稳定增长

实现生产总值 65. 5 亿元，年均增速达 10. 8%；累计完成固定资产投资 125 亿元以上，年均增长 16. 6%，超额完成规划 5 年累计 103 亿元的目标；地方财政收入达到 3. 61 亿元，年均增长 16. 2%，其中公共财政预算收入 3. 14 亿元，年均增长 17. 1%；社会消费品零售总额 8. 9 亿元，年均增长 18. 1%。

2. 农业调整加速转型

围绕“两个转变”“两个改善”“两个提高”的发展思路，着力推进农业农村“六项重点工作”。预计实现农业增加值 17. 7 亿元，年均增长 9. 5%。畜牧业发展较快，新建和改扩建标准化养殖小区 77 个，畜牧业总产值占农业总产值比重达 41%；粮食种植面积 26. 32 万亩，特色经济作物种植面积 20. 27 万亩，完成规模化种植 27. 5 万亩，占耕地总面积的 73%，高效作物种植 17. 2 万亩，占耕地总面积的 45. 9%。全县累计投入农田水利基本建设资金 1. 5 亿元，同比增长 31%，高效节水滴灌面积达 31. 42 万亩。建成 10 万亩酿酒葡萄种植基地，葡萄挂果面积达 4. 5 万亩，农田林网化程度达到 70%，森林覆盖率提高至 8%。扶持建立农牧民专业合作社 239 家，辐射带动农户 10900 户，完成“三品一标”农产品认证 35 个。加大“五清五改”村容村貌整治工作，完成富民安居工程 10717 户，铺设砂石化道路929.97千米，农村饮水安全入户10956户，入户率达77%。推进重点贫困村综合开发，实施扶贫项目154个8144万元，826户2663人实现脱贫。

3. 工业经济稳步推进

“十二五”末，全县实现工业增加值7.7亿元，年均增长4.4%。自治区级焉耆工业园区挂牌成立，“一区三园”新型特色工业化体系日趋完善，入园企业达到70家。河北巴州生态产业园纳入河北省对口援疆产业项目，编制完成河北巴州生态产业园、纺织服装产业园发展规划。酿酒葡萄产业发展势头强劲，培育葡萄种植和加工企业30多家，葡萄酒年加工能力突破3.5万千升，形成“三大九小”若干酒庄酒堡的发展格局。光伏发电产业从无到有，新奥等5家企业累计实现发电14280万千瓦·时，水泥产能突破百万吨。石材加工产业园被纳入自治区石材产业“八园一中心”发展规划，入驻石材企业6家，年加工能力达到600万平方米。坚定不移地走资源开发可持续、生态环境可持续道路，“十二五”末万元GDP能耗下降3.5%。

4. 项目建设步伐加快

紧抓国家促进新疆发展和对口支援的历史机遇，在“谋大、谋深、谋远”和“突出产业发展、突出项目储备、突出项目报批、突出项目招商、突出项目进度、突出项目服务”上下功夫，整合力量，全力支持项目建设，“十二五”期间，争取各类项目1490个，到位资金26.05亿元；招商引资项目221个，实现到位资金56.54亿元。

5. 商贸旅游日益繁荣

按照“提升一个地位，提高五业水平”的思路，围绕打造“花儿之乡、商贸重镇、美食名城、红酒之都”四张城市名片，形成了集集贸大世界、众鑫大巴扎、安达商厦、三号桥商厦、温州地下街、回民小吃街、宏昇商贸城、金三角商贸城、宏福物流港、光明七大专业市场于一体的县城“核心区商业圈”和以明大汽车城、宏福物流港小商品城、明大建材城和粮油种子农资交易中心为重点的“三城一中心”，2015年预计实现交易额

10.5 亿元。形成了“一河一山一湖一基地”旅游发展格局，“十二五”期间，累计接待游客 337.46 万人次，实现旅游收入 19140.92 万元。私营企业快速发展，由“十一五”末的 312 家增加到 569 家，增长 82.3%；个体工商户由 4650 户增加至 5994 户，增长 28.9%。

6. 城乡面貌明显改变

按照“一带两区三河六岸、四大工程五化建设”的县城建设规划思路，加快新型城镇化建设，户籍人口城镇化率达 46.4%。县城建成区面积达到 9.88 平方千米，北河核心区景观带、开都河公园、流沙河古道、开都河 16 千米滨河景观带（一、二期）、滨河大道、中轴路、西环路建成使用，开都河东大桥顺利通车。建成廉租房、公租房和棚户区改造住房 10236 套。房地产开发面积 130 万平方米，城镇居民人均居住面积达到 41.5 平方米。居民供水普及率达 87%，垃圾无害化处理率达 100%。天然气普及率达 95%，集中供热普及率在 99%以上，污水集中处理率为 90%。大力实施以绿化、亮化、净化、硬化和管理规范化为主的“五化工程”，城镇建成区绿地率为 35.1%，顺利通过国家卫生县城复审。

7. 民生工作长足发展

深入实施“科教兴县”战略，全面落实党政领导科技目标责任制。改扩建“双语”幼儿园 15 所，学前两年少数民族学生入园（校）率基本实现全覆盖，高标准通过义务教育学校标准化验收，内初班、内高班录取人数，高考上线率位居全州前列。完成 10 个乡镇场文化站、46 个农家书屋和 47 个村级篮球场建设。体育馆、人民影剧院投入使用，“三馆三中心”主体完工，公共文化服务设施覆盖率达到 95%，广播电视覆盖率达到 98%。县、乡、村卫生服务管理一体化改革取得明显成效，医疗卫生服务能力不断提升，县人民医院通过二级甲等医院评审，继续保持低生育水平，人口出生率和自然增长率分别控制在 15.6‰和 10.8‰。统筹推进社会保险工作，养老、医疗、失业、工伤和生育五项保险覆盖面逐步扩大，城镇居民基本医疗保险、城乡居民基本养老保险参保率分别达到 99.9%、

95%，城乡一体、多层次的社会保障体系更趋完善。社会救助标准逐年提高，“十二五”期间，城镇低保提高了1.3倍，达到358元/月；农村低保标准提高了2.6倍，达到2524元/年。城乡困难群众“一站式”即时结算医疗救助比例提高至70%。养老服务体系建设进一步完善，建成敬老院4所、老年公寓1所、社会福利中心8所、农村幸福互助院12所。残疾人康复、就业、扶贫、托养等事业得到健康发展。

8. 受援工作成效显著

河北省援建1.3亿元的河北幸福花园小区、安居富民工程、基层组织阵地3个项目交付使用，投资2亿元的新奥集团一期20兆瓦光伏发电项目并网发电。廊坊卫生职业学院培养的150名少数民族普通高校毕业生上岗就业。加强人才交流，选派党政干部、专业技术人员994人次赴廊坊市进修培训，廊坊市选派56名援疆干部到焉耆回族自治县教育、医疗、农业技术等各行业开展工作。

（五）轮台县

“十二五”时期轮台县面对艰巨的维稳任务、经济下行压力持续增大以及多重矛盾交织等不利因素的影响，坚持落实科学发展观，从容应对挑战，抢抓机遇、奋力拼搏，不断开创轮台经济社会持续健康发展的新局面，改革开放和社会主义现代化建设取得了新成就。

1. 综合经济实力迈上新台阶

以稳增长和调结构为重点，加快经济发展方式转变、加快产业转型升级，着力提高发展质量效益，全县经济保持平稳较快增长态势。生产总值达到50.5亿元，年均增长7.8%；地方公共财政一般预算收入6.9亿元，年均增长5.2%；累计完成社会固定资产投资140.6亿元，是“十一五”时期的2.2倍；社会消费品零售总额达到5.01亿元，年均增长14%；招商引资累计到位资金270亿元，是“十一五”时期的4.8倍，年均增长15.06%；进出口总额5119.44万美元。综合经济实力大幅提升，为全面建成小康社会奠定了良好的基础。

2. 民生保障显著改善

民生投入不断增加，民生保障水平不断提高，人民生产生活条件明显改善。连续5年实施“民生建设年”，建设重点民生工程80项，民生支出55.1亿元，占公共财政预算支出的80%以上。累计实现城镇就业及再就业1万人，城镇登记失业率控制在2.59%以内。城镇居民人均可支配收入25425元，年均增长12.8%；农牧民人均纯收入13855元，年均增长10.4%。社会保障水平不断提高，新型农牧区合作医疗参合率达到99.5%。累计完成保障性住房6317套、安居富民工程14890户、棚改房1000套。新建农村公路及桥涵252.8千米。城镇居民养老保险和医疗保险参保率均在90%以上，企业离退休人员养老金社会化发放率达100%。

3. 转方式调结构发展活力不断增强

大力推进现代农牧业发展，农业综合生产能力显著提高，畜牧业生产稳步增长，设施农业稳步发展，重大动物疫病免疫率达100%。水利基础设施建设进一步完善，农业产业化进程不断加快，农机化耕、种、收机械化水平达85%。以工业园区为平台，石油天然气化工业、煤电煤化工业和石油装备制造及技术服务业“三足鼎立”发展格局初具雏形，产业链得到延伸。工业经济主体地位不断提高，重点工业项目建设进展顺利，天运“4070”大化肥、光耀日产600吨浮法玻璃、新疆博瑞能源天然气放空回收、中节能太阳能一期20兆瓦、巴州东辰一期30万吨煤制甲醇、新疆大用石化10万吨柴油非临氢降凝、通奥公司管材修复及防腐内涂层生产线等项目建成投产，华能轮台电厂2×350兆瓦热电联产、新疆圣运化工20万吨粗苯加氢、拉依苏化工区铁路专用线及物流园、拉依苏化工区污水处理厂等项目加快推进。5年来新引进各类企业43家，入园企业达148家，累计完成工业总产值229.92亿元，工业增加值54亿元，顺利通过自治区级循环经济试点园区验收，成功创建为自治区级高新技术产业开发区。以“万村千乡市场工程”为主的农村市场建设取得新成果，农村商品流通改革和市场建设成效显著。农产品交易市场、红桥商业步行街、地下街等市场建设改造完成，市场经营主体数量不断增加。塔里木胡杨文化节和杏子节、新疆国际胡杨摄影节、“千车万人”穿越塔克拉玛干大沙漠、千人徒步穿越胡杨林公园、山地自行车公路赛等重大活动顺利举办。旅游业总接待游客166.1817万人，比“十一五”末增长76.8%。

4. 新型城镇化建设快速推进

全方位推进城镇化建设，坚持规划先行，编制完成了《轮台县县城总体规划（2012—2030）》《红桥新区和红桥石油服务区产城融合总体规划》等9个专项规划及11个乡镇建设规划、65个行政村规划。实施县城集中供热热源和供热管网节能改造、供排水处理等工程，大力实施扩城聚人工程，高标准开发建设东辰佳苑等8个住宅小区等。人均公共绿地面积16.7平方米，绿地率达38.2%，绿化率达43%。自来水普及率达98%，水质四项常规指标合格率达100%。城镇燃气居民用户2万余户，燃气普及率达98%。累计实施26家企业“煤改气”工程。城乡通信服务水平和质量不断提升，城市宽带覆盖率达100%，行政村宽带通达率达96%，网络覆盖率达99%。城镇基础设施、环境、社会保障进一步完善，城镇综合承载能力进一步提升。2015年城镇化率达到44%，城市建成区绿化覆盖率达43%。

5. 援疆工作成果显著

“十二五”期间，实施112套河北新村安居工程，补助6626户安居富民房（每户补助1万元）、河北“双语”小学、5个社区、19个村级阵地。重点引进新疆光耀玻璃科技有限公司、新疆国欣种业有限公司、巴州亚联彩钢制品有限公司、河北卓恒贸易公司等产业项目。选派援疆专业技术人才52名，搭建两地干部教育培训日常交流平台，组织乡（镇）村及机关干部300多人考察交流学习。

6. 生态文明建设不断加强

加大城镇环境综合整治力度，县城生活污水纳管率达100%，达到《城镇污水处理厂污染物排放标准》（GB 18918—2002）一级B标准。生活垃圾日处理能力110吨，无害化率达100%。加大重点流域综合治理力度。耕地保有量达到3.6万公顷。森林覆盖率达到8%。农业灌溉水有效利用系数为0.52。实施3个乡镇8个村农村环境卫生连片整治示范项目，41个村成功创建自治州级生态村，生态文明建设不断取得新成效。

（六）和硕县

“十二五”以来，和硕县积极应对复杂多变的经济社会形势，调整产业结构，保障和改善民生，实现了经济社会较快发展。

1. 综合经济实力提升较快

坚持实施优势资源转换战略，发展环境不断优化，优势产业发展加快，县域综合经济实力稳步提高。“十二五”以来，主要经济发展指标保持较快增长。生产总值由2010年的15.4亿元增加到2015年的32.8亿元，年均增长22.6%；全社会固定资产投资由2010年的6.2亿元增加到2015年的12.4亿元，年均增长20%；地方公共财政收入由2010年的0.88亿元增加到2015年的1.72亿元，年均增长19.09%；农牧民人均纯收入由2010年的8314元增加到2015年的14228元，年均增长14.23%；城镇居民人均可支配收入由2010年的13755元增加到2015年的24418元，年均增长15.5%。

2. 人民生活持续改善

民生投入持续增加，“民生建设年”活动扎实有效，民生支出占地方财政公共预算总支出的80%以上。社会保障覆盖面不断扩大，保障水平得到提高。城镇特困群体和农村“五保”人员全部纳入政府救助，享受最低生活保障25万人次。累计建设保障性住房10070套、安居富民房4900套。县社会福利服务中心投入使用。扶贫工作不断加强，1701名农牧民稳定脱贫。

3. 产业结构调整取得新成效

着力推动产业结构调整升级，重点产业、重大项目、招商引资、园区建设取得明显进展，葡萄酒、农副产品、石材加工和植物提取等产业快速发展。特色农产品优势得到发挥，多元化种植养殖格局初步形成，成功创建自治区级设施农业先进县。和硕县番茄生产加工被命名为自治区农产品出口示范基地。服务业加快发展，旅游、商贸、物流、餐饮等传统服务业发展质量提高。初步预计，2015 年完成生产总值 32.8 亿元，同比增长 4.2%，其中，第一产业完成增加值 20.2 亿元，同比增长 4.5%；第二产业完成增加值 4.12 亿元，同比下降 7.5%；第三产业完成增加值 8.48 亿元，同比增长 13.3%。2015 年三次产业结构为 61∶13∶26。

4. 新型城镇化建设扎实推进

“四纵八横”的县城框架基本形成，国源大道、滨河风景带和团结公园、文体广场改扩建等项目顺利完成，县城老城区改造有序推进。塔哈其乡、曲惠乡成功撤乡建镇。县城供排水二期改扩建有序推进。城镇综合承载能力得到提升，全县人均公园绿地面积达 14.98 平方米。县城垃圾填埋处理率达到 99%，城镇自来水普及率达 99%，燃气普及率达到 97%。常住人口城镇化率达到 54.58%。

5. 生态文明建设稳步推进

生态保护、防污治污、节能减排工作稳步推进。美丽乡村建设有序推进，非法开荒行为得到有效遏制。城镇集中供热工程扎实推进，实现烟尘达标排放。乡村集中连片环境整治和生态乡镇建设工作成效明显，农村生产生活环境得到有效改善。

6. 援疆工作取得实效

新一轮援疆工作开展以来，张家口市对口支援和硕县，实施了和硕县河北新村、河北文化体育活动中心、安居富民工程等民生项目，累计投入资金 10929.51 万元，其中计划内援疆资金 7748.51 万元，计划外 3181 万元。张硕产业园挂牌成立，国华能源光伏发电等一批产业援疆项目成功落地。智力援疆作用明显，与张家口市实现了人才、产业、智力、科技等的全方位对接，在教育、医疗、农业以及社会管理等各方面发挥了积极作用。

（七）且末县

“十二五”规划实施以来，且末县深入贯彻落实科学发展观，加快实施“矿业且末、生态且末、红枣且末、美丽且末、幸福且末”发展战略，积极推进农业产业化、新型工业化、新型城镇化和信息化建设，经济和社会各项事业都取得了显著成就，保持了国民经济和社会的全面协调发展。

1. 综合实力显著增强，经济总量不断提升

“十二五”末生产总值达到26.01亿元，年均增长18.98%。公共财政预算收入5年累计达12.86亿元，是“十一五”时期的1.37倍。地方固定资产投资5年累计完成104亿元，是“十一五”时期的5.6倍。县域经济呈现出速度加快、结构改善、效益提高、活力增强的良好发展态势，综合经济实力明显增强。

2. 产业化发展取得新进展

农业实现了产业多元化和农牧民增收多样化，农村经济保持了良好发展态势。优势资源转换初步显现。昆仑工业园区成功升级为自治区级园区，园区入驻企业17家。全县引进矿产企业140家，勘查项目316个，累计投入风险勘探资金6亿元，加快了矿产资源的勘探步伐。

3. 基础设施和生态建设实现大跨越

5年来，共争取涉及城建、农业、林业、畜牧、水利、土地整理、农业开发、政法基础设施建设、基层政权建设、交通、文化、教育、卫生、体育、计划生育、扶贫开发等方面的项目733项，累计争取国家、自治区各类补助资金40亿元。

（八）尉犁县

“十二五”时期，尉犁县大力弘扬“解放思想、开拓创新、真抓实干、为民造福”的尉犁精神，按照“五个新”的要求，坚持“稳中求进、改革创新”总基调，以调整转型、创新驱动为引领，抓转型、促改革、惠民生，积极应对发展和稳定两个“三期叠加”带来的严峻挑战，经济社会发展取得新成就。

1. 综合经济实力迈上新台阶

积极应对经济下行压力，狠抓经济结构调整转向，全面推进包括经济发展方式、产业结构调整、各族群众增收在内的“转型升级”，县域经济质量和效益不断提高，国民经济持续较快增长。2015年，第一、第二、第三产业比例为60∶16∶24，较“十一五”明显改善；预计完成地方生产总值50亿元，年均增长11.95%；累计实现全社会固定资产投资93.89亿元，年均增长19.47%。公共财政预算收入由1.06亿元增加到2.13亿元，年均增长15.03%。实现社会消费品零售总额2.48亿元，年均增长15.05%，为各项事业发展和人民群众生活水平的提高奠定了坚实的物质基础。

2. 经济调整转型取得新突破

启动实施新型工业化“三条战线”、农牧业现代化“一主多辅”战略，县域经济发展步入调整转型和创新驱动轨道。工业园区配套服务功能和综合承载能力不断增强，“一区三园”成功升格为“自治区级工业园区”，农业科技园区被批准为“自治区级农业科技园区”，纺织服装业、农副产品加工、新能源、矿产建材等产业集群逐步壮大。农业结构调整、转型升级促增收战略成效显著，农业产业化水平不断提高，棉花节本增效成果丰硕，林果种植面积稳步扩大，农区畜牧业快速发展，设施农业规模倍增。以旅游业为主的第三产业快速发展，完成罗布人村寨景区股权改制，启动国家AAAAA级旅游景区创建工作，“节庆、赛事”推介旅游品牌成效显著。电子商务高起点开局。依托达西品牌，建立达西电子商务创业基地，成功举办首届南疆网商大会。尉犁县被财政部、商务部列为2015年全国电子商务进农村综合示范县。

3. 城镇化建设稳步推进

实施新型城镇化“两个重点”三大战略，拉开产城融合框架，突出精细化管理，城市功能配套不断完善，“454”工程、“暖心便民幸福工程”深入实施，成功创建“国家级园林县城”。实施“南改北扩”战略，加快

“棚户区”“村改居”、旅游小镇、市场等建设和改造。达西民俗风情街、人力资源市场等项目建成投用，为产城融合汇聚了人气。“美丽宜居小镇、美丽宜居村庄”示范工程启动实施，城乡一体化进程加快推进。

4. 民生福祉得到持续改善

坚持财政支出向社会事业薄弱环节和重点领域倾斜，累计落实 126 项 240 个重点民生工程，民生福祉得到进一步改善。把解决就业作为改善民生的重要途径，加快推进自治区级工业园区建设，采取“订单”“定岗”“定向”培训等方式，吸纳大批少数民族群众就业。启动实施“千户增收民生工程”，副科级以上领导干部累计与 1562 户群众结成帮扶对子，既帮生产又帮思想，进一步密切了党群干群关系。义务教育学校标准化建设和均衡发展稳步推进，以“优秀”成绩通过了自治区教育标准化达标验收。严厉打击非法开荒、加强地表地下“两水”资源管理，建立健全生态保护与治理联动机制，生态环境得到改善和优化。公共卫生管理和重大疾病防控进一步加强，医疗卫生服务质量不断提升。紧扣与居民生活息息相关的衣食住行，大力实施“便民暖心工程”，居民生活品质和幸福指数连年攀升，各族群众的向心力、凝聚力不断增强。

5. 达西综合发展跨越新高度

以习近平总书记复信精神为统领，牢牢把握“各民族团结奋斗、共同繁荣发展”这一主题，集全县之智、举全县之力，推进“红色达西、品牌达西、智慧达西、和谐达西”综合发展。成功召开纪念习近平总书记复信一周年大会，举办达西丰收节等 11 项主题活动，红色达西品牌影响力得到进一步扩展。落实新疆维吾尔自治区党委书记张春贤提出的“东有华西、西有达西”目标，达西村与华西村签订结对共建协议，民族团结、人才培养、能源开发、金融产业等各项合作有序推进。达西村社会稳定长治久安 36 条黄金法则被中组部备选《组织工作教学案例素材》，在全州乃至全疆形成了“学达西、赶达西”的浓厚氛围。达西展览馆被命名为自治区爱国主义教育基地和巴州党员教育基地。

6. 援建共建富有新成果

管好用好承德、衡水两市援尉项目资金，援建资金全部用于民生工程。兵地共建融合发展步伐加快，交流合作深度广度远超以往，形成边疆同守、资源共享、优势互补、共同繁荣的良好格局。尉犁县群众文化体育科技活动中心、安居富民工程、基层阵地建设等一批民生项目落地实施，5 年到位对口援建项目及培训资金 1.38 亿元。

（九）博湖县

“十二五”时期，博湖县积极应对外部环境变化带来的机遇和挑战，围绕自治州“焉耆盆地全面振兴”的战略布局，突出社会稳定和富民强县两大目标，全面实施“两大战略”“七大进程”，着力推进“一山一水一城”建设，经济持续健康发展，各项事业取得新成就。

1. 经济保持较快发展

预计生产总值达到 25.18 亿元，年均增长 12.27%，高于全州 7.9%的平均水平。投资规模不断扩大，5 年累计完成 57 亿元，年均增长 17.9%，超额完成累计 50 亿元的目标任务。地方财政收入预计达到 1.94 亿元，年均增长 28.7%。社会消费品零售总额 3.5 亿元，年均增长 15.5%。

2. 产业结构调整优化

三次产业结构由 2010 年的 49∶19∶32 调整为 2015 年的 39.5∶16.7∶43.8，呈现第一、第二产业比重下降，第三产业比重上升同时超过第一、第二产业比重的趋势。农牧业现代化取得新进展，基地化、规模化、组织化程度进一步提高，工业番茄、色素辣椒、酿酒葡萄等特色农产品基地逐步壮大，无公害蔬菜认证面积在 7 万多亩，特色养殖业初具规模，博斯腾湖鲤鱼、草鱼原产地认证防伪标识启用，渔业总产保持稳定，各类农民专业合作社发展到 180 家。南山工业园区承载能力不断增强，入园农产品加工、光伏发电等企业 10 家，农副产品精深加工、新能源产业规模不断扩大，电力总装机达到 8 万千瓦。旅游、商贸等服务业快速发展，博斯腾湖景区升级为国家 AAAAA 级景区，建成三星级酒店 1 家、星级农家乐 18 家、3S 滑雪场 1 个、旅游购物点 6 处，相继举办捕鱼节、冰雪节、萨吾尔登故乡文化艺术节等节会活动，博斯腾湖景区知名度和吸引力显著提升。2015 年全县接待游客 167.5 万人次，实现旅游总收入 3.75 亿元（旅游直接收入 1 亿元），年均分别增长 27%和 33.2%。农家连锁店覆盖所有乡镇和 60%以上的行政村。

3. 民生持续改善

城镇居民人均可支配收入达到 24848 元，年均增长 13.06%，农民人均纯收入达到 13624 元，年均增长 12.07%，居民生活和消费水平稳步提高。建设农村安居住房 5910 户、城镇保障性住房 3641 套，惠及 2.5 万名群众。农村安全饮水工程完工 3 处，3.64 万名农村居民实现安全饮水。建设农村公路 210.312 千米，通村油路率达 100%，农村客运班线覆盖 84%以上的行政村。S206 博湖—库尔勒经济技术开发区延伸段开工建设。教育基础条件得到有效改善，义务教育均衡发展，“两基”目标任务全面完成。学前两年“双语”教育普及率达 91%。“一站式”医疗救助服务体系全面启动，新农合人均筹资标准提高到 612 元，县医院、蒙医院通过二甲评审。就业、社会保障、计划生育、文化体育、社会福利、防灾减灾等城乡基本公共服务能力明显提升。城镇登记失业率和人口自然增长率分别保持在 3.9%和 11‰以内，农村富余劳动力转移就业 8 万人次。城镇各类保险参保人数在 5.13 万人以上，城乡居民基本养老保险参保率在 95%以上，新农合参合率在 99%以上。社会福利园区基本竣工，全县公办养老机构床位数达到 600 张。县城东融、南延、西扩、北连战略得到有效实施，城镇化率由 2010 年的 35.5%提高到 2015 年的 40%。

4. 生态环境建设不断加强

严格落实用水“三条红线”（用水总量、用水效率和水功能区限制纳污）和“一条警戒线”博斯腾湖 1045 米最低警戒水位）制度。扎实推进国家湖泊生态环境保护试点、国家湿地公园、全国生态文明示范工程试点县等生态工程项目建设，博斯腾湖西岸生态保护截污、人工湿地深度处理（三期）、城镇集中供热扩建和节能改造等工程建成投用。全县城镇污水处理率达 98%，城镇垃圾集中处理率达 96%，城镇天然气普及率达 98.9%。全县森林覆盖率达到 6.7%，建成区绿化覆盖率达到 40.3%。万元生产总值能耗下降 15.9%，年平均下降 3.18%，优良以上空气质量达标率达 90%。新增高效节水灌溉农田 20 万亩，90%以上的耕地实现高标准节水灌溉。博斯腾湖水位保持在警戒线以上。农村环境连片整治项目全覆盖，创建自治区级生态村 15 个。

5. 受援工作成效明显

加强与河北省相关地市的联系对接，5 年来河北省累计在县投入援疆资金 0.77 亿元，实施了博湖河北高级中学、安居富民工程和社区及村级组织阵地建设三大类项目 8 个，培训干部及未就业高校毕业生 334 名，引进各类专业人才 31 名，县工业园区与河北山海关临港经济开发区签订了经济发展战略合作框架协议，在促进民生改善和产业发展方面发挥了积极作用。

二、各县市综合经济指标比较

巴州 8 县中，GDP 规模 40 亿元以上的县有 5 个，分别为轮台县、尉犁县、若羌县、焉耆回族自治县与和静县，其中若羌县与和静县的地区生产总值规模相当，均约为 65 亿元。巴州多数县人均生产总值为 4 万元左右，而人均生产总值最高的为若羌县，约为 15 万元。财政收入层面，轮台县和若羌县的财政收入规模较高，而且相当，约 7 亿元。巴州多数县的农牧民人均纯收入约为 1.5 万元，最高者为若羌县，农牧民人均纯收入接近 3 万元（见表 5-7）。

表 5-7 2015 年巴州各县市综合经济指标比较

县市	生产总值（万元）	人均生产总值（元）	财政收入（万元）	农牧民人均纯收入（元）	固定资产投资总额（万元）
库尔勒市	4361240	108135	477392	17328	4728061
轮台县	453177	38328	73395	13855	162680
尉犁县	497512	47008	30559	15498	381708
若羌县	654620	148965	68947	28502	385755
且末县	231455	33284	26580	15414	321971
焉耆回族自治县	564010	41487	35235	15080	391610
和静县	664788	34751	38943	15004	527226
和硕县	318327	44450	17620	14228	160768
博湖县	233370	38649	19588	13624	123692

巴州各县市农产品产量中，和静县的粮食产量最高，约 17 万吨，而轮台县、焉耆回族自治县、和硕县的粮食产量相当，为 13 万吨左右。尉犁县和库尔勒市是州内主要的棉花大区，棉花产量分别为约 15 万吨和 17 万吨。林果业发展方面，库尔勒市“一枝独秀”，产量达到 36 万吨左右，高于其他所有县的总和。肉类产量层面，和静县是传统牧业大区，肉类产量约 2.6 万吨，其次为库尔勒市，为 2.5 万吨左右（见表 5-8）。

表 5-8 2015 年巴州各县市农产品产量比较 单位：吨

县市	粮食总产量	棉花总产量	油料总产量	林果总产量	肉类总产量
库尔勒市	26315	171912	701	358804	25210
轮台县	133096	73030		64401	10386
尉犁县	6475	152027	4184	30008	6733
若羌县	9803	2649		93414	2312
且末县	88957	16691	769	33530	12585
焉耆回族自治县	139900	956	1166	15616	12006
和静县	170528	140	1349	7771	25811
和硕县	136458	14035	885	16198	7850
博湖县	77089	3890	1391	191	8405

巴州各县市的工业品生产层面，库尔勒市的天然原油、天然气、原煤

产量较高，分别达到 590.01 万吨、236 万立方米和 264.31 万吨。在矿产资源和盐化工产品层面，若羌县的工业品产量较高，其中钾肥产量达到 78 万吨，石棉产量达到 14 万吨。在农副产品加工业和建材产业发展方面，焉耆回族自治县与和静县形成了一定发展优势，其中焉耆回族自治县成品糖、番茄酱罐头、花岗石板材产量分别达到 2.9 万吨、3.8 万吨和 59.6 万平方米，而和静县的成品糖、番茄酱罐头、钢材产量分别达到 3.2 万吨、3.2 万吨和 100.9 万吨（见表 5-9）。

表 5-9　2015 年巴州各县市主要工业产品产量比较

指标	库尔勒市	轮台县	尉犁县	若羌县	且末县	焉耆回族自治县	和静县	和硕县	博湖县
原煤（万吨）	264.31	2.26					0.1		
天然原油（万吨）	590.01					3.30			
天然气（立方米）	2355150	9574				3035			
原盐（吨）		20904							6000
石棉（吨）				140300	5000				
蛭石（吨）			22321						
成品糖（吨）						28530	32047		
饲料（吨）	266307	910	59703		2420	5316	12383	70	3000
乳粉（吨）	9487					3131	5		
液体乳（吨）	6689					2954			
罐头（吨）		5451				39284	32209	54855	65730
番茄酱罐头（吨）		2946				38175	32209	46729	63344
饮料酒（千升）	15157				350	536	9983	4861	140
白酒（千升）	2						9683		102
啤酒（千升）	15155								
葡萄酒（千升）						536	300	4989	38
化纤用浆粕（吨）	107608								
化学纤维（吨）	331727								
纱（吨）	84823		4925	1873					
布（万米）	3		142						
棉布（万米）	3		142						

续表

指标	库尔勒市	轮台县	尉犁县	若羌县	且末县	焉耆回族自治县	和静县	和硕县	博湖县
氮肥（折纯）（吨）	501158	165931							
钾肥（折纯）（吨）				784923					
人造板（立方米）					4280	6123		66638	5671
纸浆（吨）									
机制纸及纸板（吨）	39983						25		
纸制品（吨）	33503			889	200	728	2303		
液化石油气（吨）									
钢材（吨）							1008943		
轮胎外胎（条）	744840								
塑料薄膜（吨）	7842		2733				1371	569	40
水泥熟料（万吨）	67. 61						14. 45		
水泥（万吨）	120. 54			13. 34		30. 05	21. 23		
大理石板材（平方米）	5000								
花岗石板材（平方米）	5000					595764		1129934	
平板玻璃（万重量箱）	10. 44	279. 37							

三、巴州各县市功能定位、经济布局与产业定位

（一）库尔勒市功能定位、经济布局与产业定位

库尔勒市的功能定位：构筑百万人口规模的大库尔勒，建设新疆重要的现代化区域中心城市，倾力打造“幸福梨城”。形成“两带七组团”和“城市群”发展“两大格局”；促进资源要素高度集聚，打牢大库尔勒、新型工业化、农牧业现代化、总部型经济“四大支撑”，打造极具发展潜力的经济增长核心地带。根据规划，到2015年，库尔勒市的三次产业比例优化为5∶78∶17，城镇化率达70%以上，走在南疆乃至全疆前列。

加快形成“两带七组团”格局，推进新型城镇化进程。科学布局G314沿线北部城镇、青新铁路沿线东部城镇“两个发展带”和老城区、南市区、开发区、塔什店镇、普惠乡、库西村、尉犁县“七个组团”。以

增强辐射带动力为重点，加快形成城市群新格局。自治区“十二五”规划把库尔勒—轮台城镇组群列入“一核两轴多组群”城镇发展格局，并将库尔勒市规划为自治区的几大城市之一。构建库尔勒大生态系统，实施“三山三带三组团，六轴六廊六绿心，三核九极六载体”的城市发展布局。

打牢大库尔勒、新型工业化、农牧业现代化、总部型经济“四大支撑”。

1. 大库尔勒

构建以库（尔勒）尉（犁）一体化为核心的大库尔勒支撑点，形成工业园和城市互为依托的“大库尔勒”发展格局。按照库尉“园区一体、城乡一体、经济一体”三步走思路，加快库尉同城化进程。

2. 新型工业化

以开发区为核心构建新型工业化支撑点。以库尔勒经济技术开发区升格为国家级经济技术开发区为契机，加快全市建设现代化产业体系发展。要主动融入天山南坡产业带，承接内地产业调整转移，抢占石油天然气、纺织、农副产品精深加工等特色优势产业集群的制高点，对接喀什、霍尔果斯两个特殊经济开发区，打造经济特区前沿的支撑点和向内的集散地，增强对南疆乃至全疆经济的辐射作用。按照“工业园区化、园区产业化、产业集群化”的思路，以工业跨越带动全市跨越发展。第二产业重点发展石油天然气化工产业、油田装备制造和技术服务产业、棉纺化纤加工产业、现代能源产业、特色农副产品加工产业、矿产品及建材产业，加快六大工业产业基地建设。

3. 农牧业现代化

重点发展绿色林果业、现代畜牧业、无公害设施农业。提升传统支柱产业，发展现代设施农业，突出“安全保粮，绿色兴果，节水稳棉，规模促畜，丰富菜篮”农业发展思路。发展以香梨为支柱的特色林果业、现代畜牧业、现代设施农业，推进“菜篮子”工程，推动无公害、绿色、有机农产品生产，把库尔勒市建成全疆重要的无公害设施农业生产基地。

4. 总部型经济

重点发展金融业、现代物流业、旅游业。以南疆金融中心为核心的总部型经济支撑点，提升库尔勒市在南疆经济圈战略地位的重要性。建成南疆物流中心和全疆重要的物流集散地。引导开发南市区、开发区，为扩城聚人奠定基础。作为自治区定位的全疆重要的旅游集散地和目的地，以“大库尔勒”的思维积极整合自然资源、人文资源、社会资源和区位优势资源，立体开发，打造特色旅游。

（二）若羌县功能定位、经济布局与产业定位

将若羌县定位为巴州副中心城市。确立了矿产品加工业、农产品加工业、现代商贸物流业三大支柱产业。世界最大的硫酸钾生产基地，中国最优红枣基地，新疆盐化工和矿产品加工、绿色能源基地，南疆商贸物流集散地六大产业基地。

若羌县确立了“一核双驱、二区四园”的产业经济布局。

一核双驱：依托 G218、G315 丁字交叉口，青新铁路、和田—若羌铁路十字交会枢纽的区位交通优势，构建以若羌县城为全县政治、经济、文化、人口宜居、资源深加工、项目聚集的发展核心（巴州副中心城市），以罗布泊镇、依吞布拉克镇为支撑的罗布泊区域、祁曼区域的优势金属、非金属矿产资源开发“双轮驱动”的总体布局。

二区四园：抓好若羌工业园区、塔什萨依现代农业科技示范园区两大园区发展；按照“一区多园”思路，加快建设罗布泊工业园、依吞布拉克矿业加工园、重化工工业园、塔东农产品加工及物流园。

（三）和静县功能定位、经济布局与产业定位

和静县功能定位为巴州副中心城市。发挥区位交通优势和资源优势，发展两大产业集群（钢铁、电力能源）、提升四大传统产业（特色种植养殖、矿业、建材、农副产品加工）、培育四大新兴产业（现代物流业、文化旅游产业、房地产业、综合交通运输业）。确立“两带三中心”的区域经济布局，两带即钢铁产业带、水电能源产业带，三中心即服务业发展中

心、旅游业发展中心、农业产业化发展中心。

和静县“两带三中心”产业经济布局具体如下。

两带：钢铁产业带发展目标，“十三五”末，铁精粉、钢铁年产能分别突破1500万吨、1000万吨。水电能源产业带发展目标，水电装机容量达到120万千瓦。

服务业发展中心：发挥和静镇作为和静县政治、经济、文化中心这一职能，加快传统餐饮业、商贸流通业、酒店服务业、房地产、金融业等第三产业的发展，使和静镇成为和静县服务业发展中心。

旅游业发展中心：以巴音布鲁克草原、天鹅湖等垄断性资源为依托，加快景区基础设施建设，不断开发新的旅游产品、旅游纪念品，加快旅游酒店建设，发展特色餐饮，形成集吃、住、行、游、购、娱于一体的旅游产业链，全力打造东归文化体验基地，使巴音布鲁克镇成为和静县旅游产业发展中心。

农业产业化发展中心：围绕“1771”农村经济发展战略，在调整农业产业结构的基础上，以和静县巴润哈尔莫敦镇农副产品加工区和龙头企业为依托，加快和静县农业产业发展的步伐，使巴润哈尔莫敦镇农副产品加工区成为带动和静县农业发展的引擎。

（四）焉耆回族自治县功能定位、经济布局与产业定位

焉耆回族自治县按照州委提出的“焉耆盆地争先进位、全面振兴”战略部署，继续深入推进“做大一个园区、做强两大支柱、加速三化进程”，统筹经济、政治、社会、文化、教育、科技和生态文明建设，把焉耆回族自治县打造成全疆重要的酿酒葡萄生产基地之一，丝绸之路经济带核心区的重要“驿站”，河北省援助巴州经济发展和承接产业转移的示范区，全疆最具投资发展潜力的生态宜居城市之一，独具民族地域特色的花儿之乡、商贸重镇、美食名城和红酒之都。

按照“一区三园”进行规划布局，“一区”，即自治区级工业园区，“三园”农副产品加工产业园（包括酿酒葡萄产业园）、河北巴州生态产业园（包括新能源产业园）、石材加工产业园。“一区三园”新型特色工业体

系初步形成，河北巴州生态产业园建设加速推进。酿酒葡萄产业蓬勃发展，成为全国重要的优质有机酿酒葡萄产区。按照自治区石材产业“八园一中心”发展规划，积极打造面向全疆乃至中亚地区的石材加工交易中心。

（五）轮台县功能定位、经济布局与产业定位

轮台县实施“三大战略”（生态立县、工业强县、富民兴县），打造“四大名片”（历史文化名城、石油石化新城、中国白杏之乡、生态旅游胜地），培育壮大“三大基地”（石油天然气、煤电煤化工业及综合服务基地，中国西域古城文化和中国胡杨生态旅游基地，优质棉生产和特色林果业生产加工基地），着力将轮台县打造成南北疆稳固的维稳屏障、丝绸之路经济带核心区的中道重镇、巴州名副其实的副中心城市。

做大做强石油、天然气、煤化工、石油装备制造和油田技术服务等优势产业，做优做精农产品加工等特色产业，发展纺织服装产业，培育壮大新能源、高端装备制造、生物科技等战略性新兴产业，加快工业园区建设，将轮台县打造成为丝绸之路经济带上重要的油气技术服务总部、新疆石油石化产业基地，力争创建国家级循环经济示范园区。

（六）和硕县功能定位、经济布局与产业定位

和硕县加快构建以现代农牧业为基础、现代工业为支撑、现代服务业为重点的现代产业体系。重点发展非金属矿业、葡萄酒加工和特色农产品加工业，构建“一区四园”工业布局；农业产业化为粮食产业、葡萄产业、设施农业、现代畜牧业；服务业为旅游业、现代物流业、房地产业、金融业。

和硕县具有独特的区位优势，地处东疆、南疆、北疆交会处，是巴州的东大门；随着和库高速公路建成通车，吐库二线即将完工，届时境内将形成完善的公路、铁路交通网络，具备成为产业转移承接地的必要条件。境内非金属矿产资源丰富，尤其是花岗岩、石灰石、原盐具备大规模开发的条件，是产业发展的必要条件。

（七）且末县功能定位、经济布局与产业定位

且末县以建设“矿业且末、红枣且末、生态且末、美丽且末、幸福且

末”为目标。

矿业：“一园两区三个矿业开发基地”，其中三个矿业开发基地是以铁矿为主的吐拉黑色金属生产基地、以铜矿为主的阿羌有色金属生产基地、以石棉为主的苏塘非金属生产基地。

红枣：发展以红枣产业为主的特色农业，建设南疆重要农产品生产流通基地。

生态：开发沙产业，发展肉苁蓉、沙棘、沙柳、花棒、沙漠玫瑰种植，建成南疆沙产业示范点。

美丽：依托38团开发，建设苏塘特色城镇，成为矿业开发基地，特色农业、定居兴牧工程示范点，兵地融合发展排头兵；服务石油天然气勘探开发，推进油地融合发展；依托G315，建设东联西出的区域中心镇；发展物流、信息、商务、节能环保和涉农服务等生产性服务业。

按照“资源定位，品牌创立，精品选择，关联发展”的思路，依托三路、两山、一大漠、一冰峰等旅游资源，开发特色旅游精品线路。打造“玉王故乡，魅力且末”品牌，建成巴州知名旅游县和旅游目的地。

（八）尉犁县功能定位、经济布局与产业定位

尉犁县将形成“两传统、两新兴”四大经济区块，即孔雀河流域、塔里木河流域、兴地山矿区和尉北。孔雀河流域重点抓棉花、香梨种植。塔里木河流域以生态保护为主，积极实施退耕封育、退牧还草工程，大力发展现代畜牧业，建设绿色无公害肉羊养殖基地。兴地山矿区、尉北是全县重点开发区域，是新的经济增长点。尉北以经济防护林建设为主，努力打造生态效益与经济效益的统一结合体。兴地山矿区以蛭石、铁矿等资源的开发为主。

（九）博湖县功能定位、经济布局与产业定位

博湖县遵循巴州“特色兴湖硕”战略布局，锚定“富民强县”目标，围绕“湖泊经济、南山开发、生态宜居城镇”，实施“水陆并进，可持续发展”战略。全县有红色产业、特色养殖业、水产芦苇业、现代服务业、文化旅游业五大支柱产业。

第六章
巴州区域发展面临的形势

第一节　区域发展战略的基本走向

“十三五”期间，巴州区域发展的基本战略导向为围绕“四个全面”战略布局，认真落实依法治疆、团结稳疆、长期建疆总方略，以投资结构调整促进和带动产业结构和经济结构优化，以资源优势促进和带动产业优势和经济优势提升，继续推动“三个走在前列”和“四个上水平”，加快实施“五化”同步，致力于“三通道一走廊两枢纽两屏障一中心两组群九基地”建设，把巴州打造成维护新疆社会稳定的重要屏障、丝绸之路经济带核心区的重要支点、天山南坡产业带的重要增长极、引领南疆经济社会发展的实验区和生态文明示范区。

专栏 6-1　三通道一走廊两枢纽两屏障一中心两组群九基地

三通道：丝绸之路经济带南通道、第二条出疆大通道及南北疆大通道。

一走廊：中巴经济走廊。

两枢纽：库尔勒市和若羌县两个交通物流枢纽。

两屏障：维护新疆社会稳定的重要屏障和全疆生态安全的重要屏障。

一中心：库尔勒市中心城市建设。

两组群：天山南麓、昆仑山北麓两个绿洲城镇产业集群。

九基地：四个国家级基地、五个自治区级产业基地。四个国家级基地是国家级大型纺织服装加工出口产业基地、国家级油气生产加工产业基地、国家级钾盐综合利用基地和国家级电子商务示范基地。五个自治区级产业基地是重要矿产资源基地、钢铁生产基地、能源基地、农产品精深加工基地和装备制造业基地。

按照上述战略导向，巴州着力实施创新驱动发展战略，培育发展新动力，拓展发展新空间，提高科技创新能力，力求提升区域发展的质量和效益。具体工作着力点包括新型工业化建设、农牧业转型发展、信息化和城镇化建设、丝绸之路经济带战略支点建设等诸多方面。

一、加快新型工业化进程

把新型工业化作为第一推动力，继续实施工业强州战略，依托资源和区位优势，按照国家和自治区产业布局，加快建设国家级纺织服装加工出口、油气生产加工、钾盐综合开发利用三大基地以及自治区重要的矿产资源、钢铁、能源、装备制造、农产品精深加工基地，提升工业发展质量和效益。

（一）建设国家级大型纺织服装加工出口产业基地

以“一城六园”为重点，高起点推进纺织服装产业发展。在坚持严格的环境保护标准下承接上下游及配套产业转移，推动产业规模化、集聚化和高水平发展，使纺织服装产业成为加快产业结构调整和促进经济增长、扩大就业的重要支撑。在建设好纺纱项目的同时，将发展重点转移到粘胶、织造、印染、成衣及其他纺织制品下游产业，形成全产业链，提高行业竞争能力。积极发展纺织化工、纺织机械、辅料等配套行业以及商贸、仓储、物流等相关第三产业，形成竞争优势明显、专业化程度高、产业链完善、上下游配套齐全的产业体系。加快库尔勒开发区纺织城印染集中污水处理厂、2×35 万千瓦配套热电联产、标准化厂房、供排水等基础设施及纺织品质量检测综合服务平台、科纺装备综合服务中心建设，依托职业技术学院加大纺织服装技能人才培养力度，实施优惠电价，为产业发展提供保障。重点推进金富特种纱150万锭、富丽震纶200万锭、利泰丝路600万锭纺和中泰化学40万吨粘胶纤维、350万锭纺纱、同创伟业亿双手套和服装研发等项目建设。力争到2020年，纺纱产能达到1000万锭，服装产能达到2亿件，粘胶纤维产能达到80万吨，解决社会劳动力就业20万人，建成全国最大的纺织服装加工基地和粘胶纤维生产基地。

（二）建设国家级油气生产加工产业基地

把握全面深化油气资源勘探开发体制改革、发展混合所有制经济的重大机遇，在全力支持中石油、中石化油气稳产增产的同时，推动油气资源勘探开发改革，力促塔中（顺南）、塔东、阿探、孔雀河等油气区块列入属地化注册及混合所有制经济试点，鼓励和支持地方国资和社会资本参与塔里木盆地有前景区块油气资源和非常规油气资源勘探开发利用，提高油气产量。深度拓展油地共建和产业合作模式，力争“十三五”期间资源类央企实现本地注册，谋划、实施一批以天然气化工为重点产权多元化的下游精深加工项目，提高油气资源在本地加工的广度和深度。借助于中巴经济走廊和丝绸之路经济带能源通道建设，争取国家布局大型炼油、乙烯、天然气综合利用和油气储备项目，积极谋划和推动大型炼化纺一体化项目。配合做好西气东输五线、且末天然气储备库、若羌成品油库建设。着力推进乙烷制乙烯和下游产业链延伸项目及美克化工三期等项目建设，积极发展聚四氢呋喃、热塑性生物降解塑料等高端石化产品，提高石化产业发展水平。“十三五”末，原油产量稳定在600万吨，天然气达到360亿立方米，建成全国重要的油气生产和天然气资源综合利用以及精细化工生产基地。

（三）建设国家级钾盐综合利用基地

做强钾盐产业，支持罗钾公司30万吨/年扩能改造和配套工程米兰河山口水利枢纽工程建设，积极开展钠、镁、锂等钾盐伴生资源综合利用，到2020年钾盐产能达到170万吨，形成以钾盐系列产品为主导，产品多元化、产业链一体化的现代盐湖产业格局，建成国家级钾盐资源综合开发利用基地。

（四）建设自治区重要矿产资源基地

提升优势矿产资源勘探开发水平。加快找矿突破战略行动，以整装勘查为重点，统筹各类勘查资金，力争在锰、钛、铬等重点矿种勘探上实现突破。以铁、铜、铅、锌等金属矿和大理石、花岗岩等非金属矿为重点，优化开发利用布局，重点加快西天山阿吾拉勒铁、铜、铅、锌、金、镍和祁曼塔格铁、铜多金属及和硕、焉耆石材加工等项目建设，建成铁精粉生产基地、石材加工集散区和非金属矿产加工基地。推进和硕、若羌新型硅材料项目建设步伐，延伸下游产业链。提升煤炭开采加工能力，加快库尔勒塔什店和轮台阳霞两大矿区煤矿产业结构优化升级和技术改造，加大且末、若羌边远产煤县的煤炭开发力度，重点支持邢美矿业120万吨煤矿等项目建设，煤炭生产能力达到1000万吨以上。

（五）调整和优化钢铁产业

引导和支持现有钢铁企业加大技术创新力度，提升技术装备水平，调整优化产品结构，促进产品多元化，延伸产业链条，实现钢铁产品向型材、板材、管材、金属制品等领域拓展，推动钢铁产业转型升级。积极落实“走出去”战略，开拓中西亚市场，争取在中巴经济走廊建设、丝绸之路经济带基础设施建设领域占有一席之地。2020年，钢铁产业实现优化升级，建成自治区重要的钢铁生产基地。

（六）建设自治区重要的能源基地

围绕建成全疆主要能源输出地和重要能源开发基地目标，稳步开发水能，科学布局火电，扩大新能源在能源结构中的比重。推进开都河、车尔臣河、米兰河、若羌河等流域的水能开发。加快支撑电源和园区配套电厂建设。统筹新能源开发规模和电网消纳能力，合理布局光伏电站，在若羌等地建设风电项目，力争若羌千万千瓦级风电基地纳入国家风电开发规划。“十三五”时期新增装机 600 万千瓦左右，总装机达到 800 万千瓦。

（七）建设自治区重要的农产品精深加工基地

推动农产品加工企业技术改造和装备提升，促进农产品由初加工向精深加工转化，提高农产品综合利用能力，降低能耗和废弃物排放。发挥好行业协会作用，为农产品加工企业提供市场信息、技术、人力资源等服务，促进行业健康发展。支持农业合作社、家庭农场和专业大户兴办小微农产品加工企业，扩大产地初加工，为龙头企业提供原料配套。重点发展番茄、辣椒、杏、葡萄、红枣精深加工及牛羊肉精深加工，延长产业链条。培育焉耆清真食品加工园，打造面向全疆、辐射中西亚的清真食品加工基地。把葡萄酒产业作为农产品精深加工的重点，依托优质酿酒葡萄基地，高标准、高起点发展葡萄酒产业。完善政策支持体系，推广“公司+基地”经营模式，促进种植基地向酒庄集中。加强酿酒葡萄标准体系建设，加大人才和技术引进力度，提高种植、加工技术水平，建设一批特色精品酒庄，完善产业配套，提高产业核心竞争力。做好品牌宣传、营销、推广，打造“焉耆盆地葡萄酒产区”概念。

（八）建设自治区重要的装备制造业基地

以库尔勒、轮台、和静为重点，围绕物探、钻井、测井、采油装备制造及石油管材制造，大力引进石油钻采专用设备生产企业，培育立足新疆、面向中亚的大型油气开采运输装备制造基地。以矿山开采、化工、输变电、农牧机械、纺织机械等产业发展需求为重点，推动发展以矿山机械装备、化工装备、输变电装备、农牧机械装备、纺织装备、汽车整车及零部件制造、工程机械设备等为重点的其他装备制造业，重点推进派特罗尔总部基地等项目建设，建设自治区重要的装备制造业基地。

（九）培育发展战略性新兴产业

加快培育新能源、生物医药、生物肥料、生物饲料、生物育种及产业化、节能环保等产业发展，力争取得新突破。

（十）加快园区建设

发挥园区在新型工业化和产业集群发展中的重要载体作用，促进产业集聚、效益集约、功能集成、管理集中，完善公共设施和服务平台建设，加快推动工业布局向集约高效、协调优化转变。发挥地缘优势和产业特点，科学确定园区产业定位，形成各具特色、发挥比较优势、最有效利用本地资源的特色园区。发挥库尔勒经济技术开发区引领作用，着力引进科技含量高、资源消耗少、辐射带动力强的项目，进一步提高投资密度和单位面积产出率，提升集约化发展水平。支持自治区级园区因地制宜承接产业转移，发展特色产业，力争轮台工业园区、和静工业园区升级为国家级园区，库尔勒塔什店循环经济产业园区建成自治区级工业园区。完善园区基础功能和公共服务体系，加快供水、垃圾污水处理等基础设施建设，增强项目吸纳力和承载力。创新园区建设模式，鼓励企业办园区、商会办园区，形成以商招商的良性发展机制。创新园区投融资模式，优化投资环境，围绕重点领域招商，强化招商引资对地方财政贡献评估，提高招商效率。“十三五”末，力争库尔勒经济技术开发区产值过千亿元，上库工业园区、轮台工业园区、和静工业园区 3 家自治区级园区产值过百亿元。

二、转变农牧业发展方式

以农牧民增收为核心，转变农业发展和生产方式，走生产技术先进、经营规模适度、市场竞争力强、生态环境可持续的新型农业现代化道路。

（一）调整优化农业结构

按照“稳粮、调棉、优果、兴畜”方针，加快构建粮经饲统筹、种养加一体化、农牧渔结合的现代农业结构，进一步提高林果业和畜牧业在农业中的比重，构建优势突出、特色鲜明的农业产业带。稳定农作物播种面积。按照“以水定地”原则，确定巴州耕地总规模，禁止非法新增耕地，引导退出沙化严重、防灾能力差、产出效益低的耕地，有序实现退地减水。完善种粮补贴政策，巩固北 4 县粮食生产基地，加强亩产 500 公斤以上高产稳产标准化良田建设，粮食总产稳定在55万吨以上，保障区域供需平衡。调减棉花面积，调优品种结构，棉花种植向库尉轮优势产区集中，逐步退出次宜棉区和低产棉区，棉花生产能力保持在45万吨左右。建设焉耆盆地以工业番茄、工业辣椒、酿酒葡萄为主的特色产业带，以及以库尔勒、博湖、和硕、和静为中心的设施农业产业带。推进林果业精细化、标准化管理，做强做优香梨、红枣、白杏、酿酒葡萄四大特色林果产业。以农区畜牧业为重点发展现代畜牧业，推进增草增畜、现代高效示范、高产安全和畜牧业产业化工程建设，建立畜牧业发展信息化管理平台。积极发展休闲观光农业、苗木花卉产业和都市农业，提高农业综合效益。“十三五”末，全州地方作物总播种面积稳定在600万亩；特色林果面积在180万亩，林果业占农业产值的比重达到18%以上；畜牧业占农业总产值的比重达到25%；设施农业在10万亩以上。

（二）推进农牧业产业化经营

围绕市场需求，发展无公害绿色有机农业，推进农产品标准化生产和信息化建设，加强农产品质量和食品安全监管能力建设，对农产品生产环节和流通环节实行全程监控，从数量和质量上保障农产品有效供给。构建新型农业经营体系，坚持家庭经营主体地位，引导农户依法采取转包、出租、互换、转让及入股等方式进行土地经营权规范有序流转，发展多种形式适度规模经营，建设以农户家庭经营为基础、合作与联合为纽带、社会化服务为支撑，符合巴州实际的立体式复合型农业经营体系。培养新型职业农民。推进农业社会化服务体系建设，培育经营性服务组织，提高农业产前、产中、产后的社会化、专业化服务水平。创新农产品流通方式，加强农产品产地市场建设，推进合作社与超市、学校、企业、社区对接，加快农村电商及涉农电子商务平台建设，拓展市场空间。培育农畜产品知名品牌，推动优质农畜产品进入高端市场。鼓励和支持有实力的企业参与农牧业产业化经营，建立健全龙头企业与农户间利益联结机制。“十三五”末，农民专业合作社和家庭农场分别达到2500家和150家。

（三）健全农牧业科技服务体系

提高农机装备水平，大力推广畜牧、林果、设施栽培、节水和农产品精深加工等领域的机械装备，提高棉花、工业辣椒、工业番茄及特色林果机械化采收水平。完善技术推广体系，重点推广动植物新品种和保护性耕作、保护地栽培、测土配方施肥、水肥一体化、绿色防控等新技术，加快牲畜品种改良。加大土地整治、中低产田改造和高标准农田建设力度。健全疫病防控体系，加强重大畜禽疫病和人畜共患疾病预防控制。建设综合信息技术服务平台，及时发布市场供需信息、灾害性气象信息，为农牧业生产、防灾减灾提供服务。加强农技、农村畜牧兽医人才队伍培养力度。截至2020年，全州农机总动力达到320万千瓦，农林牧渔综合机械化水平达到68%。

三、拓展服务业发展新领域

把加快服务业发展作为优化经济结构、扩大就业容量、拉动经济增长的重要突破口，构筑与产业化相匹配、与城镇化相协调的现代服务业体系。

（一）发展特色旅游业

突出生态和文化两条主线，注重“文旅结合、以文兴旅”，以目的地打造、集聚区发展、集散地建设、精品开发为重点，充分挖掘民族历史文化丰富内涵，深度开发旅游资源和产品。推进和库高速旅游产业带和G218巴州历史文化民俗生态旅游产业带建设。加快建设博斯腾湖、巴音布鲁克、罗布人村寨、塔河胡杨林、库尔勒北山及大峡谷、焉耆霍拉山、葡萄酒庄等一批精品旅游景点和景区，推动巴音布鲁克、罗布人村寨、塔河胡杨林、库尔勒天鹅河创建国家AAAAA级景区，挖掘开发阿尔金山特种旅游、马兰军博园、达西红色旅游、焉耆民俗文化游和以库尔勒市、博湖县、和静县为重点的城市景观旅游。将休闲旅游作为旅游业新的突破口，布局建设自驾游、房车营地，打造露营品牌，建设“中国西部露营之都”。实施乡村旅游富民工程，加快特色文化旅游城镇、民族风情旅游乡村、农牧家乐建设。推动节庆会展活动和旅游商品开发。积极发展特色餐饮业。加大旅游市场宣传营销力度，抓好旅游市场规范管理，提高服务质量，打造“西部胜景·美在巴州”品牌。

（二）壮大文化体育产业

加快推进城乡文化设施建设力度，培育和发展巴州区域特色文化产业，培育消费市场，重点发展演艺、文化旅游、民间手工艺术品、工艺美术等文化产业，引导和扶持重点文化企业及文化产业项目开发建设，建设一批区、州、县级文化产业园和文化产业示范街（区），将楼兰、东归等文化品牌推向全国。推进国有经营性文化单位转企改制，鼓励非公有制文化企业发展，建立健全现代文化市场体系，激发文化创造活力。加大对文化艺术精品创作扶持力度，推进文化创新，提升文化影响力。以增强人民体质、提高健康水平为目标，加快发展体育产业，积极扩大体育产品和服务供给，拉动体育消费。

（三）大力发展生产性服务业和加快发展生活性服务业

以提高劳动生产率为目标，大力发展面向生产的服务业，细化专业分工，降低社会交易成本，提高资源配置效率。加快以第三方物流为主的现代物流业发展，引导传统物流企业向现代物流企业转型，提高物流业信息化、社会化、专业化水平。发展农产品冷链物流。建设物流公共信息平台，完善物流标准化体系。做强石油技术服务业。进一步提升库尔勒经济技术开发区、轮台红桥服务区石油技术服务业发展水平和规模，逐步建设集研发、设备制造、技术服务于一体的生产基地，打造南疆石油工程技术服务产业集群。推动研发设计、咨询服务、中介服务、市场营销、会展等服务业发展。

加快社区商业网点建设，实施好便利消费进社区、便民服务进家庭的“双进工程”，完善社区服务功能，大力发展社区卫生、社区电子商务、文化娱乐、家政保洁、养老托幼、食品配送等便民服务，满足城镇居民多层次消费需求。加强社区管理，推进社区服务规范化和网络化建设。有序发展房地产业。以消化存量、改善住宅质量、提升人居环境为重点，落实好国家、自治区促进房地产平稳健康发展各项措施，优化商品房结构，加强房地产市场监管，促进房地产业健康发展。推行住宅小区物业服务全覆盖，规范物业服务，提高物业服务质量。

（四）积极发展新业态

大力推动基于互联网、云计算、大数据、物联网、移动互联网的服务业新业态发展，用“互联网+”促进第一、第二、第三产业转型升级，实现互联网和经济社会融合发展。加快电子商务、互联网金融、工业互联网、信息技术服务、远程教育、智慧社区等新业态发展，推进网上贸易、在线交易，拓宽消费渠道，推动创新发展，增强公共服务能力。重点推进库尔勒经济技术开发区国家级电子商务示范基地、国家级及自治区级电子商务进农村示范县、尉犁电子商务产业园、颐高电子商务产业园等建设，使示范基地成为电子商务服务企业、应用企业的聚集地和电子商务的创业创新平台，建成国家级电子商务示范区。

四、推动信息化建设

统筹推进信息基础设施、“两化”融合、电子政务应用、电子商务、农业及社会领域信息化、信息安全等工作，全面提高经济社会信息化水平，加快建设“智慧巴州”。加强宽带网络基础设施建设。推进“三网”融合和4G移动通信网络建设。深化电子政务信息化应用，建立人口信息、基础空间、法人信息、宏观经济四大资源基础数据库，建设巴州地理信息中心，发展地理信息产业。以重点企业、重点行业、重点园区为主，推动信息化与企业生产过程控制及经营管理融合发展，加强企业间资源共享和业务协同，促进“两化”深度融合。发挥“丝绸楼兰快线”等平台作用，提高农业农村及重点服务业信息化水平，创新社会信息化应用，推进智能交通、公共安全和应急、数字城管等城市管理智能化。加强信息网络安全管理，基本完成自治州网络与信息安全保障体系建设。“十三五”末，建成“智慧园区”3个，认定国家级“两化”融合示范企业3家，自治区级“两化”融合示范企业30家。

五、推动区域协同发展

以县市和区域各经济体之间经济联系为纽带，以互利共赢、合作共建为目标，推动区域经济协调发展，形成“区域中心城市、副中心城市、县城、特色重点镇”四个层面的现代城镇体系。实施中心城市带动战略，做大副中心城市，统筹其他县城协调发展，加快小城镇建设。把库尔勒建成自治区综合交通运输枢纽，把若羌建成区域交通枢纽，把和静建成第二条亚欧铁路大陆桥的重要节点，充分发挥巴州在承接南北、贯通东西大通道和交通枢纽中的作用。全力支持和推进州域内铁路建设步伐，巩固和提升巴州在全疆铁路“四纵四横”格局中的地位。区域各经济体之间（地方、兵团、石油等中央、自治区驻州单位）以股权多元化为载体，增强经济联系，释放经济发展活力。推动产业合理布局，优化分工和生产要素分布，促进区域协调发展。以提升新型城镇化发展水平和质量为目标，以人的城镇化为核心，推进新型城镇化走在全疆前列。突出产业兴城，形成城内以第三产业为主、园区以第二产业为主、城市外围以城郊农业为主的产业发展格局，促进城镇产业与工业化相配套、与城镇化相协调、与居民需求相适应。健全城乡发展一体化体制机制，推进城乡要素平等交换、合理配置，实现基本公共服务均等化，促进城乡统筹。

（一）推进绿洲城镇组群发展

县市以城镇群为主体形态，突破行政区划和地理界线，推进天山南麓、昆仑山北麓两个绿洲城镇组群建设。

天山南麓城镇群以库尔勒中心城市建设为核心，发挥辐射带动作用，完善体制机制，协同推进铁门关市、尉犁县、焉耆回族自治县、博湖县、轮台县发展，构建“四县二市”紧密型城市核心组群。发挥和静县副中心城市功能，推进撤县建市，与“四县二市”及和硕县共同形成天山南麓城镇组群，促进人口和产业集聚，公共服务设施集约高效，形成经济基础雄厚、发展潜力巨大的城镇组群，建成全疆具有较强影响力的经济区，引领天山南坡产业带发展。

在昆仑山北麓以副中心城市若羌为重点，加快撤县建市步伐，协同推进且末县发展，辐射带动罗布泊、依吞布拉克、瓦石峡、米兰、塔中等镇区发展，打造昆仑山北麓城镇组群。昆仑山北麓城镇组群主要依托第二条出疆大通道和中巴经济走廊建设，打通连接内地和南疆的交通大通道，促进沿线矿产开发、农产品加工和物流业发展，与天山南麓城镇组群形成遥相呼应、协调互动的发展格局。

（二）构建合理城市群体系

全面落实国家和自治区新型城镇化行动计划，按照生产空间集约高效、生活空间宜居适度、生态空间山清水秀的总体要求，深入实施区域中心城市、副中心城市、县城、特色重点乡镇、中心村“五位一体”的城乡一体化发展体系。

加快库尔勒中心城市建设。以建设丝绸之路经济带南通道重要的交通枢纽、产业基地和物流中心为重点，按照生态和谐宜居宜业的现代化大城市标准，加快产城融合，积极发展新业态。发挥库尔勒经济技术开发区集聚带动和库尔勒城市经济扩张效应，吸引农民工和外来务工人员进城落户、外来投资者投资置业兴业，加快城市第二、第三产业发展。创新城市发展，高效集约利用土地等资源，节约水资源，降低能源和污染物排放，建设低碳城市。加强城市公共基础设施建设，提高公共服务保障能力，增强吸纳就业和有序转移农村居民进城务工能力，稳步提高户籍人口城镇化水平。加快库尔勒城市供水二期工程建设，新增城市供水能力 20 万立方米/日。实施老城区老旧管网改造工程，规划建设地下综合管廊。大力发展公共交通，推进电动汽车充电站（桩）、立体公共停车场建设，发展电动公交车和大容量快速公交车系统，构建“四县二市”快速交通网，改善出行条件。

推进和静、轮台、若羌3个副中心城市发展，加快撤县建市步伐，完善城市功能。加快其他县城和重点镇发展，加强基础设施建设，发展特色优势产业。推进条件成熟的乡撤乡建镇，促进人口较多的中心村发展，提升乡村建设水平。

（三）提高城镇公共服务水平

以人为本推进城镇化，全面改善城镇公共服务和基础设施条件，提升城镇综合承载能力，彰显城镇特色文化，推进城镇绿色集约发展。加快推进户籍制度改革，全面实行居住证制度，建立财政转移支付同农业转移人口市民化挂钩机制。明确公共服务设施配置要求，合理布局教育、卫生、文化、体育、社会福利等公共服务设施。积极开展“智慧城市”建设，加强基本公共服务保障能力。创新城镇基础设施投入模式，综合运用城市投资债券、社会资本、社会资本合作（PPP）以及政府购买公共服务的措施和手段，加强基础设施建设，提高城镇公共服务水平。统筹各类市政管线规划、建设和管理，提高管线安全水平和防灾抗灾能力。加大重点乡镇生活垃圾和污水处理设施建设。推进塔中—且末—若羌、库尔勒—尉犁、博湖县天然气管道建设，力争实现管道天然气覆盖所有县城。

（四）推进城乡联动和产城融合

把乡村建设和发展放在和新型城镇化同等重要的地位，更加突出乡村建设和发展在维护社会稳定、促进城乡统筹中的重要地位，高标准规划和建设美丽乡村。加强农村基础设施建设，优化整合各类资金，加快水、电、路、气、房及通信、互联网建设，加强文化、卫生等公共服务设施建设，推进乡镇供销超市、便利连锁店建设。实施农村环境综合整治，推进“美丽宜居乡村建设计划”。推动城镇基础设施向周边村延伸，在有条件的县市建设城乡一体的供排水、垃圾污水处理系统，改善乡村生产生活条件和人居环境。

坚持新型城镇化和新型工业化双轮驱动促进城乡统筹的发展思路。发挥中心城市、县城、重点镇相关产业和园区吸纳农村富余劳动力就业的功能，有序引导城乡各族群众尤其是少数民族富余劳动力到城市（镇）长期就业、混居就业。强化就业能力和技能培训，积极扶持农村特需产品、民族手工艺品和特色农副产品加工业发展，组织农村劳动力就近、就地就业。

六、打造丝绸之路经济带核心地区重要支点

紧抓自治区“三基地一通道”及区域性国际交通枢纽、商贸物流、文化科教、金融、医疗服务“五大中心”和“十大进出口产业集聚区”建设机遇，积极利用国内国外两种资源和两个市场，承接东部产业转移，加强国内外经济技术合作和招商引资力度，吸引国内外企业以各种方式到巴州投资，高起点建设一批对全局有引领作用的重大项目，夯实丝绸之路经济带核心区重要支点的发展基础，构建全方位开放新格局。

（一）加快交通枢纽建设

充分发挥巴州区位优势，形成完善的区域交通网络，加快交通干线建设，构建联通内地及周边地州市的综合交通运输体系，努力将巴州打造成丝绸之路经济带南通道、第二条出疆大通道、中巴经济走廊和南北疆大通道上的综合交通枢纽中心和新疆东联西出的重要交通枢纽。以完善路网结构和提高综合运输保障能力为重点，在建设丝绸之路骨干交通网络的同时，加快区域内连接线、延伸线建设，扩大路网覆盖面，构建便捷、安全、高效的综合运输体系。

铁路建设方面，建成格尔木—库尔勒铁路，加快罗中—若羌—且末—和田、库尔勒—伊宁铁路前期工作，推进库尔勒经济技术开发区、轮台工业园区等铁路专用线建设。2020 年，全州铁路总里程达 1500 千米以上，新增 800 千米，建成“两横一纵”的铁路主骨架。打通连接区内外铁路运输大动脉，强化交通枢纽地位。

公路建设方面，开工建设 G0711 乌鲁木齐—尉犁段、G0612 依吞布拉克—和田公路，力争 G0711 尉犁—若羌段开工，争取将新源—巴仑台、塔

什店—库西工业园、S301 线（托克逊—乌拉斯台）纳入高速公路网规划，构建“三横四纵”干线交通网络。完成 S206 线博湖—库尔勒经济技术开发区、S325 线和硕乌什塔拉—紫泥泉公路建设，启动 S254 线尉犁—且末沙漠二级公路及和静—焉耆—博湖一级公路建设，改善 S235 线哈密—若羌、轮台—民丰沙漠公路技术状况。加大联乡通村油路建设力度，实现所有乡（镇）通沥青路、建制村通公路，具备条件的建制村通三级和四级以上等级公路。积极引进社会资本，推进昆仑山—阿尔金山、轮台县煤矿通道、博湖环湖公路等资源路、旅游路建设。加快库尔勒国家级综合交通运输枢纽建设步伐。2020 年，全州路网总里程达 1.7 万千米，在建、营运高速公路总里程达 1800 千米以上，普通国省道二级及以上比重达到 60%，县市通一级以上高等级公路，乡（镇）、村硬化路通达率分别达 100%和 95%以上，建成以高速、国省干线为骨架的公路网络。

民航建设方面，且末机场迁建、库尔勒机场改扩建、若羌机场建成投运，推进轮台塔中机场、和静巴音布鲁克支线机场和若羌祁曼塔格、罗布泊等通用机场前期工作。完善航线网络，形成功能完善、航线通达、布局合理、运载力强的航空运输体系，把库尔勒机场建设成为新疆第二大航空枢纽。在加大机场布局密度的同时，积极开辟疆内支线机场之间、支线机场与内地大城市之间航线，构建疆内、国内航线网络。

（二）提升商贸物流地位

充分发挥区域和综合交通运输优势，提升商贸物流互联互通基础设施和信息化水平，鼓励建设内地商品向西出口基地和进口资源深加工基地，构建联通国际国内的现代商贸物流网络体系，打造面向丝绸之路经济带沿线国家的具有国际、国内服务功能和辐射能力的区域商贸物流中心，开创对外经贸合作新局面。依托库尔勒、若羌、焉耆、和硕、和静、且末等重要交通枢纽和工业园区，规划和建设一批以石油物资、装备、农产品、矿产品、纺织服装和日用品为重点的大型物流园区，吸引区内外大型物流企业入驻。支持物流企业做大做强，提升巴州物流业发展水平，努力把库尔勒、若羌建设成为全疆商贸物流集散中转中心，把焉耆、和硕、和静、且末建设成为区域商贸物流节点，形成面向周边、辐射中西亚的区域性商贸中心和物资集散地。加快商贸市场建设，重点建设以库尔勒、轮台为中心的石油物资和工程服务市场，以库尔勒、焉耆、若羌为中心的农产品商贸市场及冷链物流体系。建设航空、铁路、公路物流枢纽多式联运中转设施，构建货运换装无缝衔接网络。充分发挥处于重要交通节点区域优势，完善物流区域网络，加快域内物流节点布局，深入推进信息化建设，形成一批具有辐射带动作用和影响力的商贸物流高地，积极打造巴州在自治区内的商贸物流增长极，融入新疆构建联通国际国内现代商贸物流网络体系。

（三）建设丝绸之路经济带上具有较强竞争力的产业基地

立足资源禀赋、产业发展基础，着力发展壮大优势产业，不断延长产业链，实施错位发展战略，积极促进优势产业集群发展，努力建设高水平的现代农产品精深加工出口、煤炭煤电化工、天然气石油化工、纺织服装产品加工出口、农用机械装备制造、清洁能源研发利用、医药和民族医药研发等产业基地。依托丝绸之路经济带建设，培育壮大出口加工产业，着力推进产业转型升级，实现结构优化、资源增值，努力把后发优势尽快转化为经济优势、发展优势。

1. 农副产品出口加工产业

进一步整合区域内棉花、香梨、红枣、番茄、葡萄、畜产品资源，促进优质生产要素集聚，充分利用已建成或在建农产品物流园等产业发展平台，实施农产品加工出口战略。进一步优化优势农产品品质，实施品质提升工程，扎实推进高产标准园建设，在焉耆及库尔勒着力打造优质番茄、蔗糖、畜产品生产基地，在塔里木垦区着力打造优质棉花、香梨、马鹿生产基地，在且末着力打造优质红枣、畜产品生产基地。实施大企业带动战略，促进农副产品精深加工。支持龙头企业进一步发展壮大果蔬加工产业，推进果农果蔬品牌建设，通过与地方资源、资金、技术等合作，逐步扩大产业规模，扩展产品品种。加大招商引资力度，坚持招大引强，合作开发优质农产品资源，建立立足新疆，面向中亚、东南亚的红枣、香梨、畜产品精深加工产业带。

2. 煤化工出口加工产业

围绕新疆大型煤炭煤电煤化工基地建设目标，依托巴州油气资源，大力推进煤炭、油气资源就近转化增值，大力发展煤焦化、石油天然气深加工产业，打造南疆具有影响力的煤化工产品出口加工基地。

3. 纺织服装产品出口加工产业

依托巴州1000万锭纺织服装城发展规划，加快棉纺织产业园建设，发挥先行示范带动作用。积极发展纺织下游产业，努力延伸棉纺织产业链，形成织布、制衣等相对完整产业链，建设具有巴州特色的纺织和针织品出口加工基地。

4. 金属制品出口加工产业

充分发挥园区和重点企业的平台和载体作用，大力延伸产业链，扩大产品线、提高产品质量。以和静钢铁为依托，面向市场调整产品结构，大力发展精品钢、优质棒材，加快棒材、线材生产线及铸造车间建设，形成较完整的钢材产品生产线。

5. 装备制造出口加工产业

大力发展装备制造产业，优先发展农业机械装备制造，积极开拓石油配套设备和汽车零配件生产和组装。不断延伸农业机械装备产业链，形成农业装备制造产业集群。争取河北省在巴州建设面向中亚的制造业加工出口基地，积极承接汽车零配件生产、整车组装等产业转移到巴州。

（四）提升对外贸易水平

利用中吉乌铁路和中巴经济走廊等连接新疆与中亚的交通设施，将产品运至中亚地区甚至欧洲地区，在满足疆内市场需求的前提下，大力开拓海外市场，提高海外市场占有率，用高质量的产品和高效的服务标准在国际市场上进一步提升中国品牌的知名度。坚持“贸易先行、产业联动”，构建对外贸易发展新格局。依托库尔勒市丝绸之路西行国际货运班列始发站优势，以一般贸易为基础，扩大加工贸易在出口贸易中的比重，积极培育通信、金融、信息服务、传媒、咨询等现代服务贸易发展，促进开放型经济发展。加快对外开放平台建设。以新疆科达保税仓库（公用型）、新疆科达出口监管仓库建设为基础，大力推进库尔勒经济技术开发区海关特殊监管场所（区域）建设，鼓励企业和园区利用进出口贸易平台，扩大外贸规模。积极发展跨境电子商务。加快建设一批有市场前景和竞争力强的进出口产业集聚区，培育一批具有较高技术含量、较高附加值的出口产品，提升对外贸易整体水平。坚定实施“走出去”和开放发展战略，促进优质农产品和优势产业“走出去”，构建对外贸易发展新格局。依托库尔勒公铁运输条件和西行国际货运班列始发站优势，积极发展对外贸易，促进香梨、红枣、番茄等农产品资源出口。支持外向型集团企业不断开拓培育疆外国内和国际市场，扩大影响力。实施优势产业“走出去”战略，积极开拓国外市场。抓好内地“西果东输”基地建设，拓展新疆优质特色农产品在内地的市场。推进州内外向型龙头企业在国外建厂，积极发展境外贸易。充分利用丝绸之路经济带发展平台，用好“两个市场、两种资源”，促进产品、投资、产业“走出去”，积极参与国际竞争和产能合作，不断拓展发展空间。发挥巴州大农业和农业生产技术优势，推动农业“走出去”。稳步开拓中亚、西亚和非洲农业资源，积极开展境外农业技术合作，促进节水灌溉等先进农业生产技术输出，推动巴州农业在更大范围“走出去”。加快推进境外资源合作开发，积极参与国际产能合作，支持有条件的企业集团开展境外投资，积极在资源主产地就近建设基地、就近生产加工、就近推向市场。积极承包境外工程开展劳务合作。加快巴州建筑业“走出去”，推进巴州建筑企业资源整合、优化重组，实施大企业、大集团战略，通过同行业合作、借鉴新疆建筑龙头企业等，鼓励支持州内企业赴丝绸之路经济带沿线国家参建境外住房、铁路、道路、桥梁、水利、民生等基础设施建设。

七、提供坚强的组织保障

构建组织化程度高、守纪律、讲诚信、决策效率高、贯彻执行力强、可以集中力量办大事的组织体制机制，始终保持政通人和、民族团结、社会稳定、治安良好的局面，为经济建设营造良好的环境。不断增强自我发展能力，不断完善各项基础设施建设，为加快发展奠定必要的物质基础。不断更新广大干部职工思想观念，强化思稳定的愿望，打造奔小康、谋跨越、盼富裕的浓厚氛围，全面贯彻落实第二次中央新疆工作座谈会和全国对口支援新疆工作会议精神，积极构建更加宽松的政策环境。

第二节　“一带一路”和中巴经济走廊共建机遇

中共十八届三中全会发布的《中共中央关于全面深化改革若干重大问题的决定》明确提出要“推进丝绸之路经济带”建设，丝绸之路经济带共建构想从此上升为国家倡议。自治区党委八届六次全委（扩大）会议和自治区党委经济工作会议都强调“要将新疆建设成丝绸之路经济带上的核心区”，中共中央政治局召开会议，研究进一步推进新疆社会稳定和长治久安工作，再次强调要着力打造新疆丝绸之路经济带核心区。巴州党委九届四次全委（扩大）会议提出，要“进一步扩大对外开放，充分发挥巴州区位、资源和人文优势，加快融入、赢得先机，不仅要成为构建‘丝绸之路经济带’疆内的‘黄金段’、重要承载区和受益区，而且要成为新疆争当建设‘丝绸之路经济带’主力军和排头兵的重要支点，把巴州打造成为向西开放的区域商贸物流中心和进出口商品加工基地”。

丝绸之路经济带国内及新疆境内的空间布局主要是“北、中、南”三条大通道，其中的南、中两道均通过巴州境内。巴州具有承接产业转移，构建丝绸之路经济带支撑节点的区位、资源和组织优势。丝绸之路经济带的建设将为拓展巴州服务业产业发展空间，承接产业转移，参与贯通国内外的大枢纽和大通道建设，开拓周边国际市场，提供千载难逢的历史机遇和政策环境。

一、交通网络建设机遇

巴州区位优势显著，地处丝绸之路经济带南通道、中巴经济走廊和南北疆大通道接合部，形成了航空、铁路、公路、管道“四位一体”的交通网络。“十三五”时期①，巴州铁路、公路、民航等进一步建设，将巴州打造成为丝绸之路经济带南通道、中巴经济走廊和南北疆大通道接合部综合交通枢纽中心和新疆东联西出的重要交通枢纽。随着大量国内外知名企业的进驻，集群化发展趋势呼之欲出，大量配套企业聚集，为巴州商务发展提供了强大动力。

二、商贸发展机遇

“一带一路”倡议的提出不仅意味着我国对外开放进入新阶段，也是西部经济实力不断扩大的必然选择，将为区域合作发展带来新的机遇。“一带一路”倡议为巴州地区商贸事业发展带来了前所未有的有利机遇。新疆为丝绸之路经济带核心区，核心区的建设将促进商务发展资源跨区域有效配置、整合，东部产业转移力度将不断加大。巴州作为丝绸之路经济带核心区的战略支点，库尔勒作为承东启西、东联西出、依北促南的区域性国际商贸节点城市，将会吸引更多的国际国内资本、人才、技术等进入商贸流通领域，推动巴州国内贸易、对外贸易、物流产业及电子商务等迈上新台阶。“十三五”是我国全面建成小康社会的关键时期和转变发展方式的攻坚时期，围绕核心区建设，国家、自治区出台了一系列支持性政策，为巴州商务大发展提供了诸多有利条件，包括：具有丝绸之路经济带北道、中道、南道的国际通道优势，有助于发展对外贸易；境内依托兰新

① “十三五”时期，巴州人民政府建成格尔木—库尔勒铁路，打通第二条出疆大通道；推进乌鲁木齐—尉犁—若羌、依吞布拉克—若羌—且末国家高速公路建设，基本建成以高速、国省干线为骨架的公路网络；且末机场迁建、库尔勒机场建成投运，完善航线网络，形成功能完善、航线通达、布局合理、运载力强的航空运输体系，把库尔勒机场建设成为新疆第二大航空枢纽。

铁路、库格铁路，发挥国内通道优势，可进一步扩大国内贸易；新疆境内的 7 条国道有 5 条穿越巴州，南疆铁路横贯全境的区内通道优势显著，有利于区内贸易拓展。现代物流与快递业也迅速扩张，随着城乡居民收入的提高，居民消费能力将进一步释放，商务发展空间潜力将得到拓展。“十三五”时期，自治区经济社会发展进入以内涵发展为主的开放型经济发展阶段，内陆开放型与内涵发展型相结合的发展模式转变会使商务事业发展环境不断优化，这将为巴州依托自身产业基础，构建联通国际国内的现代商贸物流网络体系，建设内地商品向西出口基地和进口资源深加工基地提供支持。同时为打造面向丝绸之路经济带沿线国家的、具有国际国内服务功能和辐射能力的区域商贸物流中心，开创对外经贸合作新局面带来重要机遇。

三、快递业发展机遇

新疆与世界经济的联系更加紧密，巴州作为丝绸之路经济带核心区战略支点的地位更加凸显，在巴州构建“三通道一走廊两枢纽两屏障一中心两组群九基地”的战略部署下，未来巴州寄递市场需求无论是结构还是规模层次都将发生深刻变化。在巴州建设南疆分拨中心，形成新疆邮政业“北乌南库”新格局成为可能，这将带动巴州邮政业的发展，为邮政、快递企业实施“走出去”战略，拓展网络和服务创造有利条件。

四、巴州参与丝绸之路经济带核心区建设的战略选择

积极参与丝绸之路经济带建设也是拥有地缘优势、处在交通重要节点的巴州的重大历史性机遇。在全面建成小康社会、全面深化改革、全面推进依法治国，适应经济稳定新常态、全力确保经济社会稳定发展的关键期，巴州要牢牢把握丝绸之路经济带战略契机，紧紧围绕新疆核心区战略定位，立足自身条件、体现后发优势、彰显自身特色，把参与丝绸之路经济带核心区建设作为推动巴州“十三五”经济持续稳定增长、结构持续优化、民生持续改善的有效手段和重要抓手。牢牢把握丝绸之路经济带建设

战略主题，紧紧围绕中南通道和中巴经济走廊战略通道建设主线，充分依托现有资源和有利条件，着力通道建设，积极参与区域内交通能源信息网络布局；着力结构优化，突出创新发展，积极构建立足优势体现特色产业基地；着力开放创新，积极“走出去”，不断拓展发展空间。

巴州参与丝绸之路经济带核心区建设的行动内涵是协同融合，全面发展。一是行动要体现国家及自治区一系列建设部署，注重与向西开放等发展战略的衔接。二是行动要突出重点解决急需，重点是夯实基础、打开局面，集中完善域内交通、能源布局，促进发展方式转变，培育经济新增长点。三是行动的长期性和可持续性。丝绸之路经济带核心区建设是一项系统工程，自治区制定了近期、中期、远期阶段目标，巴州的行动计划要保持与自治区规划方案步调一致，同时作为一项系统渐进工程，需要持续发力，长期推进。四是行动要促进巴州特殊作用的发挥，依托巴州资源禀赋和产业发展基础及实际发展需求参与核心区建设。

第三节　区域经济竞争环境与挑战分析

一、产业竞争环境的挑战

区域产业竞争加剧：从国际看，经济危机带来的负面影响仍在继续蔓延。从国内看，在国家实行东部沿海地区率先发展、振兴东北老工业基地、中部崛起和西部大开发均衡发展战略下，资金、人才等各种资源要素的竞争加剧，巴州未来加快工业发展面临更大的挑战。

发展开放型经济面临的挑战：随着国际经济社会面临的不确定、不稳定的因素增多，巴州与其他区域之间、各县市之间对资源、市场、技术、人才的竞争加剧。巴州未来产业发展以资源型、原料型工业为主，在较长一段时间内仍将处于“产业关联度低、产业链短、产品科技含量不高、企业规模小、竞争力低下”的境地。巴州各类产业发展将面临开放型经济所带来的各种资源、价格、市场等方面的竞争挑战。

区域同质化竞争的挑战：自治区区域内主导产业趋同，各地州之间存在竞争关系，且巴州各县、市之间也存在产业布局同质化问题，面对同一个外部市场，巴州不沿边、不靠海的劣势凸显，在同质化竞争中不具有优势。在全疆发展大格局中，以乌鲁木齐、昌吉为代表的天山北坡经济带率先发展，以克拉玛依、阿克苏、伊犁、哈密为代表的石油石化及煤化工产业带加速崛起，此外，喀什、霍尔果斯依靠特区开发开放优势奋起直追，各地呈竞相发展态势，区域竞争更加激烈。

二、南疆 4 地州产业竞争环境分析

（一）喀什地区产业发展分析

近年来，喀什地区国民经济增长的趋势明显，经济得到快速发展。2015 年该地区的生产总值达到 780 亿元，相比 2011 年约增长了 85.71%（见图 6-1）。

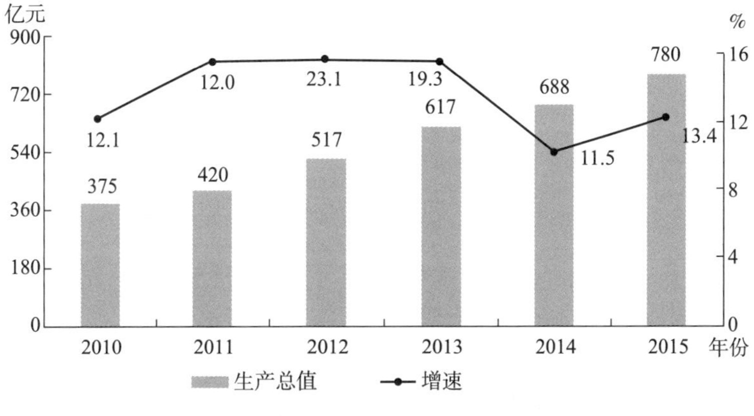

图 6-1 2010—2015 年喀什地区生产总值及其增长速度

资料来源：《2010—2015 年喀什地区国民经济和社会发展统计公报》。

喀什地区以商贸物流、农副产品深加工、纺织、建材、冶金、机械组装加工、旅游、文化、民族特色产品加工等产业为重点。

2015 年，喀什地区实现地区生产总值 780 亿元，比上年增长 12.2%。其中，第一产业增加值 227 亿元，比上年增长 6.2%；第二产业增加值 240

亿元，比上年增长 14.4%，其中工业增加值 133 亿元，比上年增长 11.5%；第三产业增加值 313 亿元，同比增长 15%。三产结构由 2011 年的 35.9∶25.5∶38.6 变为 2015 年的 29.1∶30.8∶40.1（见图 6-2）。

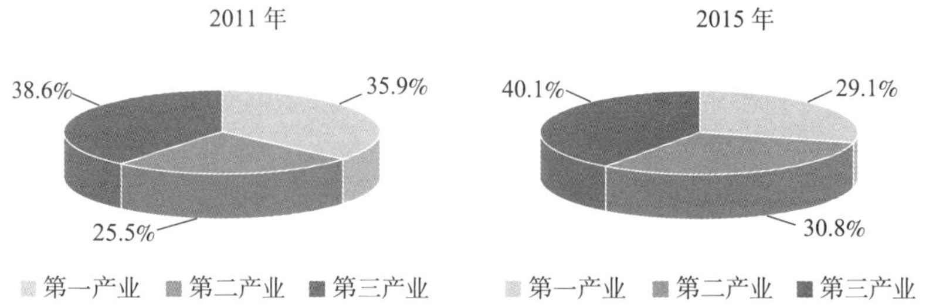

图 6-2　2011 年与 2015 年喀什地区三产结构对比

资料来源：《2010—2015 年喀什地区国民经济和社会发展统计公报》。

1. 农业

喀什地区依托本地丰富的农产品优势，面向国内、国外两个市场，加快农业发展，推进绿色农业。2015 年全年农林牧渔业总产值 479.09 亿元，比上年增长 9.6%（见图 6-3）；全年农作物播种面积 1766.9 万亩，全年粮食产量 296.3 万吨，同比增长 6.2%；全年肉类总产量 44.29 万吨，同比增长 9.82%。特色农业、特色林果业迅猛发展。

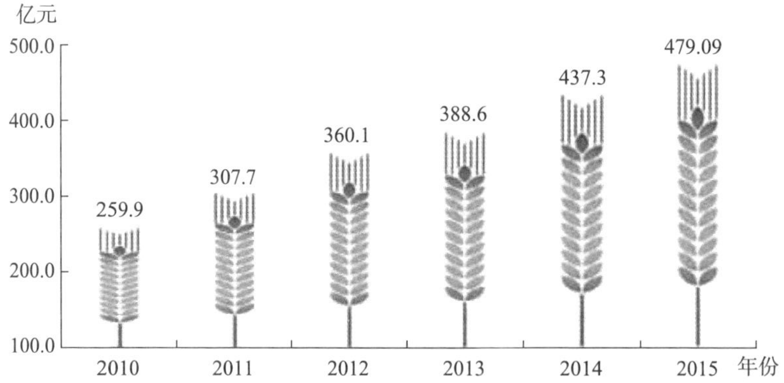

图 6-3　2010—2015 年喀什地区农林牧渔业总产值

资料来源：《2010—2015 年喀什地区国民经济和社会发展统计公报》。

2. 工业

2015 年，喀什地区完成工业增加值 133.00 亿元，比上年增长 11.7%（见图 6-4）。该地区发挥集群口岸的地缘优势，加快“东联西出、西进东销”的外向型经济建设步伐，大力培育组装加工业。重点发展汽车、家电、低压电器设备、机电设备、大型机械、摩托车、电动车组装等产业。

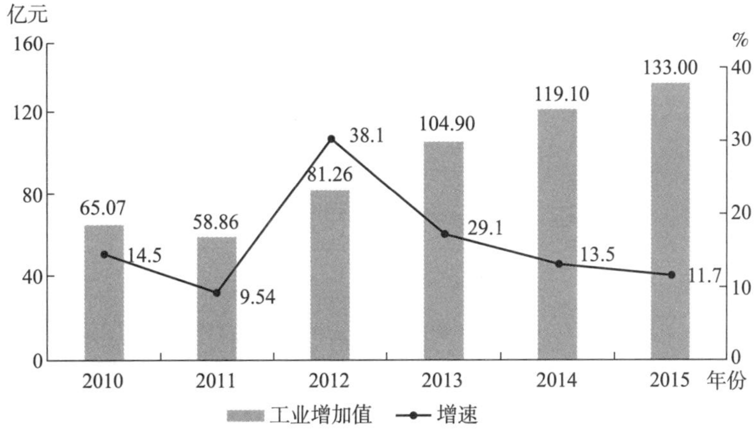

图 6-4 2010—2015 年喀什地区工业增加值及其增长速度

资料来源：《2010—2015 年喀什地区国民经济和社会发展统计公报》。

3. 服务业

喀什地区稳步推进文化旅游产业、商贸流通业和金融业的发展。2015 年全年到喀什旅游人数达到 410 万人次，旅游总收入 35.16 亿元。2015 年铁路完成货运量 315 万吨，公路完成货运量 2752 万吨，民航完成货邮吞吐量 6655.04 吨。

喀什地区社会消费品零售总额一直保持高速增长。2015 年该地区的社会消费品零售总额达到 168.12 亿元，相比 2011 年约增长了 87.9%（见图 6-5）。

在经济快速发展的情况下，喀什的货运总量同样保持高速增长。2015 年该地区的货运总量达到 3067.66 万吨，相比 2011 年约增长了 80.2%（见图 6-6）。

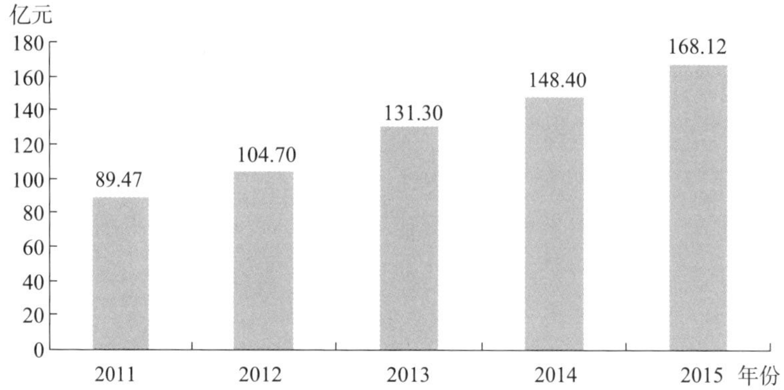

图 6-5　2011—2015 年喀什地区社会消费品零售总额

资料来源：《2011—2015 年喀什地区国民经济和社会发展统计公报》。

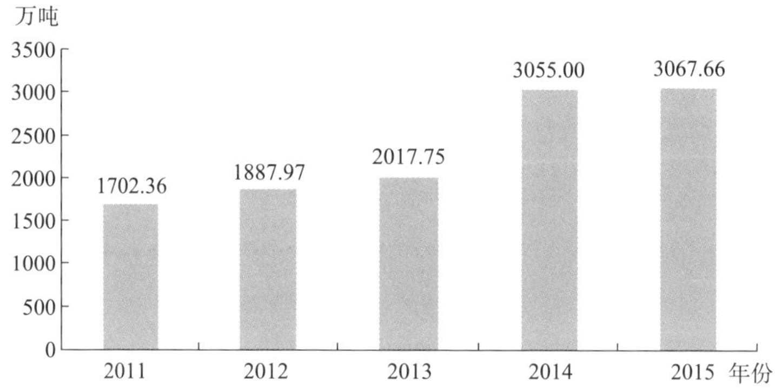

图 6-6　2011—2015 年喀什地区货运总量

资料来源：《2011—2015 年喀什地区国民经济和社会发展统计公报》。

（二）阿克苏地区产业发展分析

阿克苏地区国民经济发展水平较高，2015 年该地区的生产总值（含农一师、石油开采区）达到 1199. 90 亿元，相比 2011 年约增长了 54. 1%（见图 6-7）。

2015 年实现地区生产总值 1199. 90 亿元，比上年增长 3. 73%。其中，第一产业增加值 277 亿元，比上年增长 7. 9%；第二产业增加值 589. 6 亿元，比上年增长 5. 4%；第三产业增加值 333. 3 亿元，比上年增长 11. 98%。三产结构比由2011年的25.45∶35.33∶39.22变为2015年的23.1∶49.1∶27.8（见图6-8）。

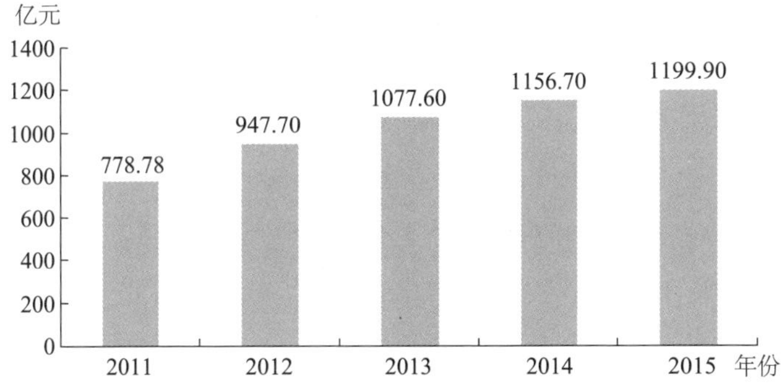

图6-7　2011—2015年阿克苏地区生产总值

资料来源：《2011—2015年阿克苏地区国民经济和社会发展统计公报》。

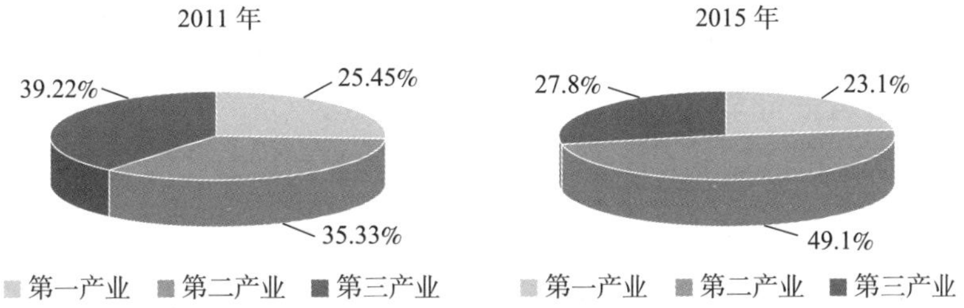

图6-8　2011年与2015年阿克苏地区三产结构对比

资料来源：《2011—2015年阿克苏地区国民经济和社会发展统计公报》。

1. 农业

2015年，阿克苏地区的特色林果业继续保持快速发展，农业生产的规模化、产业化、市场化水平不断提升，畜牧业、特色林果业不断发展，全年粮食产量205.6万吨，比上年增加39.7万吨，约增长23.9%。棉花产量84.2万吨，比上年减少0.98万吨，约减少1.2%。林果产量195.52万吨，比上年增长2.9%，其中，苹果产量41.66万吨，香梨产量32.91万吨，葡萄产量13.8万吨，红枣产量59.72万吨，核桃产量20.56万吨。牲畜出栏数549.38万头（只），全年肉类总产量26.9万吨。

2. 工业

2015 年阿克苏地区完成工业增加值 126. 41 亿元，比上年增长 5. 22%。规模以上工业完成增加值 116. 81 亿元，比上年增长 3. 8%。煤炭开采和洗选业比上年增长 6. 5%，农副食品加工业比上年增长 1. 4%，纺织业比上年增长 13. 3%，化学原料和化学制品制造业比上年下降 27. 1%，黑色金属冶炼和压延加工业比上年下降 67. 1%，电力、热力生产和供应业比上年下降 5. 9%，石油加工、炼焦和核燃料加工业比上年增长 10. 6%，非金属矿物制品业比上年增长 11. 3%。

3. 服务业

阿克苏地区的服务业以旅游业和商贸流通业为主，2015 年全地区实现社会消费品零售总额 124. 78 亿元，其中，商品零售收入 110. 6 亿元，餐饮收入 14. 18 亿元。进出口总额为 5 亿美元。公路货物运输量 5653 万吨，同比增长 0. 02%；货物周转量 85. 26 亿吨千米。铁路货物运输量 507. 61 万吨。航空货运量 0. 3547 万吨。

阿克苏地区的社会消费品零售总额一直保持持续增长的态势。2015 年该地区的社会消费品零售总额达到 124. 78 亿元，相比 2011 年约增长了 72. 8%（见图 6-9）。

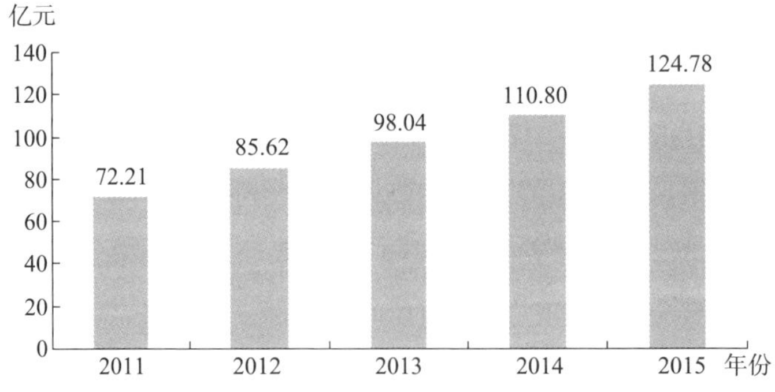

图 6-9 2011—2015 年阿克苏地区社会消费品零售总额

资料来源：《2011—2015 年阿克苏地区国民经济和社会发展统计公报》。

阿克苏地区的货运总量在区域范围内比较大，2015 年该地区的货运总量达到6160万吨，相比2011年约增长了75.4%（见图6-10）。

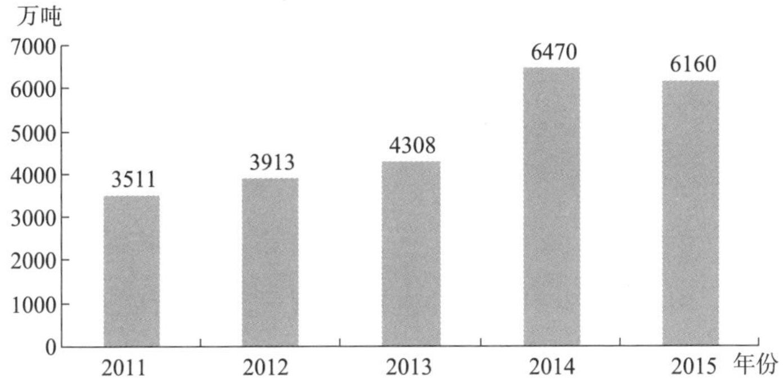

图6-10 2011—2015年阿克苏地区货运总量

资料来源：《2011—2015年阿克苏地区国民经济和社会发展统计公报》。

（三）和田地区产业发展分析

和田地区国民经济呈持续增长的趋势，经济快速发展。2015年该地区的生产总值达到233.86亿元，相比2011年约增长了84%（见图6-11）。

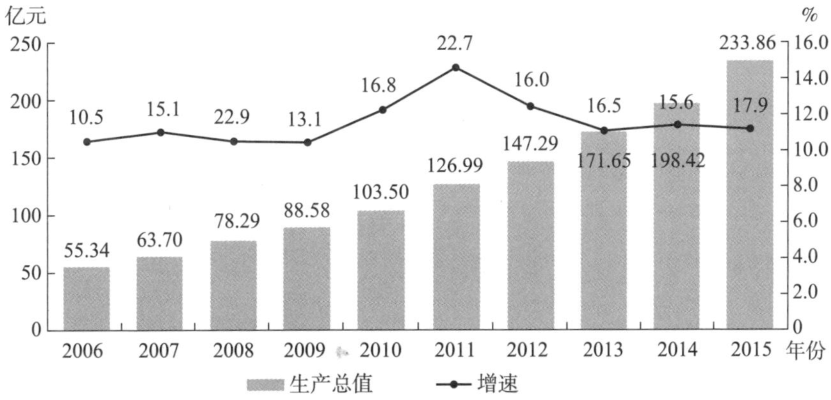

图6-11 2006—2015年和田地区生产总值及其增速

资料来源：《2006—2015年和田地区国民经济和社会发展统计公报》。

2015年和田地区全年实现地区生产总值233.86亿元，按可比价格计算，比2014年增长17.9%。第一产业增加值60.32亿元，第二产业增加值39.05亿元，第三产业增加值134.49亿元。三产结构由2011年的31.8：

19.1∶49.1变为2015年的25.8∶16.7∶57.5（见图6-12）。

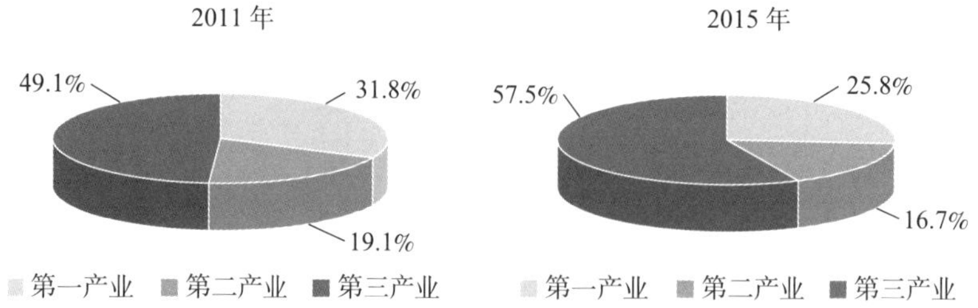

图6-12 2011年与2015年和田地区三产结构对比

资料来源：《2011—2015年和田地区国民经济和社会发展统计公报》。

1. 农业

2015年，和田地区农林牧渔业总产值129.12亿元，实现农林牧渔业增加值55.37亿元。核桃产量10.05万吨，红枣产量5.58万吨，水果产量37.96万吨，牲畜存栏503.71万头。

全年农作物总播种面积399.58万亩，其中，粮食播种面积266.85万亩，棉花播种面积57.36万亩，瓜果播种面积7.70万亩。

2. 工业

2015年全年工业增加值完成12.38亿元，比上年增长5.5%。其中，规模以上工业企业（主营业务收入2000万元，不包含兵团）增加值5.52亿元。轻工业实现增加值0.65亿元，比上年增长99.4%；重工业实现增加值4.87亿元，比上年下降3.1%。

3. 服务业

2015年全地区实现社会消费品零售总额36.06亿元，其中，商品零售额31.24亿元，餐饮收入额4.83亿元。进出口总额为979.4万美元。公路货物运输量2987万吨，货物周转量82.89亿吨千米；航空旅客吞吐量71.9万人次，货邮吞吐量1175吨。

2015年社会消费品零售总额36.06亿元，比上年增长12.1%。分城乡看，城镇零售额27.67亿元，比上年增长11.7%；乡村零售额8.39亿元，比上年增长 13.3%。分行业看，批发和零售业实现零售额 31.23 亿元，比上年增长 11.1%；住宿和餐饮业零售额 4.83 亿元，比上年增长 18.9%。分消费形态看，商品零售额 31.24 亿元，比上年增长 11.1%；餐饮收入 4.83 亿元，比上年增长 18.8%。分规模看，限额以上企业零售额 7.57 亿元，比上年增长 1%；限额以下企业零售额 28.49 亿元，比上年增长 15.4%。

和田地区的社会消费品零售总额一直保持持续增长的态势。2015 年该地区的社会消费品零售总额达到 36.06 亿元，相比 2011 年约增长了 57.4%（见图 6-13）。

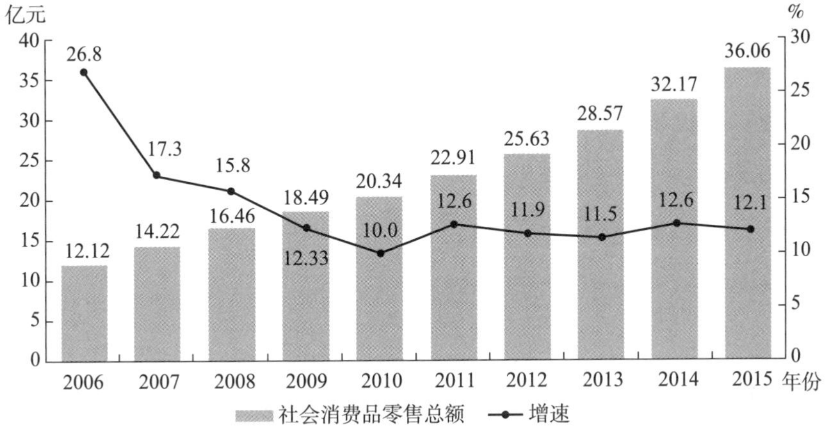

图 6-13　2006—2015 年和田地区社会消费品零售总额及其增速

资料来源：《2006—2015 年和田地区国民经济和社会发展统计公报》。

在经济高速发展的情况下，和田的货运总量也保持高速增长。2015 年该地区的货运总量达到 2987 万吨，相比 2011 年增加了 1956 万吨，约增长了 190%（见图 6-14）。

和田地区货运总量在 2011 年、2012 年和 2013 年保持相对稳定的规模。进入 2014 年后，货运总量规模增加迅猛，将近 3000 万吨，到 2015 年仍旧保持接近 3000 万吨的稳定规模。

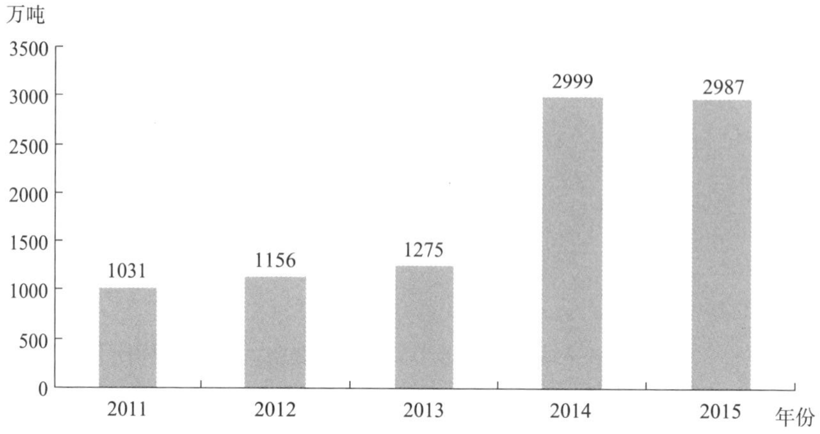

图 6-14 2011—2015 年和田地区货运总量

资料来源：《2011—2015 年和田地区国民经济和社会发展统计公报》。

（四）克孜勒苏柯尔克孜自治州产业发展分析

克孜勒苏柯尔克孜自治州（以下简称克州）国民经济发展水平也呈现持续增高的态势。2015 年该地区的生产总值达到 101.50 亿元，相比 2011 年约增长了 111%（见图 6-15）。

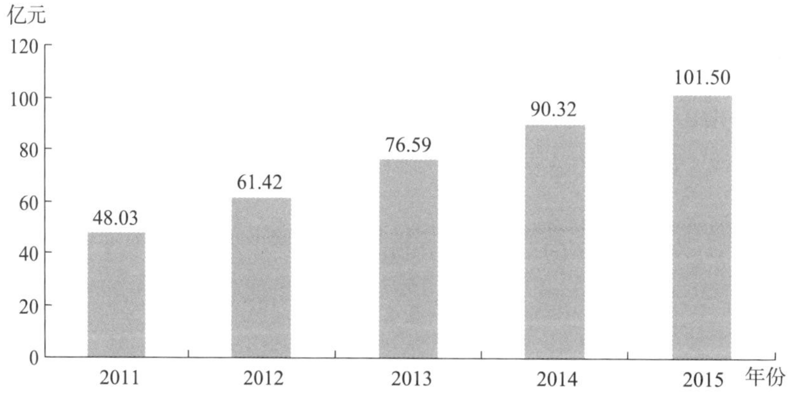

图 6-15 2011—2015 年克州生产总值

资料来源：《2011—2015 年克孜勒苏柯尔克孜自治州国民经济和社会发展统计公报》。

克州加快转方式、调结构、稳增长、惠民生，大力实施经济工作

“3435”工程，着力培育“十大重点产业”，加快建设“三大基地”。2015 年克州实现生产总值 101.50 亿元，其中，第一产业增加值 14.29 亿元，第二产业增加值 30.99 亿元，第三产业增加值 56.22 亿元。三产结构比由 2011 年的 18.82 ：25.32 ：55.86 变为 2015 年的 14.1 ：30.5 ：55.4（见图 6-16）。

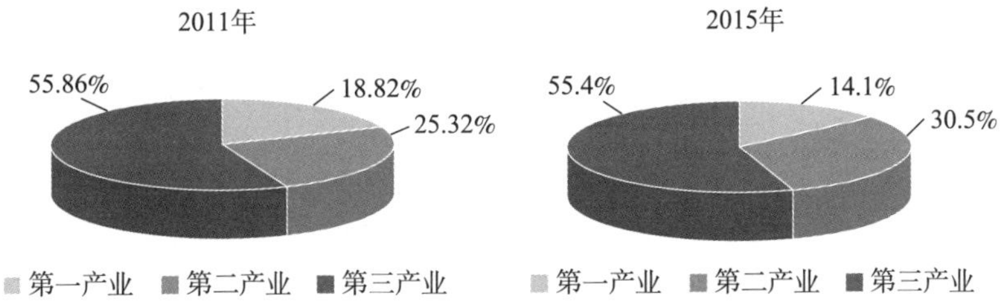

图 6-16 2011 年与 2015 年克州三产结构对比

1. 农业

2015 年克州农作物总种植面积 110.12 万亩，粮食产量达 35.19 万吨；年末实有林果面积 33.85 万亩（不包括坚果面积），产量 18.6 万吨。其中，葡萄产量 8.72 万吨，白杏产量 9.05 万吨，核桃产量 0.23 万吨，石榴产量 0.1 万吨。牲畜存栏 172.15 万头。

2. 工业

2015 年克州完成工业总产值 51.32 亿元，比上年增长 25.1%。其中，规模以上工业总产值 38.78 亿元，比上年增长 35.5%。

主要工业产品有铁矿石、铅精砂、锌精砂、铜精砂、原煤、轻革、食用植物油、水泥、水泥熟料、商品混凝土、生铁等。

3. 服务业

2015 年克州实现社会消费品零售总额 18.78 亿元，其中，商品零售额 16.44 亿元，餐饮收入额 2.34 亿元。进出口总额为 2.8 亿美元。各种交通工具完成货物运输量 1243 万吨，货物周转量 16.1 亿吨千米。

克州社会消费品零售总额保持持续增长的态势。2015 年该地区的社会消费品零售总额达到 18.78 亿元，相比 2011 年约增长了 91.8%（见图 6-17）。

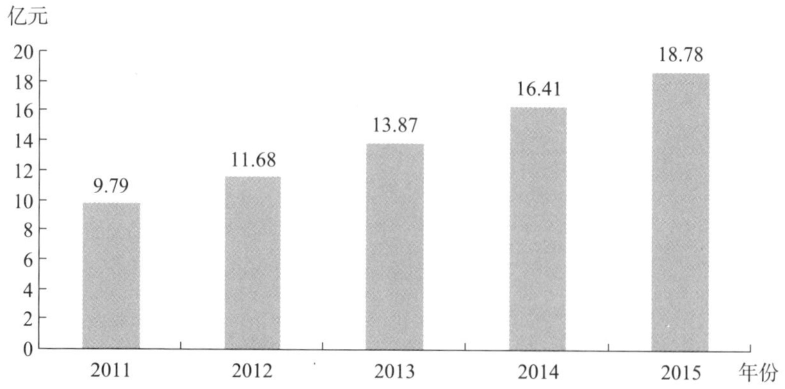

图 6-17　2011—2015 年克州社会消费品零售总额

资料来源：《2011—2015 年克孜勒苏柯尔克孜自治州国民经济和社会发展统计公报》。

克州的货运总量在区域范围内相对较低，但是近年来也保持高速增长。2015 年该地区的货运总量达到 1243 万吨，相比 2011 年约增长了 83.6%（见图 6-18）。

克州的货运总量在 2011 年、2012 年和 2013 年保持相对稳定的规模，进入 2014 年后货运总量规模快速扩大，达到 1200 万吨以上，增加了将近 1 倍。进入 2015 年后仍旧保持 1200 万吨左右的总量规模。

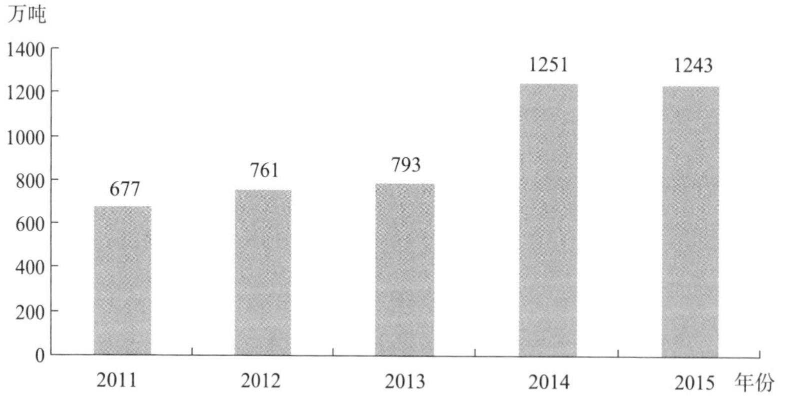

图 6-18　2011—2015 年克州货运总量

资料来源：《2011—2015 年克孜勒苏柯尔克孜自治州国民经济和社会发展统计公报》。

三、2015 年南疆产业经济环境比较分析

（一）地区生产总值

南疆各地州依托自身的经济地理条件和发展能力，形成了各具特色的产业经济特点。

与周边地区相比，巴州及阿克苏地区的经济发展水平较高，经济总量较大（见表 6-1）。经济水平是支撑物流业快速发展的基本因素，强大的区域经济实力为巴州的物流业发展打下了坚实的基础。

表 6-1 2015 年南疆各地州总体经济水平对比

序号	地区	GDP/亿元
1	巴州	1052.00
2	喀什地区	780.00
3	和田地区	233.86
4	阿克苏地区	1199.90
5	克州	101.50
合计		3367.26

数据来源：《2015 年南疆五个地州国民经济和社会发展统计公报》。

（二）农业

2015 年南疆各地州农业增加值见图 6-19。

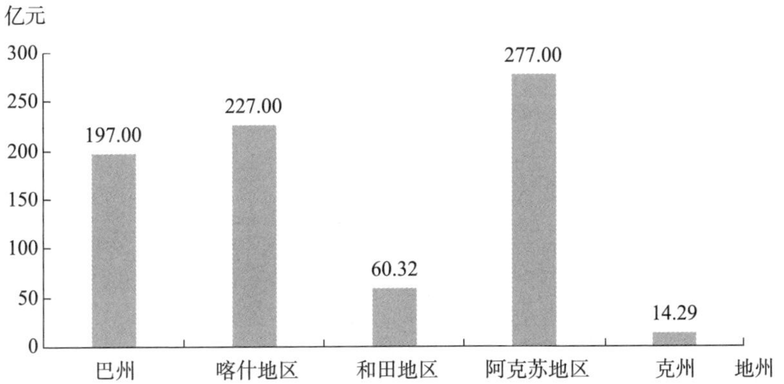

图 6-19 2015 年南疆各地州农业增加值

巴州周边地区的自然条件较为相似，因此，在农业上也存在诸多相似之处，均以发展节水农业、畜牧业、林果业为主。同时，根据各地区不同的特点，发展多种特色农产品产业，例如，和田地区的核桃、海西地区的枸杞、哈密地区的甜瓜都是具有一定知名度的特色农产品。在青新铁路开通后，南疆地区的干鲜果品和其他特色农产品的出疆路线将会发生一定的变化，若羌可以分流一部分农产品物流量，形成南疆地区的干鲜果品集散中心。

在青新铁路通车后，巴州结合区位优势和交通优势，背靠喀什、和田、阿克苏、克州及本地的畜牧主产地，有条件成为辐射南疆、甘肃、青藏部分地区的活畜交易中心。2015 年南疆各地州牲畜存栏量见图 6-20。

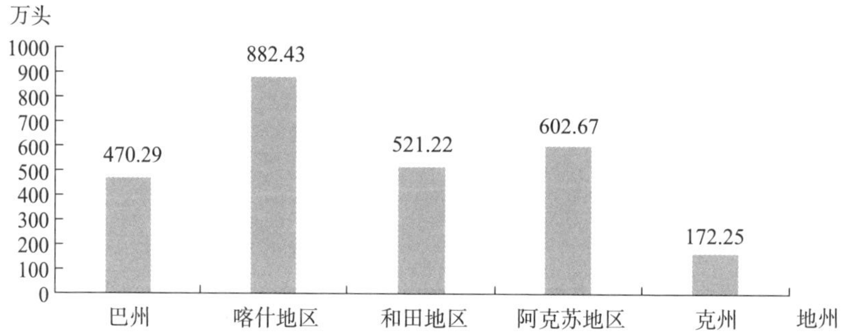

图 6-20　2015 年南疆各地州牲畜存栏量

（三）工业

与周边地区相比，巴州拥有更为发达的工业体系，大量的工业原材料需求和产成品运输量能为巴州提供大量的、长期的、稳定的物流需求（见图 6-21）。

巴州周边地区的工业大都对资源存在一定的依赖性，由于各州县禀赋不同，各地区工业类型有一定的差异，大体上可分为制造业和矿产品加工业两大类。其中，和田地区主要依托自身的资源优势，发展石油、煤炭、矿产品加工业，以及电力、建材、机械、棉纺业；喀什地区则主推“喀什制造”品牌，全力打造天然气下游产品开发、棉纺加工、机械组装、小家

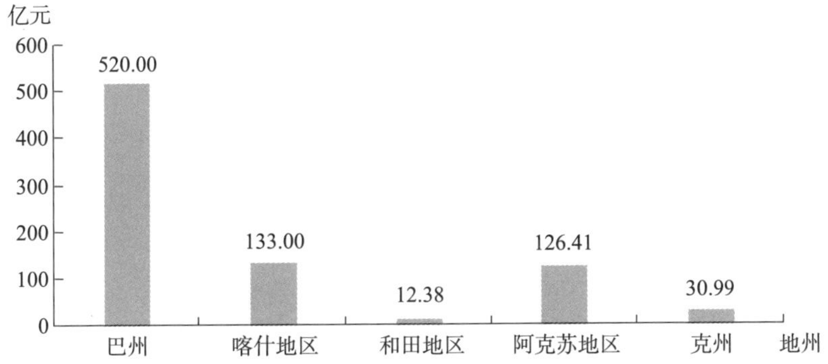

图 6-21 2015 年南疆各地州工业增加值

电生产。同时，巴州及周边地区根据当地的特点发展民族特色加工业和特色农副产品加工业。巴州加快发展以钾肥为主的盐化工产业，以香梨、红枣、葡萄为主的农副产品精深加工业，以黑色金属、有色金属为主的矿产资源初级加工业和其他配套产业，与周边地区存在较强的差异性。

从远期来看，随着地区内工业园区的建设步伐加快和生产制造型企业的转移，巴州及周边地区的工业产成品和大宗工业原材料的运输量会呈现高速增长的态势。青新铁路通车后，周边地区大量的工业原材料将会通过若羌进入内地市场。此外，巴州本身拥有相当丰富的矿产资源，未来工业发展前景相当可观，能产生较大的物流需求，形成工业集聚区，将有能力建设成为“工业发展高地、物流成本洼地”，可有效避免“过道经济”的形成。

（四）服务业

巴州服务业的发展优势主要体现在区位优势和通道经济优势等方面，可有效加快南北疆之间的商贸物流集散，连接南疆地区与青川地区，提升物流业对整体南疆区域经济的支撑能力。

如图 6-22 所示，阿克苏地区的服务业水平在区域内占有一定优势，同时，喀什地区作为我国第六大经济特区和第二个金融自贸区，具有一定的商贸服务业发展优势。研究表明，物流业对经济的拉动作用要高于现代服务业的平均水平。物流业通过服务供给，主要支持批发零售业、旅游业、商务服务业、商贸业及金融业等现代服务业的发展。因此，巴州需要加强区域联动，明确各地区分工，以物流业为先导，连接第二条进出疆大通道和边境口岸地区各县，带动自身商贸业发展。

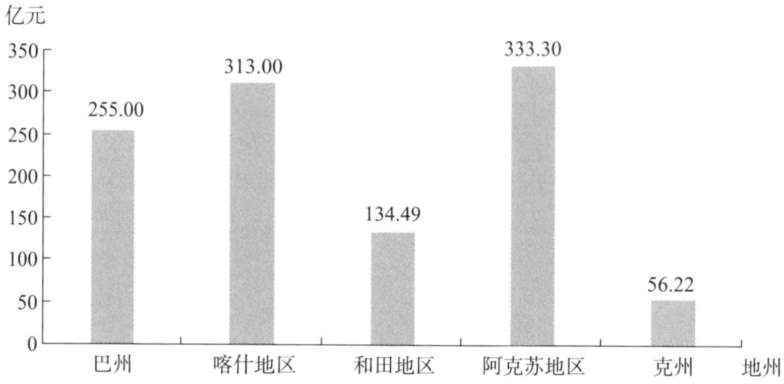

图 6-22　2015 年南疆各地州服务业增加值

四、巴州自身发展面临的挑战

与内地发达地区的区域经济发展相比，巴州自身发展还面临不少挑战，存在一些突出的矛盾和问题。

（一）产业发展总体水平不高

第一产业所占比重相对较大，工业发展的基础薄弱，技术含量不高。第二产业所占比重相对较小，资源转换率和产品附加值低，园区基础设施建设相对滞后，缺乏具有强有力拉动作用的龙头企业和品牌产品。第三产业中服务业发展层次低，与经济发展整体水平的要求不相适应，现代物流业等新型服务业发展缓慢。受地缘、体制等多重因素的制约，产业和投资结构调整力度不够、层次低，非国有经济的占比低、规模小。城镇化发展相对滞后，大中型城市建设处在起步阶段。

（二）新型工业化发展模式需要破题

目前巴州辖区内产业发展大多为资源衍生型，面对新型工业化的发展要求，以及资源节约型、环境友好型的社会责任，巴州的产业发展模式亟须破题，探索可持续的发展模式。辖区内以农业资源为主，矿产资源除煤炭、石棉较为丰富外，其他矿产资源匮乏，建设带动力强的现代化大工业缺少资源支撑。一是水资源匮乏的制约。巴州水资源的不确定性极大地影响了县市生产发展。一些工业园区水资源保障不足，难以满足用水量较大的工业产业发展。二是电力资源匮乏制约农业现代化和新型工业化的发展。农业和工业用电全部依靠新疆电网，随着巴州农业滴灌技术的大面积应用，用电高峰期生产用电紧缺和工业园区及县市工业用电价格过高的矛盾日益突出。部分县市、单位还远离电网，巴州基本上处于自然条件恶劣、电力资源匮乏的区域，用电得不到保障。在这种局面下，巴州工业化亟须找到一种可持续发展的突破口，不再走资源依赖型的发展道路。

（三）产业发展人才缺乏

巴州产业发展升级需要的工业管理型人才和技术型人才匮乏，特别是发展新型工业化所需的电力、煤化工、盐化工、农副产品精细加工业等产业人才非常匮乏，对推进新型工业化、农业产业发展形成制约。科技人才、技术工人等本地人力资源不足、劳动力素质不高，一直是影响当地社会经济发展的重要因素。“十三五”时期及以后，大开发需要大批高素质的技术人才和管理人才，在人才流动日益市场化的形势下，如何建立引进人、留住人、用好人的良好环境和机制，也是必须面对的一项重要课题。

（四）基础设施投融资模式需要创新

产业园区等重点发展区域的基础建设动辄需要数十亿元到数百亿元资金，前期启动成本高、中期生活配套成本较高。在地方财力有限、国债资金逐步淡出、招商引资难度加大、民资启动乏力、信贷逐步收缩的背景下，资金的筹集难度日益加大。“十三五”期间实施的一些重大项目和基础设施建设投入期较长、投资量大，投资对经济的拉动作用和发挥的效益还不明显。从全州固定资产投资的资金来源看，主要依靠国家预算内资金、各种专项资金、向金融机构借款和自身积累，资金来源单一，自筹配套压力较大。从资金投向看，农业、水利、社会公共性项目多，而工业、服务业的生产经营性项目少，产业发展基础薄弱，难以快速形成有效的经济增量。

第七章

巴州物流产业发展现状及特点

第一节　物流要素体系建设现状

一、物流基础设施建设现状

（一）综合运输基础设施现状

目前，巴州在综合物流设施层面，已经基本形成了以南疆铁路、G3012吐和高速为主骨架，G216、G217、G218、G314、G315、S206、S233、S235、S301、S305、S321、S323、S325等普通国省道为主干线，库尔勒机场为重要支撑的多种运输方式协调发展的综合立体交通运输体系。截至2015年底，巴州境内公路总里程（含国省道、专用公路、农村公路，不含兵团）13699千米。铁路通车里程达到511千米，其中企业铁路专用线29条。库尔勒机场开通7条航线，6个通航点，已有南方航空、天津航空、海南航空、中国国际航空、西部航空、中国东方航空6家航空公司运营。且末机场迁建和若羌新机场建设顺利推进。塔里木油田公司油气运销部管辖的油气管线长达2719千米，其中，原油管道11条，865千米；液化气管线3条，194千米；天然气管道18条，1660千米。截至2015年底，全州各类道路货运车辆36143辆，其中普通货物运输车辆34037辆、危化品运输车辆2106辆。

（二）仓储建设情况

全州棉花仓储库7个，沿南疆铁路沿线分布，其中库尔勒市4个、铁门关市2个、尉犁县1个，总库容138万吨。棉花仓储库中有3家为供销系统棉花储备库，总库容为 40 万吨。

库尔勒市冷链仓储物流企业仓储保鲜量达 60 多万吨，已经形成了以库尔勒香梨为主、其他各类果蔬为辅的较大规模仓储和冷链物流体系。铁门关市建成 20 万吨果品冷库。

全州形成了 66 家较大规模的各类商品交易市场，其中通过问卷调查方式得出的 19 家商品交易市场的平均仓储区域面积为 13705 平方米。根据推算，66 家商品交易市场形成了约 90 万平方米的仓储区域面积。

巴州地区铁路系统货场总面积为 407247.4 平方米，其中仓库面积 3491 平方米、雨棚面积 14250 平方米、站台面积 32211 平方米、堆场面积 101779 平方米、集装箱货场面积 26175 平方米，货场设计能力为年发运量 355 万吨、到达量 255 万吨。

石油系统仓储建设层面，塔里木油田公司在库尔勒铁路西站形成了大二线物资集散中心，总仓储面积 48.74 万平方米，设计年吞吐能力 80 万吨。在轮台县形成了轮南物资供应总站，总仓储面积 19.48 万平方米，年综合作业量 10 万吨。石油系统各类库房 106 个、料棚 31 个、料场 61 个。总仓储面积 68 万平方米，年吞吐能力 100 万吨。

应急救灾物资储备库建设层面，全州各县市共形成了各类大小应急物资储备库（点）35 个，涉及民政救灾物资、森林防火物资、卫生防疫物资、防洪物资、防治重大动物疫情物资、综合应急物资等储备。据初步统计，全州目前储备主要应急物资 13 类[①] 980 多个品种，价值 3 亿多元。

（三）信息化平台及电商建设现状

2015 年末巴州互联网用户 27.71 万户，城区无线宽带覆盖率达到 98%。本地固定电话用户 39.4 万户，移动电话用户 161.5 万户，其中，3G 网络用户 88.84 万户，4G 网络用户 10.2 万户。通信网络覆盖全州大部分乡镇场，339 个行政村、自然村已接通宽带网络，行政村光缆通达率达

---

① 13 类应急物资包括防护用品类、生命救助类、生命支持类、救援运输类、临时食宿类、污染清理类、动力染料类、工程设备类、器材工具类、照明设备类、交通运输类、工程材料类、通信保障类等。

100%，宽带通达率达 87%。

巴州电子商务重点依托天猫、1688、淘宝、京东、1 号店、义乌购等电商平台以及培养本土电商平台，如颐高电子商务产业园、老郎在线等，逐步加快电子商务发展。其中，2015 年库尔勒经济技术开发区电子商务产业园获批第二批国家级电子商务示范基地、自治区首批电子商务示范基地。2015 年，和静县、尉犁县成为“2015 年电子商务进农村综合示范县”，为实现“以点带面”的区域电商蓬勃发展创造了有利条件。由政府主导投资建设的“丝路·楼兰快线”综合信息服务平台上线运行，库尔勒开发区“楼兰云”云计算中心投入使用，和静县电商孵化基地建成，这些为促进电商的快速发展提供了强有力的软硬件支撑。

（四）商品交易市场、物流园建设情况

全州 8 个县 1 个市共形成了 66 个较大规模的各类商品交易市场，其中亿元以上商品交易市场 10 家，成为仅次于乌鲁木齐市的全疆上亿元交易市场数量较多的地州。

全州有 21 项物流园区和物流中心型项目备案到自治区重点物流项目储备库。有 11 项物流园区项目和 4 项市场建设项目列入自治州“十三五”规划。兵团农二师形成了 4 个规模较大的物流园区。近年来，州内启动建设了以愿景城、颐高电子商务园、丝路南疆特色商品城、梨城农产品批发中心、苏中农汇园等项目为代表的大型商贸流通产业园。外贸公共物流平台方面，在国家级库尔勒经济技术开发区建设了保税物流中心，为综合保税区建设打下了重要基础。快递综合物流平台方面，启动建设了南疆快递产业园，总占地面积 690 余亩，投资约 4 亿元，建成后日均快递处理量将达 87.7 万件。截至 2016 年 6 月，园区内 5 条框架道路已全面贯通，已有 6 栋综合办公楼完成主体施工，7 栋分拣厂房正在进行钢结构安装，韵达、圆通、全一、袋鼠等 10 家快递品牌签约入驻。此外，石油系统形成了库尔勒货车西站大二线物流基地、轮南物资站和经济技术开发区塔石化化肥储备库 3 个重点物流中心。

二、物流市场主体发展现状

（一）物流企业发展现状

2015 年全州工商系统注册的（企业名称含“物流”字样的）物流企业为 307 家，注册资金 9.6 亿元。其中，注册资金在 500 万元以上的物流企业有 49 家①。物流企业以库尔勒市为主要集聚区，该市物流企业数量占到全州的 63.2%。全州有 AA 级以上物流企业 4 家，其中 AAAAA 级、AAAA 级、AAA 级和 AA 级物流企业各 1 家。在全州商贸流通企业中，限额以上批零贸易企业和住宿餐饮企业 156 家，各类专业化和规模化的商贸流通企业 41 家。

全州有各类普通货物运输企业 21967 家（含个体）、危化品运输企业 47 家（全部为公司制企业）；各县市有各类托运部 119 家。在货运物流辅助性行业部门发展层面，自治州工商系统注册的货运信息企业 771 家，各类维修企业 1651 家，各类机动车驾驶培训企业 44 家，道路运输协会、物流行业协会和电商协会各 1 家。

2015 年末共有邮政局所、服务网点 133 个，快递企业及其分支机构 158 个，涉及“四通一达”、顺丰等 18 个快递品牌。

（二）物流从业人员、人力资源基本现状

2015 年底，全州公路货运从业人员 43519 人、铁路货运中心物流从业人员 315 人、邮政从业人员 1216 人、快递从业人员 1693 人。货运信息企业从业人员 4515 人、各类维修企业从业人员 3327 人。

（三）第三方物流发展现状

对全州 101 家规模以上生产性企业的物流需求问卷调查显示，其中 36 家企业实行了物流外包，14 家企业实行了外包和自营相结合的半外包

① 其中注册资金 1000 万元以上物流企业 22 家，5000 万元以上物流企业 6 家，1 亿元以上物流企业 1 家。

模式，51家企业仍旧实行自营物流。总体上，规模以上生产性企业的第三方物流率为35%。

对全州25家限额以上贸易企业和餐饮企业的物流需求问卷调查显示，其中11家企业实行了物流外包，14家企业仍旧实行自营物流，限额以上商贸企业的第三方物流率为44%。

对全州44家农业产业化龙头企业的物流需求问卷调查显示，其中22家企业实行了物流外包，16家企业实行自营物流，6家企业实行了外包和自营相结合的半外包模式。总体上，农业产业化龙头企业的第三方物流率为50%。

上述三种类型企业的问卷调查结果表明，巴州物流产业的社会化率处在中等发展水平。受传统生产经营模式和管理方式等影响，目前巴州约一半以上工商企业内部运输车辆、仓储等各种物流设施装备的保有率仍然较高，自营物流现象比较普遍，从原材料采购、生产配送到产品销售等过程中的物流活动依靠企业内部组织来完成。但是巴州物流产业的总体社会化发展趋势是明显的，第三方物流发展比率将逐步提高。另外一个重要的物流社会化特征是，越是经济发达的区域，第三方物流比率越高，如库尔勒市规模以上企业、限额以上贸易企业及农业产业化龙头企业的物流外包率明显高于其他8个县。

第二节　物流产业发展规模与物流市场运行特征

一、物流产业发展规模

（一）物流业发展规模

2015年，全州社会消费品零售总额157.22亿元，比2010年（56.13亿元）约增长180.1%，年均约增长36.1%。货物进出口总额3亿美元，比2010年（1.21亿美元）增长147.93%，年均增长29.6%。物流业（交通运输、仓储和邮政业）产值为 37.1 亿元，比 2010 年（18.89 亿元）增长 96.4%，年均增长 19.3%。物流业增加值占服务业增加值的比重达 14.9%，占地区生产总值比重达 3.32%。铁路货运量 611.45 万吨，比 2010 年（431 万吨）增长 41.87%，年均增长 8.37%。公路货运量 6226 万吨，比 2010 年（3828 万吨）增长 62.64%，年均增长 12.5%。

（二）产业发展需求基本现状

2015 年，全州农业实现增加值 197 亿元，同比增长 7%。全州农作物总播种面积 749.15 万亩，其中，粮食种植面积 181.18 万亩，棉花种植面积 386.58 万亩，甜菜种植面积 10.12 万亩，蔬菜种植面积 94.95 万亩①。全年粮食产量 88.61 万吨，棉花产量 53 万吨，甜菜产量 58 万吨，蔬菜产量 445.19 万吨，工业辣椒产量 131 万吨，工业番茄产量 224 万吨。全州林果面积 204.19 万亩，总产量 96.96 万吨。其中，香梨种植面积 72.03 万亩，产量 54 万吨；红枣种植面积 87.67 万亩，产量 30 万吨；白杏种植面积 9.37 万亩，产量 3.76 万吨；葡萄种植面积 28.42 万亩，产量 6.52 万吨。全州年末牲畜存栏 470.29 万头（只），全州肉类总产量 14.8 万吨。农业产业化龙头企业 82 家。全州工业实现增加值 520 亿元，其中，石油工业完成增加值 390 亿元，非石油工业实现增加值 130 亿元。主要工业产品中原煤 264.3 万吨，原油 590 万吨，天然气 236.3 亿立方米，轮胎外胎 74.5 万条，平板玻璃 289.8 万重量箱，钢材 100.9 万吨，水泥 188.4 万吨，纱 9.1 万吨，成品糖 6.1 万吨，机制纸及纸板 30 万吨，钾肥 78.5 万吨，罐头 19.7 万吨。全州规模以上工业企业 355 家。

全州实现社会消费品零售总额 157.22 亿元，比上年增长 13%。分地域看，城镇实现社会消费品零售额 146.2 亿元，乡村实现社会消费品零售额 11.02 亿元。全州限额以上批零贸易企业 122 家、住宿餐饮企业 34 家。2015 年全州实现进出口总值 3 亿美元，同比增长 36.4%。其中，实际出口总值 1.29 亿美元，进口总值 1.71 亿美元。巴州及兵团农二师地区注册备

---

① 其中，工业辣椒种植面积 45.27 万亩，工业番茄种植面积 30.39 万亩。

案的进出口经营单位总数达141家。

（三）物流产业对州域经济贡献及在全疆地位

2014年底，巴州物流业产值为37亿元，占全州第三产业产值的比重为14.87%，占南疆物流业产值的比重为40.22%，占全疆物流业产值的比重为7.73%。巴州物流产业对巴州经济发展的贡献率为12.47%。

从巴州物流产业要素与全疆各地州的比较数据来看，货运量及货物周转量规模在全疆14个地州市中均排在第3位（仅次于昌吉州和乌鲁木齐市）；载货汽车数量在全疆排在第4位；物流业产值排在第4位，物流业占第三产业产值的比重排在第5位，物流从业人员数在全疆排在第5位。AA级以上物流企业数量在全疆排在第3位（仅次于乌鲁木齐市和哈密地区）。在自治区发展和改革委员会备案的物流十大工程项目数量（2016—2018年）排在全疆第5位，但是投资额排在全疆第2位（仅次于昌吉州）。航空物流排在全疆第3位，快递业务量排在全疆第2位（仅次于乌鲁木齐市）。

二、物流市场运行特征分析

（一）物流市场宏观特征分析

巴州物流市场在宏观层面主要靠北4县①农副产品、库尔勒城市人流（商流）和石油系统拉动，以上三个因素构成了巴州物流市场的“三大引力”。

2014年底，北4县交通运输、仓储和邮政业产值占全州的比重为55.27%。从北4县农副产品的生产规模看，粮食产量为35.8万吨，占全州粮食产量的58.9%；甜菜产量为35.5万吨，占全州甜菜产量的52.76%；蔬菜产量为288.4万吨，占全州蔬菜产量的71.04%。其中番茄、辣椒、畜产品等在全州产量中处于主导地位。北4县除了大量的农副产品原料之外，还聚集了一批农副产品加工企业，番茄酱、辣椒酱、葡萄酒等

① 北4县是指焉耆回族自治县、和静县、和硕县、博湖县。

加工企业形成了一定的市场规模。例如，2014 年全州番茄酱罐头产量为 15.2 万吨，机制糖产量为 6.4 万吨，葡萄酒产量为 1996 千升，基本上产于北 4 县。

库尔勒市人口占全州人口的 44%，物流业增加值占全州物流业增加值的 48.27%，社会消费品零售总额占全州的 60.6%。总体上看，库尔勒市是南疆自然形成的物流集散地。G314、G218 在市域交会，是大量南北疆车辆和阿克苏地区去往青海方向货运车辆的必经之地。从货源来讲，名满天下的库尔勒香梨，产量占全州产量的 67%，储存周期比较长，可整年在冷库储存，一年四季都有货源。库尔勒市也是全州棉花物流的重要基地。此外，屯河集团、冠农集团的大批量番茄酱通过库尔勒走向全国乃至出口国外。依托在库尔勒市的塔里木油田指挥部基地，库尔勒市形成了较大规模的石油设备调运物流量，也形成了独特的物流市场。库尔勒市的商贸物流除了州域的货物集散之外，还有在库尔勒经停运往阿克苏、喀什地区的各类货物，主要是日用百货、服装针织品、科技产品、建材类产品、家电、汽车等。库尔勒还是南疆汽车分拨中心，南疆大部分商品车在库尔勒重组分拨。

石油生产前线有 18 个生活点，沙漠运输公司等系统内企业负责整个石油生产前线的后勤物资配送任务。沙漠运输公司年均物资接运 17 万吨，装卸 87 万吨，配送 17 万吨，而在石油系统，由合同签约方来运作的物资采购量和运量远远大于系统内企业运作的规模。中石油新疆销售公司巴州分公司负责完成成品油的物流配送任务。石油系统物流除了库尔勒市之外，还是轮台县、且末县的主要构成部分。

（二）物流市场基本业态分析

巴州物流业态主要有普通货物物流、大宗货物物流和快递物流三种。

普通货物物流基本上依托各类货运部（或托运部）和商贸市场运行。普通货物在疆内区间物流运输特征明显。普通货物物流主要依靠货物运输服务和竞争差价实现盈利。

大宗货物物流主要依托各类物流园区和物流中心运行。大宗货物在疆外省区间物流运输特征明显，主要走第二个出疆通道格尔木线。大宗货物物流主要依靠提供各种物流服务项目来实现盈利，如通过提供货源信息提取信息费用、提供保障性物流保险提取服务费等。

快递物流在业态运作方式上，大部分通过空运到达库尔勒后再进行分拨，如淘宝、顺丰、圆通、中通、申通、邮政快递等。快递在省区间物流运输特征明显，辐射到全国各地。快递物流运营特点是收费较高，时间较短。

（三）基于公路的货物流向和结构分析

1. 疆内货物流向与结构分析

从库尔勒公路局提供的典型收费站车流量统计数据看，2015 年，从吐鲁番方向驶入和驶离巴州的 7 吨以上货运车辆分别为 24. 8 万辆和 19. 2 万辆[①]，驶入的货运车辆比驶离的货运车辆高出 5. 6 万辆；从阿克苏方向驶入和驶离巴州的 7 吨以上货运车辆分别为 38. 2 万辆和 36. 7 万辆[②]，驶入的货运车辆比驶离的货运车辆高出 1. 5 万辆；从伊犁方向驶入和驶离巴州的 7 吨以上货运车辆分别为 8. 1 万辆和 7. 3 万辆[③]，驶入的货运车辆比驶离的货运车辆高出 0. 8 万辆。据若羌公路分局观测，2015 年经由若羌考干观测点进出的 7 吨以上货运车辆为 23. 9 万辆，经由瓦石峡观测点进出和田方向的 7 吨以上货运车辆为 8. 8 万辆。

从全州货运车辆流通量的数据看，巴州疆内货物运输结构中，阿克苏方向的双向货物流通量规模较大，处于主导地位；其次，乌鲁木齐方向和格尔木方向的货物运输量较大。数据表明，阿克苏方向的大量货物，正经由巴州走向乌鲁木齐方向和格尔木方向。同样，乌鲁木齐和格尔木方向的一定规模的货物经由巴州走向阿克苏方向。

---

① 和硕主线收费站数据。

② 库尔楚收费站数据。

③ 黄水沟收费站数据。

从货物结构来看，巴州疆内的货物运输包括所有的普通货物种类和一定规模的基于汽车运输的大宗货物。

2. 进出疆货物流向与结构分析

巴州进出疆货物主要有两类：一是各类普通货物；二是水果。其中，普通货物主要经由第二条出疆通道格尔木线过往，水果主要经由哈密线过往。普通货物经由格尔木线来往的一个重要原因是为了节省过路费，水果经由哈密线过往的主要原因是高速公路对水果产品有专门的“绿色通道”。

从巴州出疆的货物主要有香梨、棉花、棉纱、棉粕、棉籽颗粒、工业辣椒、西红柿酱、煤炭、红枣、钢材、大理石和一些畜产品等。出疆（州）货物流向如表 7-1 所示。

表 7-1 出疆（州）货物流向

出疆（州）货物	出疆（州）基本流向
香梨	发往江苏、浙江、长沙、河南较多，广州、云南、贵州等地也有一定规模
棉花	发往山东、湖北、福建最多
棉纱	广州、福建、江浙
棉粕（饲料添加剂）	四川、内蒙古、宁夏、河北、山东、陕西
棉籽颗粒	福建、四川
工业辣椒	山东、四川、陕西、河北
西红柿酱	发往天津、河北最多，四川和广东也有一定规模
煤炭	四川、云南
红枣	全国各地
和静钢铁	西藏、青海、甘肃
和硕大理石	主要发往福建
羊皮、牛皮、羊毛	主要发往河北

从疆外进入巴州的产品种类很多，几乎涉及所有的制造业产品。从库尔勒物流信息企业提供的调研资料来看，通过汽车运输从疆外进入州域的货物主要有油田建设设备、农机、日用百货、家具、服装、果蔬、矿产设备等。进疆（州）商品的来源如表 7-2 所示。

表 7-2 进疆（州）货物的来源

进疆（州）货物	进疆（州）货物来源区域
油田建设设备、农机、大米等	东北
日用百货、家具	广东、四川成都
蔬菜、水果	云南昆明、甘肃
服装	全国各地
太阳能板	江浙一带
活羊	甘肃、山东、内蒙古
矿产设备	河北

资料来源：课题组在巴州大型物流园调研数据。

巴州进出疆货物主要走第二条进出疆大通道格尔木线。根据若羌县阿尔金公路分局米兰河口观测点观测，国道路段日平均货运车辆进出流量为920 辆（其中特大型货车 519 辆、中型货车 388 辆，两者约占 98.6%），年流通量为 33.58 万辆。业内调研显示，从进出州域的货运车辆规模来看，运进和运出的车辆数量基本相等，基本没有车辆空驶出疆的情况。例如，库尔勒兴鸿博物流园主要发运疆外货物，每日发运车辆约 300 辆，一年累计发 11 万辆①。按照疆外货物进出 1∶1 的比例来计算，疆外一年通过格尔木通道进入库尔勒市的车辆约有 11 万辆。据此推算，格尔木线全年货车流量中的 1/3 集散于库尔勒市及周边辐射区域，2/3 流向阿克苏、伊犁、和田、喀什等区域。

巴州的快递业务在很大程度上也具有进出疆货物流通的特点。从快递业务的情况看，2013—2015 年，快递业务收入累计完成 2.02 亿元，年均增长 37.84%。快递物件来自全国各地，主要产品有日用品、电子科技产品、纺织类产品等。从州域发出去的快递物件主要包括巴州的一些特色产品，如红枣、棉花等。巴州快件进出比例为 4∶1。

3. 进出口货物流向与结构分析

巴州出口的商品主要有香梨、番茄酱、汽车轮胎等，其中香梨经由深

① 业界调研显示，该物流园出疆货物发运量约占全市疆外发运量的 95%。

圳和香港地区出口到东南亚、美国、欧盟等地，番茄酱70%经由天津港出口到相关国家，汽车轮胎也主要依托天津港出口到相关国家和地区。出口集中于天津新港、宁波北仑港、青岛保税港区和南疆各口岸。

巴州进口的商品主要为纺织设备、木浆、石油测井车或压裂车、化工用催化剂等。进口的国家有德国（纺织设备）、俄罗斯联邦（化学木浆）、芬兰（化学木浆）、加拿大（化学木浆）等，进境口岸集中于阿拉山口、天津新港、上海洋山港区和霍尔果斯口岸。从进出口口岸的总体结构看，自天津新港口岸进出境的货物总值为1.5亿美元，占巴州对外贸易额的39.6%；由新疆各口岸进出境的货物总值为8196万美元，占巴州对外贸易额的22.2%。

4. 基于铁路的物流结构分析

2015年，巴州8个铁路货运站点共发运货物468.28万吨，其中大宗稳定物资323.57万吨、零散白货144.71万吨。巴州大宗稳定物资的发运量达到总发运量的69.10%。库尔勒、轮台两站的货物发运量位居前列，分别达到135.3万吨和124.64万吨，分别占货物发送总量的28.89%和26.62%。库尔勒站的大宗稳定物资与零散白货发运量相当，而轮台站的发运货物主要集中在大宗稳定物资部分，包括原油、溶剂油、尿素、果酱。

2015年，巴州8个货运站点共到达货物171.97万吨，其中大宗稳定物资88.82万吨、零散白货83.15万吨。巴州大宗稳定物资与零散白货的到达量相当。库尔勒站的货物到达量仍占较大比例，达到99.25万吨，占货物总到达量的57.51%。

2015年，巴州地区铁路共发运货物74521车，发运的货物以京局、济局、上局、乌局、武局为主要流向，达到56977车，占总车数的76.46%，其中济局、乌局方向的货物发运量位居前列，均达到15000车以上。巴州地区发运的货物以石油、钢铁、非金属、棉花、化肥、纺织、集装箱为主要品类，达到63845车，占总车数的85.67%，其中石油、化肥的发运量最为突出，均达到10000车以上。

5. 管道物流特征分析

石油系统2015年油气当量产量2500万吨，其中油600万吨，天然气240亿立方米。塔里木油田公司的石油天然气主要在巴州和阿克苏地区销售，其中天然气全部通过管道销售，原油1/6用货车销售，5/6用管道销售。从具体去向看，原油输送给西部管道，凝析油输送给兰州石化和乌石化；天然气向南疆五地州配置40亿立方米，西气东输180亿立方米。

第三节 区域物流发展亮点与存在的问题

一、发展亮点

“十二五”期间，巴州物流产业发展呈现了诸多亮点。根据规划编制过程中的系统考察，将州域物流活动的标志性亮点归纳如下。

（一）快递物流蓬勃发展

近年来，随着网购环境的极大改善和人们消费习惯的改变，巴州的快递产业迎来蓬勃发展的机遇。一系列快递公司的进入以及分支机构的扩大，呈现了快递产业的强大发展趋势。截至2015年底，民营快递企业的营业网点达到158处，与2012年的55处相比增加了103处。民营企业网点遍布全州8县2市。目前全州形成了19家品牌快递企业，包括邮政公司和2家国有企业。截至2015年底，全州快递发件量突破了1200万件，快递规模仅次于乌鲁木齐，在全疆各地州市中排名第2。

（二）香梨冷链仓储物流取得了规模化发展

近年来，围绕特色农产品香梨，以库尔勒市为中心，先后兴建了大批冷库设施，形成了规模化的冷链仓储物流体系，仓储保鲜容量达到了70多万吨的规模。库尔勒市香梨冷链仓储物流体系除了满足州域的果蔬产品存储需求之外，还有大量的阿克苏香梨、苹果也在库尔勒市仓储，其中来自阿克苏市和库车市的香梨生产规模不亚于库尔勒市的香梨产量规模。

（三）规范化建立了南疆最大的路港型物流园区

库尔勒市以兴鸿博物流园为依托，建立了符合新疆内陆地区绿洲经济地理条件的、南疆最大的公路港型物流业态。在兴鸿博物流园入驻的物流企业有248家、汽车维修企业17家、银行2家、宾馆餐饮企业30余家。园区内设有近4万平方米的大型仓储中心和可以同时容纳600余辆大型货车的停车场。全州和阿克苏地区的大量出疆物资通过物流园区信息平台运往内地，年货物运输量达到500万吨以上，按平均运费850元/吨计算，年运费约42.5亿元。兴鸿博物流园构建规范化的园区运作模式，建立了App信息化平台和管理系统，设计研发基于多种语言的市场信息平台系统，为全州、南疆甚至全疆的驿站型公路港建设提供了重要范例。

（四）全州力推了一大批重大标志性基础设施项目

“十二五”期间，州党委政府举全州之力推动了一大批具有长远发展意义的物流基础设施工程项目，包括库格铁路项目、乌尉高速公路项目、库尔勒机场改扩建项目、且末县机场迁建项目、若羌县机场新建项目、南疆快递产业园项目等。这些项目的投资规模之大、辐射范围之广、推动速度之快，在州域重大物流基础设施工程建设中十分罕见。这些项目的陆续落成和投入运营将对全州“十三五”物流业以及巴州物流产业的长远发展产生十分深远的影响。

（五）兵团二师强势推进物流产业集约化经营

兵团二师在铁门关市设立之后，积极谋划基于其区位优势的服务业发展模式，启动和规划一大批物流基础设施项目，包括加快建设铁门关工业园区到库尔勒西站铁路专用线项目，规划建设铁门关物流园区公共服务中心（二期）建设项目、36团米兰镇交通枢纽综合物流园建设项目、铁门关市农产品信息平台建设项目、27团商贸物流园区中亚自由贸易市场一期项目等。兵团二师在物流产业集约化经营方面，一是依托“新联运”公司成立整体运作兵团二师主要物流资源的龙头企业，相关重要的物流产业项目均由该企业来运作；二是强势推进物流项目的中央资金争取工作，构建集约化运行平台。铁门关市以及各团场计划上马的各类物流项目的资金争取力度和规模化设计也是前所未有的。

（六）铁路物流市场化运作实现积极转型

铁路物流能力一直是巴州以及南疆产业发展的重要瓶颈，但是近年来，铁路基础设施的改善和经济形势的演变，加速了铁路物流系统的市场化转型进程。乌鲁木齐铁路局库尔勒货运中心积极应对市场形势，建立以市场为导向的货运营销体制，加大铁路物流市场开发力度，主动谋划铁路物流资源，2015 年增加铁路物流量 100 多万吨，成为全疆铁路物流系统吞吐量增长最快的铁路物流中心。

二、存在的问题

（一）缺乏行业引导，物流园建设呈现“一哄而上”景象

近年来，由于房地产市场低迷，众多圈有土地的开发商积极寻求转型之路，部分县市的地产项目转型为商贸市场和物流园区。此外，在“一带一路”建设的背景下，物流概念大热。大量启动的交通基础设施建设，使得沿线区域都从各自的角度兴建各种形式的物流园区，有的将原有的开发区或产业园区直接转型定位为物流园区。由于各县市之间、地方和兵团行业部门之间、县市内部的各类园区之间存在一定的行业发展和招商竞争关系，因此各建各的物流园区项目，形成了低质无序竞争局面。这种局面导致了各种同质化的市场和园区在开发和招商阶段的恶性竞争，产生了行业之间的价格竞争，甚至出现不惜成本拉拢商户的情况。另外，由于物流园区或市场的设立门槛较低，各种各样的货运场所或者停车场都以“物流园”冠名，布局比较杂乱，功能较为单一。其中较为棘手是这些物流园区的发展定位和分工问题。一方面园区数量较多，另一方面物流

市场资源是有限的，而且在新常态下呈现规模缩小的态势。这加大了从空间布局、功能定位、产业分工协作方面形成一个整体、科学、规范的产业规划的难度。

（二）物流管理体制改革进展缓慢

与全国和全疆的情况一样，巴州各物流行业管理部门职能分工存在交叉重叠、交流沟通不畅的问题。物流产业是涉及发展改革、商务、经济信息化、交通（公路、铁路、民航）、管道运输、邮政、应急管理、城建规划、公安等多个综合部门的产业领域。但是，各部门之间的沟通较少，尤其是公路、铁路、民航之间的物流业务联系很少。对于物流管理工作，物流产业发展的部门合作协调机制尚未形成。物流运输通道与物流节点结合不紧密，不同运输方式缺乏有效衔接，尚未形成多种运输方式协调发展的综合运输体系。例如，“十二五”期间，交通运输部开展物流业发展十大工程，全疆共有 6 家企业获得了交通运输部重大物流园区项目扶持，扶持资金规模合计 2.5 亿元，其中乌鲁木齐、阿克苏、哈密、克拉玛依、喀什、奎屯等地各 1 家①。而作为新疆的重要物流枢纽以及南疆的物流集散中心，巴州尚未获得该类项目。由于部门之间的合力未能在一个集约化的平台上实现对接和发挥，尚未在财税、土地、价格、人才、投融资、交通运输等方面出台一系列鼓励现代物流业发展的政策措施。因而，全州尚未构建与其地理位置、区位条件和物流产业供给能力相适应的，能带动和影响整个南疆物流产业格局的综合物流发展推进机制。总体上，巴州的经济地理条件和物流产业发展优势以及重要的物流通道作用尚未充分发挥。

（三）缺乏规范的物流产业识别体系和物流要素数据库

当前对州域内的物流园区、物流中心、物流基础设施、物流产业设备、物流企业评价等缺乏专业化的分类和界定，缺乏规范化的产业识别体系。各行政区域都基于一定的物流活动业态，形成了各自辖区内的各类物

---

① 新疆维吾尔自治区交通厅提供资料。

流园区标识体系，缺乏统一的标准评价和认定。物流统计核算工作尚未形成体系，物流产业的基础数据和要素数据相对缺乏，很难了解全州的物流产业资源的详细情况，只能从宏观上和整体上认识州域物流活动。公共物流信息平台建设相对滞后，物流业信息化程度较低，导致市场信息不对称。

第八章

巴州区域物流发展要求与需求分析

第一节 发展要求

“十三五”时期，围绕经济社会发展的重大战略，进一步推进巴州物流产业可持续发展，不仅是巴州物流产业自身的重要任务，还关系到整个新疆物流产业的整体发展，甚至关系到全州乃至全疆经济社会发展稳定大局。

一、维护稳定和跨越式发展要求进一步发挥物流产业的保障支撑作用

第二次中央新疆工作座谈会明确提出，要围绕社会稳定和长治久安总目标，以推进新疆治理体系和治理能力现代化为引领，以经济发展和民生改善为基础，努力建设团结和谐、繁荣富裕、文明进步、安居乐业的社会主义新疆。维护社会稳定和长治久安，要求提高物流网络通达水平和覆盖程度，建立和健全应急物流体系和应急机制，加强应急物资储备，强化人员保障，提高安全应急反应速度和人员物资调配能力，为应对突发事件提供及时有效、安全可靠的综合物流保障。在保障社会安全稳定的同时，推动巴州跨越式发展，切实发挥好物流产业对新型工业化、城镇化发展的引领带动作用，合理引导物资和生产力布局，为巴州经济社会发展创造更好的物流产业基础条件。

二、构建丝绸之路经济带核心区要求进一步推进区域物流互联互通

新疆是丝绸之路经济带三大通道的重要交会地，是衔接亚太与欧洲两

大经济圈的重要节点和枢纽，在全方位对外开放格局中承担着重要使命。“一带一路”倡议提出打造新疆丝绸之路经济带核心区，自治区也提出了打造“丝绸之路经济带商贸物流中心”的重大部署。构建丝绸之路经济带核心区，加强与周边国家和区域互联互通，形成全方位开放新格局，要求巴州加快推进南通道建设，完善对内对外物流大通道，提升国际物流便利化水平，加快构建丝绸之路经济带商贸物流中心。

三、全面建成小康社会要求进一步提高物流公共服务水平

自治区党委八届四次全会提出“到 2020 年新疆生产总值比 2010 年翻一番半以上，城乡居民人均收入翻一番半左右，确保与全国同步实现全面建成小康社会奋斗目标”。综合物流体系是国家公共基础服务的重要载体，是衡量全面建成小康社会建设进程的重要内容。受历史因素和自然地理等条件制约，新疆的南疆地区、沿边地区物流产业发展滞后，已成为全面建成小康社会的薄弱环节和短板。“十三五”期间，要继续深入推进扶贫开发，进一步支持南疆地区、沿边地区物流产业基础设施建设，提高基本公共服务均等化水平，为全面建成小康社会提供强有力的综合物流保障。

四、适应人民群众需求要求提供更为丰富和优质的物流服务

“十三五”期间，随着人民生活水平的不断提升、消费结构的逐步升级，多元化、个性化运输需求将不断增长，人民群众在网购物流便捷性、安全性、舒适性和可靠性等方面提出更高期望。物流需求层次的不断提升，要求物流行业更新传统服务模式，在加快完善物流基础设施的同时，加快推进电商物流建设，积极推进快递等先进物流组织方式发展，提升物流服务品质，为人民群众提供更加优质的物流服务体验。

五、提升现代物流服务效率和水平

依托巴州独特的区位优势和资源优势，着力建设丝绸之路经济带核心区的战略支点、天山南坡产业带的重要增长极、引领南疆经济社会发展的

试验区，加快九大产业基地的建设，是巴州建设丝绸之路经济带核心区的重要举措，也是“十三五”期间巴州经济发展的战略重点。九大产业基地的快速发展，将带来区域物流需求量的不断扩张以及物流效率和品质需求的不断提升，要求适度超前地谋划基础设施发展，构建和完善物流大通道，优化物流供给结构和物流组织方式，提升物流服务效率、质量效益和运营效能，为产业转型升级和规模化、集聚化发展提供物流保障。

六、全面落实“十三五”规划目标要求物流产业提高系统运作水平

《巴音郭楞蒙古自治州国民经济和社会发展第十三个五年规划纲要》（以下简称巴州《“十三五”规划》）提出，把现代物流业培育成为带动国民经济发展的重要生产性服务业，物流产业地位得到进一步提升。巴州《“十三五”规划》指出：“加快以第三方物流为主的现代物流业发展，引导传统物流企业向现代物流企业转型，提高物流业信息化、社会化、专业化水平。发展农产品冷链物流。建设物流公共信息平台，完善物流标准化体系。”按照巴州《“十三五”规划》中关于物流产业的发展要求，“十三五”期间巴州物流产业管理部门要加大信息化、社会化、专业化、标准化层面的“四化”工程，进一步提高物流产业的现代化运作水平和系统化运作水平。

第二节 需求分析

“十三五”时期，巴州着眼于打造丝绸之路经济带南通道，并在国家“一带一路”倡议中发挥战略支点作用。“一带一路”倡议和中巴经济走廊建设的深入实施，将促进新疆形成新的开放型经济体系，显著改变巴州乃至全疆的物流产业发展格局，同时将稳步增强巴州的经济发展动力和活力，派生日益旺盛的物流产业需求。“十三五”时期巴州物流产业将呈现新的需求特征。

一、从需求总量看，全社会物流量将持续快速增长

“十三五”期间，巴州生产总值预期年均增长7%，到2020年达到1475亿元，这需要庞大的物流能力做支撑。按照国家和自治区产业布局，巴州加快建设国家级纺织服装加工出口、油气生产加工、钾盐综合开发利用三大基地以及自治区重要的矿产资源、钢铁、能源、装备制造、农产品精深加工基地。“十三五”时期，全州地方作物总播种面积稳定在600万亩，特色林果面积180万亩，重点发展番茄、辣椒、杏、葡萄、红枣精深加工及牛羊肉精深加工，延长产业链条。社会消费品零售总额预计达到277亿元，外贸进出口总额达到4.4亿美元。另外，国家推进建设丝绸之路经济带和中巴经济走廊，沿线国家和地区的物流需求将日益旺盛。自治区重点推动南疆区域发展和扶贫开发，持续推进重大援疆项目。巴州作为丝绸之路经济带重要物流枢纽、第二条出疆大通道、中巴经济走廊和南北疆大通道上的综合交通枢纽，过境中转物流需求将显著增加。巴州货物运输量预测见表8-1。

表8-1 巴州货物运输量预测

		货运量（万吨）	地区生产总值（亿元）
2000年		2260	138.2
2005年		1984	325.6
2010年		3828	640.1
2013年		5364	1016
2020年			1475
年均增长（%）	2001—2005年		11.3
	2006—2010年		8.3
	2011—2013年		7.9
	2014—2020年		7

注：货运量统计涵盖铁路、公路、民航、管道。

二、从需求产生看，全州货物发生源将呈现多极多点态势

“十三五”期间，在库尔勒市物流枢纽地位进一步凸显的同时，和静、焉耆、若羌等枢纽县货运量将呈现快速增长态势，从而形成“多极多点”的货物集散地分布格局。乌尉高速公路建成，将缩短库尔勒与乌鲁木齐间100多千米的距离，除了发往哈密的货车，南疆大部分发往乌鲁木齐和北疆的货车将通过和静县走乌尉高速。尤其是发往乌鲁木齐和北疆的南疆货车60%~70%将分流走乌尉高速①。此外，伊犁新源的货车也将大量转到和静县，这将进一步增加依托新建高速公路的货运规模和车流量。2018年库格铁路库尔勒—若羌段投入运营后，将进一步激活基于若羌县的第二条出疆大通道的货物流通量。

随着重大铁路、高速公路项目进入密集建设阶段，建筑工程类的区间物流需求成为重要的行业增长点。支撑自治州“十三五”规划项目库共计801个项目，总投资5211.7亿元，“十三五”期间计划投资4008亿元。这些项目投资中的固定资产投资也将整体拉动州域物流需求的快速增长。从产业物流需求看，传统产业转型升级，纺织服装出口加工等新兴产业快速崛起。

随着巴州推进新型城镇化发展，兵团与地方城镇之间、各级地方城镇之间的分工协作将不断加强，城际人员往来将日益密切，物流需求将进一步释放。“十三五”期间，全州上下着力推动小康社会建设，随着农村道路等综合性基础设施的改善和生产结构的调整，物流需求在依托城镇人口和产业集聚的基础上进一步向农村延伸，从而激活农村的物流需求，农村商贸物流需求逐渐活跃起来。

三、从需求结构看，大宗物资运输及快递物流需求将持续旺盛

“十三五”期间，巴州能源资源等大宗物资物流需求仍将在全州物流

① 业界调研数据。

业态格局中占据重要地位。到 2020 年，全州纺纱产能达到 1000 万锭，原油和天然气产量稳定在 2500 万吨，钾盐产能达到 170 万吨，煤炭生产能力达到 1000 万吨，大宗货物物流仍旧保持快速增长态势。

随着网购的快速发展和配送体系的进一步完善，本地居民多层次、多样化物流需求将进一步凸显，快递物流的需求将大大增加，成为重要的物流产业增长点。巴州特色农、副、牧、林果产品资源丰富，名优产品库尔勒香梨、若羌红枣远销世界各地，市场广阔。随着国内网络消费几何式增长，外地居民的网络消费也将全面带动巴州快递物流业的快速发展。

第九章
巴州战略思路定位与发展目标

第一节　战略思路定位

党中央、国务院高度重视新疆经济社会发展稳定大局，两次中央新疆工作座谈会系统阐述了新疆在国家战略全局中的特殊重要性，提出了新疆发展的五大战略定位，即我国西北的战略屏障、实施西部大开发战略的重点地区、我国向西开放的重要门户、全国重要的能源基地和运输通道、丝绸之路经济带核心区。

巴州素有“华夏第一州”的美誉，地处丝绸之路经济带南通道、第二条出疆大通道、中巴经济走廊和南北疆大通道接合部，东南临青海、甘肃、西藏2省1区，西北与8个地州市接壤，区位和战略优势十分明显。巴州资源富集，物产丰富，历史悠久，人文荟萃，景观独特，大美宜人，产业完备，潜力巨大，充满着生机和活力。近年来，在自治区党委、政府正确领导下，巴州党委、政府认真贯彻中央和自治区党委决策部署，紧紧围绕社会稳定和长治久安总目标，按照“三个走在前列”和“四个上水平”的要求，以提高发展质量和效益为中心，大力实施“三大战略”，加快发展“六大产业”、建设“八大基地”，着力提升农牧业现代化水平，各项工作取得明显成效。

巴州是丝绸之路经济带核心区的重要支点、天山南坡产业带的重要增长极、引领南疆经济社会发展的试验区。物流产业是经济社会发展的“动脉产业”，是丝绸之路经济带构建的重要产业支撑和载体。商贸物流中心建设是新疆丝绸之路经济带核心区建设的战略任务之一。结合巴州发展宏观战略和区域物流发展条件，巴州综合物流体系建设应体现“六个定位”：

（1）丝绸之路经济带核心区综合物流腹地。

（2）丝绸之路经济带国际物流经济走廊。

（3）丝绸之路经济带核心区现代物流示范区。

（4）第二条进出疆物流大通道。

（5）环塔里木循环物流聚集区。

（6）支撑巴州民生改善和全面建成小康社会的产业载体。

丝绸之路经济带核心区综合物流腹地。这个定位依托巴州在整个新疆经济地理格局中的地理中心地位而形成。发挥巴州作为新疆地理中心的独特优势，提升对丝绸之路经济带的战略支点作用和新疆综合物流枢纽作用。巴州高效承载丝绸之路经济带向西开放的国家使命，充分发挥其作为丝绸之路经济带与中亚、西亚、南亚、欧洲区域经济合作板块交通枢纽的地位和能源资源战略大通道的保障作用，并依托综合交通枢纽和产业集聚区，打造丝绸之路经济带承东启西的国际物流腹地（见图 9-1）。

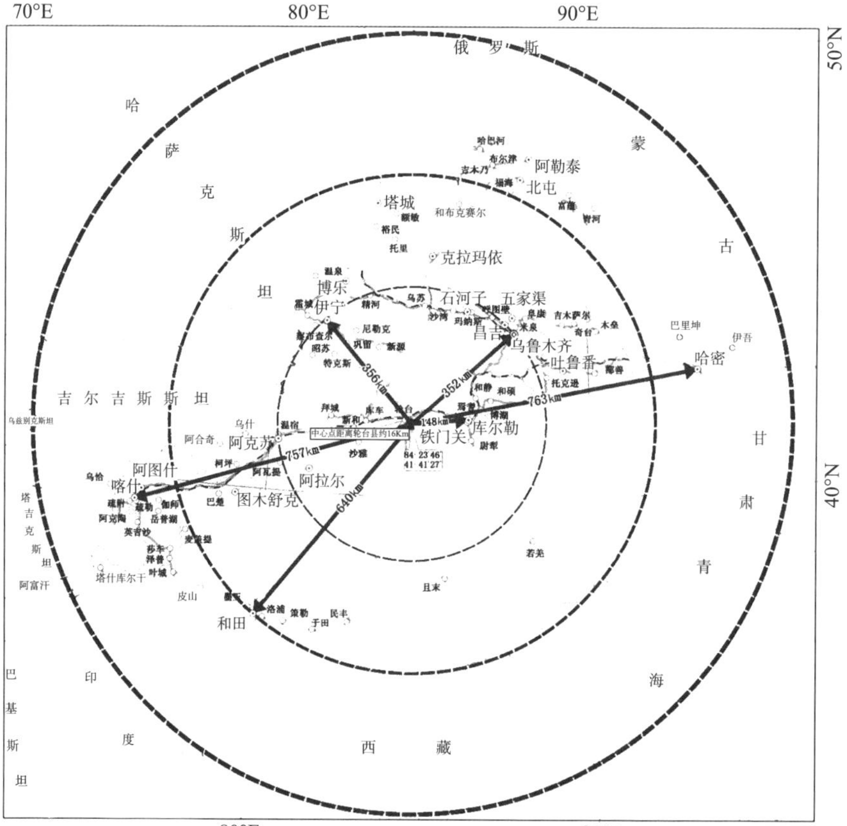

图 9-1 巴州作为丝绸之路经济带核心区物流腹地描述

丝绸之路经济带国际物流经济走廊。这个定位依托巴州在我国华中地区通往西亚、南亚国家的国际物流通道地位和丝绸之路经济带南通道地位而形成。随着我国与丝绸之路经济带沿线国家和地区经济贸易联系的强化，巴州作为丝绸之路经济带南通道和我国华中地区依托青海—新疆公铁通道走向中巴经济走廊国际物流通道的功能将得到充分提升，真正成为连接我国内地与西亚、南亚的综合物流枢纽。有效发挥联通国际的交通枢纽地位和战略通道优势，充分利用丝绸之路经济带背景下国内商品、服务、资本、产业“走出去”和国外能源、资源、商品、企业“引进来”的战略机遇，依托巴州商贸优势资源，加强华中地区与西亚、南亚国家和地区的物流全面对接，构筑双向物流交流合作的前沿平台。构建境内外展示交易平台、能源资源及大宗商品采购中心，建设国际物流中转集散中心和服务组织基地，形成内外贸联动、商品贸易和服务贸易并举的大流通格局，构建双向辐射的国际物流经济走廊（见图 9-2）。

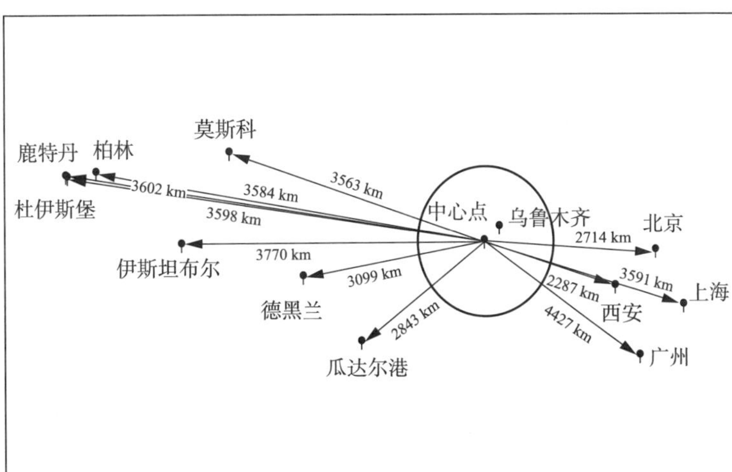

图 9-2 科研人员通过地理信息软件概算经济走廊数据

丝绸之路经济带核心区现代物流示范区。这个定位是依托巴州物流产业在整个新疆物流产业发展中的示范导向作用而提出的。巴州物流产业要素体系在全疆最具有率先实现物流体系的专业化、社会化、信息化和标准化水平的条件，成为新疆现代物流发展的先行示范区和产业发展模式引领区。巴州围绕自治区丝绸之路经济带核心区定位，主动融入和对接核心区建设目标，立足地理区位、资源禀赋和产业基础等综合条件，实施先行先试政策，加快建设丝绸之路经济带上最具有物流产业集聚创新能力的内陆开放型经济试验区。在地区物流产业发展、城市物流配送体系、物流产业集群发展、物流标准化工程、产业发展政策改革创新、物流枢纽规划建设、PPP公私合营模式共同开发物流基础设施、物流园区和物流地产开发、多式联运运营管理、互联网与电商物流驱动等方面实现先导性改革创新。构建低成本、高效率的产业服务体系，吸引物流创新企业在巴州集聚发展，实现产业组织模式的创新发展，构建供应链服务体系和创新型商业模式，打造产业创新组织基地，在国内创建区域物流发展的“巴州模式”。

第二条进出疆物流大通道。这个定位基于格尔木公路和铁路线路增强新疆与内地省区市经济贸易联系和区域衔接联系而形成。随着库格铁路的进一步贯通，新疆南部与内地省区市之间形成更加多元化的交通物流基础设施体系，第二条进出疆通道将成为西部地区新兴的区际联系隆起带，进一步密切新疆南疆与内地的经贸联系，拉近西部梯度发展区域间的地理距离，加快新疆宏观物流格局的重大调整，进一步优化新疆与内地之间的货源资源分流，搭建更加便捷、低成本的西部区域物流大通道。届时，巴州连接新疆与内地的区域桥梁作用将进一步凸显，在构建西部区域联动发展构架方面发挥重要战略支撑作用。

环塔里木循环物流聚集区。这个定位反映了巴州库尔勒市和若羌县在环塔里木铁路物流体系中的集结点功能。库尔勒—若羌铁路和若羌—和田铁路打通后，塔里木盆地铁路物流体系首次实现全线贯通和闭合运行，能够实现南疆经济圈铁路物流的内部循环。届时，依托独特的区位优势和货物集散功能，库尔勒火车站和若羌火车站将成为环塔里木铁路物流体系的重要枢纽和节点。要充分发挥库尔勒市和若羌县的区位优势，形成完善的南疆铁路物流网络，构建联通北疆、东疆、内地及周边地州市的内陆绿洲物流体系，成为服务周边地州市发展的新综合物流通道。发挥巴州在南疆经济区中的主体地位优势，大力加强基于铁路和公路的区间物流干线建设和园区专用线建设，构建以铁路、高速公路为主骨架主枢纽的，以库尔勒市、若羌县为聚集节点的塔里木盆地现代化综合物流网络体系。

支撑巴州民生改善和全面建成小康社会的产业载体。这个定位主要反映了物流产业在巴州综合产业体系中的主导产业地位以及重要的区域经济社会发展基础产业功能。作为国民经济的动脉产业，物流产业在巴州产业体系中将成为重要的新兴产业增长极和行业增长点，不仅进一步拉动区域经济的发展，而且将全面发挥在巴州跨越式发展中的产业带动和引领作用。充分发挥物流产业服务民生、扩大就业的功能优势，加大全州物流服务体系和城乡物流配送网络建设，加快推进物流运营组织和产业模式创新，使物流产业成为改善民生、维护稳定的基础服务载体。促进物流业的结构调整和优化升级，提升专业化物流供给能力，形成支撑民生改善和全面建成小康社会的物流服务体系。

第二节 发展目标

一、总体目标

结合《巴音郭楞蒙古自治州国民经济和社会发展第十三个五年规划纲要》中对全州物流业发展目标的要求，到 2020 年，丝绸之路经济带核心区物流腹地建设取得突破性进展，综合物流通道能力进一步提升，与周边地区互联互通进一步增强，城乡基础物流网络覆盖更加广泛，各物流方式顺畅衔接、深度融合，物流业社会化、专业化、标准化、信息化水平明显提升，物流服务品质显著改善，安全应急保障更加可靠有力，支撑州内产业经济发展和增进各民族民生福祉的功能进一步强化，基本形成布局合理、经营集约、畅通高效、技术先进、管理科学的综合物流体系，基本适应打造丝绸之路经济带核心区和全面建成小康社会的需要。物流业成为巴州基础性、战略性和优势主导产业，基本建成立足巴州、面向全疆、贯通内地、辐射丝绸之路经济带的支点性物流枢纽。巩固提升丝绸之路经济带核心区现代物流示范区地位作用，提高物流业自主创新能力，使物流业发展水平达到国内领先、疆内前沿水平。

二、具体目标

1. 物流产业规模平稳较快增长

规划期内，全州交通运输、仓储和邮政业增加值年均增长10%左右，到2020年，增加值在118亿元左右，占服务业增加值的比重在15%左右，占地区生产总值的比重在8%左右。

2. 物流通道设施更加完善

到2020年，全州铁路总里程达1500千米以上，新增800千米，建成“两横一纵”的铁路主骨架。全州路网总里程达1.7万千米，在建、营运高速公路总里程在1800千米以上，普通国省道二级及以上比重达到60%，县市通一级以上高等级公路及乡（镇）、村硬化路通达率分别在100%和95%以上。把库尔勒机场建设成为新疆第二大航空枢纽，全州民用机场数量在4家以上。

3. 物流企业培育取得明显成效

传统的运输、仓储等企业加快向现代物流企业转型，一批新型物流企业快速成长。着力培育20家服务水平高、竞争力强、规模较大的物流龙头企业，提高物流市场集中度。第三方物流的比重有所增加，企业物流管理和供应链管理水平显著提升。鼓励物流企业参与国家A级物流企业综合评估和参评全国物流先进企业，实施品牌战略，力争到2020年巴州A级物流企业达到15家以上，其中，发展8家AAA级以上物流企业、5家AA级以上物流企业和2家A级以上物流企业。

4. 物流集聚、集约发展加快推进

州内物流园区建设稳步推进，建成一批经济价值聚集、供应链完备、可持续发展的物流园区、物流中心和配送中心。开发区综合保税区国际物流规模进一步扩大，全州争取设立3家以上海关监管仓库。库尔勒、若羌、和静、焉耆等重要枢纽市县建成功能完备、衔接顺畅的综合物流聚集区和节点。每个市县重点建设1~2个具有示范效应的规范化的特色物流园区或物流中心，全州培育3~4个自治区级物流示范园区。农村快递网点100%覆盖乡镇和兵团团场，所有建制村和兵团连队通邮。

5. 物流科技信息化水平大幅提升

先进信息技术在物流领域得到广泛应用，基本建成以公路港为核心，集运力资源整合与调度服务、物流诚信交易评价体系和电子支付等于一体的公共物流信息平台，基本实现跨行业物流信息的互联互通。多式联运、甩挂运输、冷链运输等先进运输组织方式得到显著推广。危险品运输、集装箱运输等重点运输普遍使用电子路单。加大无线射频识别、物流管理软件等关键技术的研发应用，启动物联网在物流领域的应用示范。加强物流标准的制定和推广，引导物流企业实施物流分类标准，加快推进全州物流标准化。

6. 物流应急保障能力进一步增强

突发事件物流应急工作体系更加完善，应急反应更加迅速。应急救援基地基本覆盖县级及以上行政节点。实现国省干线一般灾害情况下应急救援1小时内到达。基本实现物流运输可测、可视、可控，重要干线公路路段、运输枢纽、重点库区、重点营运车辆装备实现监测监控全覆盖。巴州物流业发展具体目标见表9-1。

表9-1 巴州物流业发展具体目标

类别	指标	2020年目标值
规模	交通运输、仓储和邮政业增加值（亿元）	118
	交通运输、仓储和邮政业增加值年平均增速（%）	10

续表

类别	指标	2020年目标值
通道能力	铁路营业里程（千米）	1500
	公路总里程（万千米）	1.7
	高速公路总里程（千米）	1800
	普通国道二级及以上比重（%）	60
	县城（团场）通二级及以上公路比重（%）	100
	建制村通硬化路比例（%）	95
	民用机场数量（个）	≥4
企业	主营收入过千万元的物流龙头企业数（家）	≥20
	通过A级企业认定的物流企业数（家）	15
集聚化	州内物流园区（包括保税物流中心）数（个）	≥20
	自治区级物流示范园区数（个）	≥3
	乡镇（团场）快递网点覆盖率（%）	100
	建制村（连）通邮率（%）	100
安全可靠	重要基础设施及运输装备视频监控联网覆盖率（%）	100
	国省干线一般灾害情况下应急救援到达时间（小时）	1

第十章
巴州空间布局设想

第一节　总体布局

根据全州产业布局、区域规划与各市县资源、区位和商品物资流向等因素，按照建设大通道、构筑大枢纽、发展大物流的思路，着力构建“物流发展轴—物流聚集区—物流枢纽城市”等多层次、广覆盖的现代区域物流布局体系。重点建设以“一轴、两区、三城、多节点”为骨架的总体产业发展布局，最终形成主干线贯通、支线流畅、覆盖全州、服务南北疆、背靠华中经济区以及面向南亚、西亚、中亚的多层次、全方位、多功能并与区域经济联动发展的物流产业新格局（见图 10-1）。

“一轴”：S 形中疆物流发展轴①。以库尔勒为轴心，北起和静县，南连若羌县，以轴带点，以点带面，推动物流要素沿轴向聚集，建设物流产业发展带和物流节点聚集轴，形成 S 形物流产业发展轴。

“两区”：天山南麓物流产业聚集区和昆仑山北麓物流产业聚集区。其中，天山南麓物流产业聚集区包括库尔勒、轮台、尉犁、和静、焉耆、和硕、博湖 6 县 1 市主城区和城关镇，库尔勒经济技术开发区、库西、上库、轮台、和静、焉耆、和硕、尉犁 8 个国家和自治区经济技术开发区（工业园区）；昆仑山北麓物流产业聚集区包括且末、若羌 2 县县城以及且末、若羌、罗布泊 3 个自治区级工业园区。

“三城”：库尔勒市（创建自治区级物流枢纽节点城市）、若羌县（创建

① 中疆为中部新疆之意。依据中国科学院新疆矿产资源研究中心工程师检测，新疆地理中心位于巴州境内。故依托地理中心依据，将州域物流发展轴命名为中疆物流发展轴。

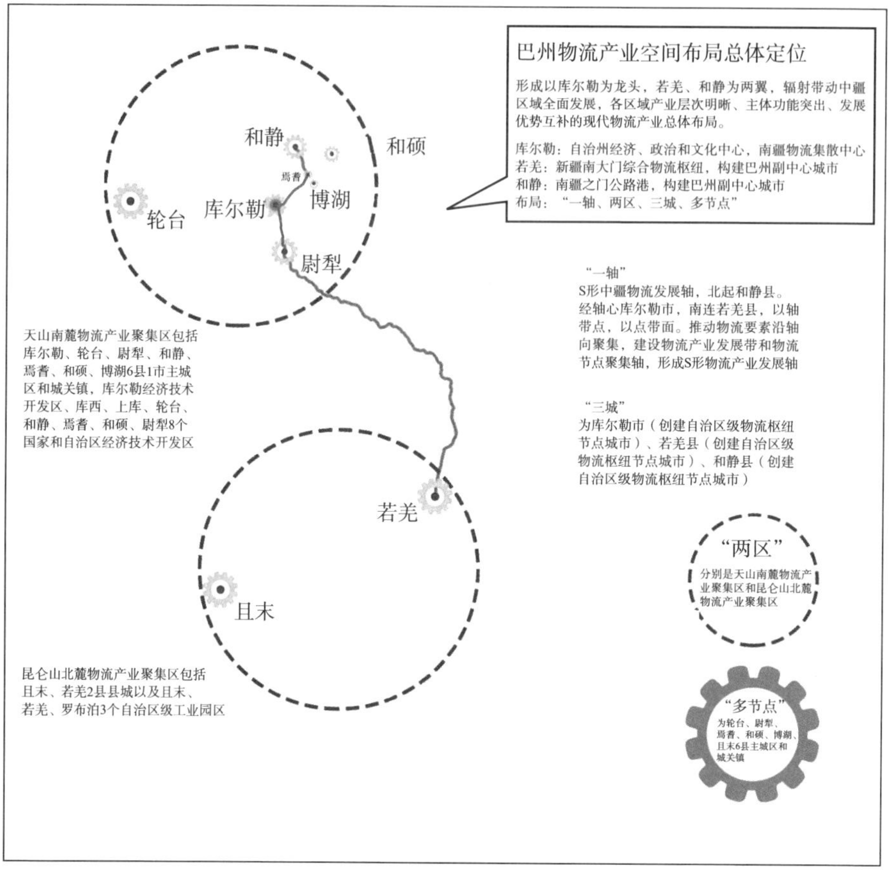

图 10-1　巴州物流产业空间布局

自治区级物流枢纽节点城市）、和静县（创建自治区级物流枢纽节点城市）。

“多节点”：轮台、尉犁、焉耆、和硕、博湖、且末 6 县主城区和城关镇。

第二节　市县布局重点

根据各县市经济社会发展水平和产业发展阶段差异，将全州物流业发展分为库尔勒核心发展区，若羌、和静重点发展区和其余县市拓展发展区 3 个发展区域，赋予不同发展功能，推动区域物流梯度发展，形成以库尔勒为龙头，若羌、和静为两翼，辐射带动中疆区域全面发展，各区域产业层次明晰、主体功能突出、发展优势互补的现代物流产业总体布局。

根据整体协同和特色创新发展相结合的基本原则，一方面着力打破行政区划限制，建立统一完整的商贸物流体系；另一方面为确保规划有效落实，提高规划的可操作性。应充分考虑各地市州的经济条件和产业特征，突出地方特色，因地制宜，各有侧重，差别化发展。

一、库尔勒市

（一）基本情况

自治州经济、政治和文化中心，地理位置优越，交通发达，城市首位度高，辐射能力强。南北疆交通枢纽，南疆铁路、吐和高速公路横贯全境，G218、G314 相会市区，库格铁路正在实施，库尔勒机场力求建设成为新疆第二大枢纽机场。2015 年末，总人口为 55 万，地区生产总值为 677.3 亿元，社会消费品零售总额为 95.4 亿元。

（二）发展定位

（1）州域物流核心发展区。

（2）南疆物流集散中心。

（3）丝绸之路经济带南通道、第二条出疆大通道、中巴经济走廊和南北疆大通道的交通枢纽中心。

（4）中巴经济走廊重要节点城市。

（5）丝绸之路经济带核心区重要支点城市。

（6）自治区级物流枢纽城市。

（三）发展重点

围绕“五大基地”（石油天然气精细化工生产基地、纺织服装和粘胶纤维生产基地、装备制造和工程技术服务基地、农副产品精深加工基地、电子商务示范基地）建设，建成南疆石油物资、装备、农产品、纺织服装和日用品的物流集散中转中心。重点发展城市商贸物流、工业物流、电商快递物流、生鲜农产品冷链物流、空港物流、危化品物流、应急物流、保税物流等。

根据库尔勒市物流产业发展定位，重点建设城市商贸区、库尔勒国家级经济技术开发区、库尔勒上库综合产业园区、库尔勒塔什店循环经济产业园区 4 个物流产业集群区，构建辐射南疆，甚至全疆和全国，对接国际的重要物流枢纽。

发挥综合交通枢纽优势，以本市、新疆生产建设兵团第二师和周边县产业园区、大型企业和批发市场为依托，面向南疆与北疆、新疆与内地、内地与丝绸之路经济带沿线国家和地区的物资集散和中转，合理布局物流园区和物流中心，提升优化多式联运中转、换装无缝衔接的物流设施网络。

整合培育一批骨干物流企业，实施物流标准化服务示范工程，引导物流企业采用国家标准和国际通用规范，开发建设区域性公共物流信息平台，以大数据、互联网引领行业发展。

二、若羌县

（一）基本情况

位于第二条进出疆大通道核心区，东与甘肃省、青海省交界，南与西藏自治区接壤，北与哈密市相连。G218、G315 以及正在建设的南疆重大铁路工程库格铁路、若和铁路和哈罗若铁路在县城交会，交通枢纽优势十分突出。构建巴州副中心城市。2015 年末，总人口为 6 万，地区生产总值为 67 亿元，社会消费品零售总额为 1.02 亿元。

（二）发展定位

（1）州域物流重点发展区。

（2）南疆区域交通枢纽中心。

（3）新疆南大门综合物流枢纽城市。

（4）自治区级物流节点城市。

（5）进出疆大宗物流分拨中心。

（三）发展重点

依托国家级综合运输大通道、区域复合型交通走廊的区位优势，加大对现代物流业的培育，形成“一网、一心、两园区”① 的总体布局。重点发展公路、铁路货物中转物流，特色农产品物流，特色工业物流，电商快递和航空物流等。

着力打造新疆重要的果品交易集散地和西部地区最大的红枣交割市场。

三、和静县

（一）基本情况

地处南北疆交通要道，东与吐鲁番地区相邻，南与阿克苏地区相交，西与伊犁州相接，北与乌鲁木齐市、昌吉州相依，共与15个县市相邻。南疆铁路过境，G216、G217、G218在此交会，S206、S301、S305、S321穿越境内，乌尉高速横贯全境。构建巴州副中心城市。2015年末，总人口为19万，地区生产总值为70.8亿元，社会消费品零售总额为5.46亿元。

（二）发展定位

（1）州域物流重点发展区。

（2）“南疆之门”公路港。

（3）南北疆大通道重要的战略支撑点。

（4）自治区级物流节点城市。

（三）发展重点

以公路物流、商贸配送物流等为发展重点，推进物流产业集聚发展，高起点规划推进和静公路港。建成以钢铁基地、有机畜产品生产基地和旅游基地为基础的产业物流，推进新一轮地方粮食储备库、农产品交易市场

---

① “一网”即若羌物流网络体系；“一心”即依吞布拉克铁路物流中心；“两园”即塔东综合物流园和罗布泊物流园。

和集贸市场体系建设，提升城乡快递服务能力。初步建成以公路为主导，铁路、空运相衔接的多方式联运物流网络。

四、焉耆回族自治县

（一）基本情况

焉耆回族自治县地处南北疆交会的“咽喉”地带，是古丝绸之路的重要“驿站”、南疆商贸重镇。境内 G314 和 G218 相会，具有承接库尔勒市产业转移的便利条件。2015 年末，总人口为 17 万，地区生产总值为 65.5 亿元，社会消费品零售总额为 8.9 亿元。

（二）发展定位

（1）州域物流拓展发展区。

（2）焉耆盆地商贸物流中心。

（3）南疆农副产品物流中转站。

（三）发展重点

建设以市场体系、商业网点和基础建设为重点的市场群和商贸圈，促进商贸、物流融合发展。以光明市场、集贸市场为孵化基地，带动各类专业市场全面升级，辐射北 4 县及周边团场、农场的市场群。构建以焉耆为中心，辐射焉耆盆地乃至整个南疆地区的农副产品物流集散地和配送网络。积极发展加工配送、包装运输和仓储搬运等物流业态。积极构建以县城为中心、乡镇为重点、村组为基础的农村流通网络。

五、和硕县

（一）基本情况

和硕县紧邻吐鲁番地区，是进入巴州和南疆的重要门户。吐和高速公路和南疆铁路吐库二线横贯县境中部。2015 年末，总人口为 8 万，地区生产总值为 32.8 亿元，社会消费品零售总额为 2.28 亿元。

（二）发展定位

（1）州域物流拓展发展区。

（2）巴州区域焉耆盆地的公铁联运物流中心。

（3）丝绸之路经济带中通道商贸物流节点。

（三）发展重点

高起点规划建设铁路物流园，形成焉耆盆地最大的公铁联运中心和南疆铁路物流双向开放的重要节点。依托铁路、公路等综合交通运输网络，围绕“三区三基地”（丝绸之路经济带中通道商贸物流园区、自治区特色农副产品精深加工区、南疆地区最具特色的文化旅游创新区，天山南麓特色酒庄葡萄酒基地、南疆非金属矿产加工基地、南疆新能源开发及新材料加工基地）产业发展定位，重点发展特色农副产品物流、石材物流、城乡商贸物流等。建立健全农资、农村消费品及农副产品收购、交易、冷藏、加工、运输、配送等终端配送网络，推进县、乡镇、村三级物流体系建设。

六、尉犁县

（一）基本情况

尉犁县紧邻库尔勒市和库尔勒经济技术开发区，受中心城市辐射带动能力强。G218 穿境而过，面临乌尉高速和库格铁路建设机遇。2015 年末，总人口为 11 万，地区生产总值为 50 亿元，社会消费品零售总额为 2.48 亿元。

（二）发展定位

（1）州域物流拓展发展区。

（2）“库格铁路”重要的货物中转服务中心。

（3）南疆电商物流发展示范区。

（4）南疆棉纺织品物流集散地。

（三）发展重点

全力打造电子商务“一个中心、一个平台、五大体系”尉犁（达西）模式，在全疆县市领先实现“国家电子商务进农村示范县”、“智慧达西”和“南疆电子商务发展中心”的建设目标。有效实现与库尔勒市物流设施的互联互通，着力推动库尉物流一体化发展。加快建设库格铁路以仓储物流为主的出疆转运货物承接服务区。依托尉棉物流园现有自治区棉花公检库、自治区级针织家纺基地和“国家优质棉基地”品牌，打造巴州乃至南疆重要的棉花物流中转节点，全力做好棉花及棉纺织产品进出疆承接服务。

七、轮台县

（一）基本情况

轮台县紧邻阿克苏地区，位于塔克拉玛干沙漠公路的起点，南疆铁路、吐和高速公路横穿县境。2015 年末，总人口为 11.6 万，地区生产总值为 50.5 亿元，社会消费品零售总额为 5.01 亿元。

（二）发展定位

（1）州域物流拓展发展区。

（2）南疆危化品物流集散地。

（3）新疆棉花物流示范县。

（三）发展重点

依托“国家商品棉基地”和设施农业的先进性，打造南疆棉花商贸流通最大的上客站。重点发展油气技术服务产业及石油装备等相关配套产业及生产性服务业，打造重要的油气生产加工产业基地、绿色能源基地及装备制造业基地。建成南疆危化品储存、运输重点示范县，树立标准化、规范化、安全化的物流展示项目标杆。

八、且末县

（一）基本情况

且末县毗邻青海省、阿克苏地区、和田地区。G315 横贯县境，面临若和铁路建设机遇，且末机场迁建。2015 年末，总人口为 7 万，地区生产总值为 26.01 亿元，社会消费品零售总额为 1.6 亿元。

（二）发展定位

（1）州域物流拓展发展区。

（2）塔东南区域性商贸物流中心。

（3）南疆大型石油化工物流中心。

（三）发展重点

加强商贸物流设施和特色农副产品仓储保鲜物流设施建设，形成以批发市场为龙头、专业市场为骨干的多层次商贸物流市场体系。以且末县城为中心，以疆内外市场为支撑，在 G315、库且沙漠公路、和若铁路旁，围绕石油化工、建材、煤炭、特色农副产品建设若干物流中心，加快活畜、果蔬、建材、粮油批发、矿产品、工业品等物流发展，形成优势突出、结构协调、布局合理、辐射面广的物流服务体系。在新机场规划建设空运快递物流中心，构建专业化的玉石、红枣配送中心。

九、博湖县

（一）基本情况

博湖县位于自治州东北部。吐和高速公路沿西侧而过，S206 通往县城。2015 年末，总人口为 6 万，地区生产总值为 25.18 亿元，社会消费品零售总额为 3.5 亿元。

（二）发展定位

（1）州域物流拓展发展区。

（2）巴州特色旅游产品物流中心。

（3）南疆水产品物流中心。

（三）发展重点

以服务城乡群众、促进产业发展为重点，提升城乡物流服务功能，创建具有博湖特色的现代物流服务体系。围绕文化旅游业、绿色农业、特色畜牧业、水产芦苇业四大产业，建立专业化物流配送体系。依托博斯腾湖渔业生产基地，新建水产品批发市场，以扩大博斯腾湖水产品的流通量。营造有利于商贸物流业发展的政策环境，主动融入以库尔勒为中心的天山南麓城镇群和产业带，实现区域物流联动发展。

第十一章
巴州重点建设任务

第一节　着力构建综合物流大通道

按照全州物流业“一轴、两区、三城、多节点”的空间布局要求，引导重大物流资源向中疆物流发展轴集聚，推动重大物流项目建设，强化丝绸之路经济带核心区物流腹地功能。进一步疏通和优化丝绸之路经济带南通道、中巴经济走廊和中疆物流连接通道，巩固和提升巴州在自治区和国家物流通道规划中的地位。合理规划布局公路、铁路和航空物流基础设施，完善物流大通道和物流枢纽节点布局，构建便捷、高效的物流基础设施网络，促进多种运输方式顺畅衔接和高效中转，提升巴州物流体系综合能力。

一、稳步提升丝绸之路经济带南通道能力

南通道建设以贯通断头路、相关线路升级改造，形成“东联西出”综合交通运输新通道为重点。加快推进 G0612 依吞布拉克—和田、G0711 库尔勒—若羌等高速公路项目。推进库尔勒—格尔木铁路（新疆段）建设，加快推动若羌—和田铁路、若羌—罗布泊铁路等项目开工建设。完善机场布局，引导和鼓励国内航空公司开通经库尔勒至西亚、南亚、欧洲等地区的国际航线，加快且末机场建设，新建若羌楼兰机场，开通至周边区域性城市的航线。农二师推进和规划完成 38 团支线机场前期工作，并推动库尔勒至内地主要城市铁路快速货运班列的建设。

二、分步打通中巴经济走廊支撑通道

中巴经济走廊支撑通道以打通瓶颈路段，提升通道能力，实现中巴经济走廊内主要节点间交通基础设施的历史性跨越为重点。推进 G0711 乌鲁木齐—尉犁高速公路开工建设。推进兰新高铁与吐库二线联络线建设、巴伦台至焉耆高速公路开工建设、库尔勒至阿克苏电气化改造等项目。争取启动库尔勒—罗北—敦煌铁路前期工作。加快库尔勒机场改扩建和轮台机场建设，新建和静巴音布鲁克机场，开通库尔勒至华中、华南地区省会城市的国内航线和库尔勒至伊斯兰堡、瓜达尔港及周边国家重点城市的国际航线。推动库尔勒市国际班列开通，实现西行班列常态化运行。谋划开通芬兰赫尔辛基—新疆库尔勒专列、库尔勒—土耳其梅尔辛港南线，优先谋划开通中巴国际班列。

三、积极打造中疆物流连接大通道

“中疆物流产业发展轴”对于连通丝绸之路经济带中、南两大通道，连通喀什、霍尔果斯经济开发区，形成对外开放南北疆相互支持、相互协作的战略格局，使开放型经济辐射巴州乃至南疆具有重要的战略意义。力促新源—巴伦台高速公路建设项目纳入自治区交通运输规划。推进库尔勒至且末县的第三条沙漠公路项目建设。大胆创新融资模式，推进库尔勒—伊宁铁路前期工作，适时推动“巴州高速公路化”行动。依托格尔木—库尔勒铁路建设，争取将伊宁—库尔勒铁路建设项目纳入自治区规划，尽快建成东连内地、西接欧洲的第二条铁路亚欧大陆桥。加快推进库尔勒西站的改造升级，成为上库园区大型货物的依托站。加快第二师铁门关经济工业园区到库尔勒西站和轮台拉依苏铁路专用线建设，并启动第二师工业园到和静铁路专用线项目前期工作。加快推进罗布泊园区、依吞布拉克园区铁路专用线工程。着力推动州域各个重大企业项目和公共性项目的铁路转运线工程，包括石油化工系统、兵团系统的专用线项目。规划完成和推进轮台北山林场、胡杨林公园、农二师 33 团和 22 团 4 个一类通用机场，30

团、36 团 2 个二类通用机场前期工作。推进和静县北山生态文明建设综合实验区通用机场、巩乃斯镇国家森林公园景区通用机场、奎克乌苏石林景区通用机场、查汗努尔达坂通用机场（抢险救灾通用机场）建设。

第二节 统筹建设物流节点网络体系

全州稳步推进物流通道节点建设，促进物流要素集聚，增强辐射带动能力，基本形成物流园区—物流中心—配送中心（末端网点）等多层次的现代物流网络体系①。在天山南麓物流产业聚集区和昆仑山北麓物流产业聚集区，根据各县市的交通区位优势、产业发展条件和区域发展潜力，布局建设一批起点高、规模大、辐射面广的物流园区，在中心城市和园区制造业基地周边建设一批现代化物流中心，在城市社区和村镇布局建设配送末端网点，形成层级合理、规模适当、需求匹配的物流节点网络。

一、统筹规划布局全州物流园区建设

按照集中与分散相结合的原则，依靠铁路、空港、公路场站等交通枢纽优势，围绕产业集聚区和开发区、专业市场和产业集群等物流需求集聚地，在重要物流节点城市、制造业基地和综合交通枢纽，根据城乡发展规划的要求，充分利用已有运输场站、仓储基地等基础设施，统筹规划建设一批以布局集中、用地节约、产业集聚、功能集成、经营集约为特征的物流园区，提高物流服务效率，降低物流成本。物流园区建设要从实际需要出发，充分考虑物流市场需求，严格按照规划进行，防止一哄而上、盲目

① 物流园区为大型、公共性物流节点，交通区位优势显著，集聚力强，功能齐全，是辐射南疆，甚至全疆和全国，对接国际的重要物流枢纽。物流中心主要是为专业市场提供配套服务，为有效衔接物流园区和专业化物流快速配送服务点（农村物流站点、农村邮政物流网点）、发挥配送和集散运输功能的中游节点。城区配送中心为城市物流体系的末端节点，主要服务特定客户和末端客户，从事仓储配送业务，是城镇物流体系的基础支撑；农村物流末端网点（含农村邮政物流网点）是面向广大农村地区的末端节点，辐射范围和功能较为有限，是物流体系的有益补充，农村物流站点辐射范围局限于单个乡镇。

投资和重复建设，同时要防止出现新的“圈地”现象。州域原则上不再建设新的物流园区。力争形成一批综合实力强、发展前景好、带动作用显著的自治区级示范物流园区，积极申建国家级示范物流园区，不断总结经验，强化示范引领，充分发挥市场化手段作用，促进全州物流园区规模化、集约化、专业化发展。

在严格符合土地利用总体规划、城市总体规划的前提下，推进物流园区水、电、路、通信设施和多式联运设施建设，加快现代化立体仓库和信息平台建设，完善周边公路、铁路配套，推广使用甩挂运输等先进运输方式和智能化管理技术，完善物流园区管理体制，提升管理和服务水平。结合区位特点和物流需求，发展货运枢纽型、生产服务型、商贸服务型和综合服务型等功能互补、各具特色的物流园区，发挥物流园区的集聚辐射带动作用。

按照全州生产力布局特点和经济社会发展要求，依托陆路、航空、货运场站等交通基础设施，结合全州“三通道一走廊两枢纽两屏障一中心两组群九基地”建设，以优化整合为原则，合理确定物流园区的数量、性质、规模和建设内容，全州重点规划建设 4 类 16 个物流园区。

二、合理布局物流中心

依托州内主要经济开发区、产业园区、商贸业集聚地和大型批发市场，统筹规划建设和改造一批面向全州、辐射周边的仓储、分拣、流通加工、配送、信息服务、电子商务等功能齐备的专业物流中心，重点为机械装备制造、石油石化、煤炭、钢铁、建材、冶金、重要矿产品、纺织、棉花、粮食、农资、农产品及加工、连锁商业、对外贸易等产业服务，促进商贸物流产业适度集聚。逐渐将公路、铁路枢纽货运站系统中条件好的货运站改造和建设成为集运输、仓储、加工、包装、配送、信息于一体的物流中心，形成交通枢纽物流中心网络。鼓励铁路城市货场拓展物流服务项目，实现物流服务的合理分工，服务地方经济发展。物流中心规划与物流园区应有一定空间距离，补充物流园区的服务功能。

三、加强物流配送中心（末端网点）建设

根据市场需求，在大型居住区、商业区、校区、机关企事业单位综合办公区等人员密集、交通繁忙、管理各异、个性化服务需求旺盛的区域，建设一批高标准、规范化的配送分拨中心和城市末端配送网点。积极建设农村物流末端网点，大力支持“快递下乡”，引导邮政、快递等物流企业融合发展，力争达到“县县有分拨、乡乡有网点、村村通快递”。通过整合资源，建立共同配送网络，提高“最后一公里”服务能力，形成覆盖全州的物流配送体系。

配送中心规划与区域内物流园区、物流中心布局规划有效衔接，便于发挥末端物流服务功能。有选择性地在商贸集散地、农副产品产区建立物流配送中心，形成全州统筹规划、城乡结合的多层次物流运行网络。

第三节 积极推进重点行业物流发展

将工业物流、农产品物流、商贸物流、快递与邮政物流、保税物流、应急物流和绿色物流七大物流部门作为巴州发展现代物流业的主要抓手和建设南疆物流集散中心的突破口，一业一策，各个击破，争取在未来 3~5 年奠定巴州在重点物流行业的领先地位。各重点行业的物流布局，主要根据行业特点、产业基础、集聚功能和合理辐射半径等因素，遵循布局集中、服务联动、集聚发展的原则，规划布局物流分拨配送区域和配送网络，为相关产业发展提供强力支撑。

一、积极推进生产制造业与物流业联动发展

围绕油气生产加工、钾盐综合开发、矿产建材、纺织服装加工出口、农产品加工、装备制造等重点产业，培育一批具有行业经营网络和强大供应链管理能力的第三方物流企业，构建支撑巴州制造业发展的区域性、一体化工业物流体系。加快经济技术开发区、工业园区等制造业集聚区物流

服务的配套完善和功能整合，鼓励区内物流基础设施共享共用。积极引导制造业释放物流需求，鼓励制造企业分离、分立物流业务，创新物流管理流程。推动大型制造业基地、特色产业集群、大型商品集散地的企业联合实行集体性物流外包，壮大物流需求。根据全州高技术产业需求，发展快速、安全、高效的原材料、产品以及小件商品物流配送网络。加快推进工业品电子交易平台发展建设，积极引导制造企业利用电子商务平台进行网上交易，推动工业品电子商务物流发展。加强石油化工、煤化工产品的生产供应、储存、运输等物流管理。发展管道物流，减轻陆路运输的压力。加强化学危险品物流的跟踪与监控，规范危化品仓储和运输的安全管理，严格操作规程，确保安全。

二、重点推动和完善农业、农村物流体系建设

重点发展粮食、棉花、蔬菜、水果等农产品物流。按照新形势下棉花流通体制改革的要求，着力提升棉花物流设施现代化水平。加快发展农产品冷链物流，重点支持冷库建设工程、低温配送处理中心建设工程、冷链运输车辆及制冷设备工程以及冷链物流企业培育工程。完善各类保鲜、冷藏、冷冻、预冷、运输、查验等冷链物流基础设施建设，建立冷链物流产品监控和溯源系统，建设一批全疆一流、辐射南疆的冷链物流重点基地。加快农村现代物流体系建设，重点建设农村日用消费品连锁经营、农资连锁经营、农副产品流通三大服务网络，努力构建连接城乡、布局合理、功能齐全的农村现代流通服务体系。畅通城乡双向物流渠道，加快推进农产品从产地到销地的直销和配送以及农资、农机、日用工业品的配送下乡。继续加快州域重点农产品批发市场的升级改造，稳步推进集约化、规范化经营管理，充分发挥大型农产品批发市场的辐射带动作用，进一步提升和完善农产品批发市场物流功能，构建全州重点农产品批发市场的综合信息平台。加快农村物流网点建设，鼓励和支持连锁经营、物流配送、电子商务等现代流通方式向农村延伸。进一步发挥邮政及供销合作社的网络和服务优势，加强农村邮政网点、村邮站、“三农”服务站等邮政终端设施建

设，提升物流服务能力。做好农忙时节和收获季节大宗农产品物流专项促进行动，保障大宗农产品快速畅通流动，降低物流环节的滞留性损耗。

三、加快发展城镇商贸物流配送体系

积极推进以保障民生和拉动内需为重点的商贸物流体系建设。完善城镇商贸聚集区域和大型商品交易市场商品分拨和物流配送功能，促进商业物流发展。支持连锁经营发展，提高生活用品、生产用品、蔬菜、食品、药品、烟草和出版物等物流配送效率，缓解城市交通拥堵。进一步优化由综合物流园区、大型物流中心、社区末端配送节点组成的三级城市配送网络。鼓励商贸流通企业和连锁超市利用第三方物流配送中心、分拨中心及运力资源，加快发展共同配送。鼓励和引导企业将自用停车场、配送站点向社会开放。鼓励物流配送企业针对特定的商业聚集区和生活居住区制订专业的配送实施计划，提供个性化的配送服务，提高配送效率。建设服务连锁经营企业和网络销售企业的跨区域配送中心。发展智能物流基础设施，支持社区、学校的物流快递公共取送点建设。鼓励交通、邮政、商贸、供销、出版物销售等开展联盟合作，整合利用现有物流资源，进一步完善存储、转运、停靠、卸货等基础设施，加强服务网络建设，提高共同配送能力。支持和鼓励专业物流企业开展城市配送，提高配送的专业化水平，完善城市物流配送体系。

四、拓展快递和邮政物流服务

作为支撑电子商务发展的快递行业，要顺应网络购物快速发展的需要，推进快递物流服务与电子商务的融合发展。推动电子商务企业与快递物流企业联动发展，积极拓展网络购物、电话购物、手机终端购物和电视购物等增值服务。支持快递物流企业依托自身网络资源，创建特色商品专业营销网站，开展电子商务业务。加快发展城市居民重要消费品连锁配送服务，发展小批量、多频次、时效性强的直接配送、“门到门”配送。鼓励和支持民营快递企业，通过全资直营、特许加盟、业务代理等多种途径，扩大网络覆盖范围，拓展增值业务，加快技术设备更新。培育一批规模化、品牌化、规范化快递企业。实施快递下乡工程，鼓励和支持民营快递企业“向下走”，鼓励快递企业加快乡镇、团场网络布局，支持通过开办快递超市、快递驿站，邮快联合，交快联合的方式在乡镇、团场设立快递服务末端网店，推动“快递下乡、进团场”，支撑农村电商发展，打通“工业品下乡”和“农产品进城”双向通道。建立区域快递服务协调和监管机制，实现快递物流网络规范化运行。

加快开发区南疆快递产业园建设，积极引导企业入驻园区，鼓励快递企业建设处理流程科学、技术设备先进、处理能力强的快件分拨中心。以南疆快递产业园区为硬件依托，引导快递企业在库尔勒市建成南疆快递分拨中心，建成服务南疆5地州，辐射全国的区域性、节点性快递分拨、转运、流通、集散中心，快件不再绕行乌鲁木齐，降低快递流通成本，加快快递传递时效，预计进出南疆快件传递时效将提升1~2天。加快航空快递物流体系建设，开发重量轻、附加值高的空中物流走廊，建设空港物流南疆转运中心。拓展国际货运航线网络，开通与中亚国家首都城市和巴基斯坦首都的货运航线，增加南亚、中亚国际干线航班密度，积极拓展异地和国际快递市场。

五、加快保税物流体系建设

加快库尔勒经济开发区综合保税区规划、建设、申报进程，推进综合保税区物流等配套项目建设，创新利用保税政策和现代物流方式，推动内陆开放，激发经济活力①。依据巴州经济发展总体规划，科学制定巴州开发区综合保税区总体规划。依托开发区综合保税区，为州内外企业进出口业务提供保税服务，减少通关环节，降低物流成本，实现公铁联运、空运与国内国际市场的直接连通。与国内重要港口和疆内各主要口岸实施联动，充分发挥保税物流中心的政策优势，使港口、口岸与保税物流中心之

① 开发区综合保税区集保税区、出口加工区、保税物流区、港口的功能于一身，可以发展国际中转、配送、采购、转口贸易和出口加工等业务。

间相关手续简便，实现“无缝对接”，多种运输方式有效组合，货物快速流入流出，使库尔勒市及其周边区域企业享受港口码头、口岸货代公司提供的服务。加快巴州五大出口加工基地建设[①]，完善保税物流功能，提升保税物流服务能级，扩大保税物流规模，形成包括国际中转、国际采购、国际配送和国际转口贸易在内的综合保税物流服务。把开发区保税物流中心建成以库尔勒为核心的、南疆地区重要的保税物流基地。鼓励各类企业进驻开发区保税物流中心开展保税物流业务。在具备条件的地区和企业设立一批保税仓库和出口监管仓库，加强与口岸的通关协作，增强辐射和带动能力。

六、逐步完善公共物流应急体系

进一步完善应急物流基础设施，积极有效应对突发自然灾害、公共卫生事件以及重大安全事故。完善应对不同类别突发事件的物流安全保障体系，优化物流应急作业组织和程序，完善应急处理机制。建立和完善应急指挥调度系统和处置实施系统，完善应急物资的筹措、采购、储备、运输、配送及信息管理系统。建立快捷高效的应急反应机制，制定并落实完善应急管理预案体系，提高政府保障公共安全和处置突发事件的能力。发挥大型物流企业的主力军作用，提高综合应急减灾处理能力。依托巴州在全疆救灾物资储备体系中的战略地位和区位优势，建立以州级救灾储备库为中心，与周边县储备点（库）相结合的全州综合救灾物资仓储网络，科学规划储备物资总量和品种，健全救助物资储备制度。完善救灾物资储备库的应急服务功能，提高救灾服务化水平，力争把救灾储备库建设成为规模适度、布局合理、设施配套、功能健全的自治州救灾储备库应急服务平台体系。

---

① 一是以焉耆盆地的辣椒、工业番茄、葡萄，库尔勒和尉犁的香梨，轮台的杏系列产品，若羌和且末为主导的红枣及其制品为抓手的农产品出口基地建设；二是库尔勒 1000 万锭纺织服装城出口基地建设；三是美克化工、罗布泊钾盐等石油化工出口基地建设；四是特色矿产品出口基地建设；五是甘草、橡胶制品等出口加工贸易基地建设。

七、倡导发展绿色物流

鼓励和引导物流企业选用节能环保车辆、新能源汽车等节能环保物流设施，引导企业建立逆向物流体系。大力发展甩挂运输、共同配送、统一配送等先进的物流组织模式，提高储运工具的信息化水平，减少返空、迂回运输。提高托盘等标准化器具和包装物的循环利用水平，构建低环境负荷的循环物流系统。加快传统旧货市场升级改造步伐，适应消费升级带动的产品淘汰，围绕二手车、旧家电、旧家具等淘汰商品，建设一批集回收、加工、整形、拼装等功能于一体的旧货交易市场，积极拓展回收加工、信息服务、价格评估等业务，形成旧货物流分拣加工基地。建立健全再生资源回收利用网络。重点推动包装物、废旧电器电子产品等生活废弃物和报废工程机械、农作物秸秆、消费品加工中产生的边角废料等有使用价值废弃物的回收物流发展。加大市场整顿力度，建立一批规范化运作的再生资源回收网点，发挥再生资源加工企业带动作用，提高回收物品的收集、分拣、加工、搬运、仓储、包装、维修等管理水平，实现废弃物的妥善处置、循环利用、无害环保。

第四节　加快培育物流市场主体

积极培育物流市场主体，出台政策鼓励生产和商贸企业按照分工协作的原则，剥离或外包物流功能，推动物流企业与生产、商贸企业互动发展。大力扶持龙头物流企业，在全州范围内选择若干具有一定经营规模和竞争优势的大型物流企业作为物流行业的重点示范企业，在资金、土地等方面给予重点扶持和政策倾斜。在行业中形成示范、带动效应。支持邮政、供销进一步完善终端服务网点，拓展增值服务和高端服务，打造覆盖全州城乡的物流网络。

一、培育第三方物流企业

围绕重点产业园区和大型企业集团，加快培育一批与巴州现代产业体系相配套的第三方物流企业，鼓励物流企业以参股、控股、兼并、联合等方式进行资产重组，提高组织化、规模化、网络化程度和服务质量。鼓励和支持传统仓储、运输企业，按照现代物流理念和运作流程，加大设施改造力度，大力应用现代物流技术装备，提高增值服务能力，加快向第三方物流企业转型。进一步加快制造企业、商贸企业分离物流业务，推进物流企业托管置换工商企业的物流要素，推动物流企业参与制造业供应链管理，做强做优第三方物流企业。扶持一批专业化物流信息服务企业，整合物流信息、监管、设备等资源，面向社会开展信息服务、信息管理、技术服务和信息交易等业务。

二、提升企业品牌竞争力

支持专业化水平较高的物流企业发挥自身优势，做优做精核心业务，提高技术装备和管理水平，积极引进国际物流标准，加强品牌管理，加强企业文化建设，创新特色服务，逐步形成一批区域服务网络广、供应链管理能力强、物流服务水平优、品牌影响力大的现代物流知名企业。依托物流园区建设，培育一批现代化、规模化、专业化的物流企业，形成一批具有一定规模和较强竞争力的现代物流企业集团。在农产品、连锁配送、信息服务、智能物流等领域加快培养一批本土物流品牌。加快物流领域驰名商标、著名商标的培育创建工作，逐步扩大品牌效应。鼓励和支持品牌物流企业申报国家物流企业A级评定，提升品牌价值。探索推行物流企业进出口经营权试点，扶持有条件的物流企业开拓国际市场。

三、积极引进战略投资者

积极吸引疆内外、国内外知名物流企业参与巴州物流园区、物流项目的建设和物流企业的重组改造，与州内物流企业开展业务合作，建立仓储中心、配送中心等分支机构，促进巴州与国内、国际物流网络有效对接。

第五节　推进物流产业区域联动

积极推进物流业的跨区域交流与合作，打破区域壁垒，引导物流资源跨区域整合，建立统一开放、通畅高效的现代物流市场体系。

一、推动州域物流融合发展

天山南麓物流聚集区以库尔勒为核心，发挥辐射带动作用，完善体制机制，协同推进铁门关市、尉犁县、焉耆回族自治县、博湖县、轮台县物流业发展，构建“4县2市”紧密型城市物流聚集区。发挥和静县副中心城市功能，推进撤县建市，与“4县2市”及和硕县共同形成天山南麓物流产业聚集区，促进物流产业与商贸集聚，建成全疆具有较强影响力的物流经济区，引领天山南坡产业带物流发展。在昆仑山北麓以副中心城市若羌为重点，加快撤县建市步伐，协同推进且末县发展，辐射带动罗布泊、依吞布拉克、瓦石峡、米兰、塔中等镇区发展，打造昆仑山北麓物流聚集区。昆仑山北麓物流聚集区主要依托第二条出疆大通道和中巴经济走廊建设，打通连接内地和南疆的物流大通道，促进沿线矿产开发、农产品加工等行业物流发展，与天山南麓物流聚集区形成遥相呼应、协调互动的发展格局。合理配置城乡物流资源，推进城乡配送中心、农超对接等工作，打造便利、快捷、高效的城乡一体化物流服务网络。整合县、乡、村三级物流网络资源，形成合力，实现多元化物流配送体系的有效衔接和融合发展。

区域各经济体（地方、兵团、石油等中央、自治区驻州单位）之间以股权多元化为载体，增强经济联系，释放物流经济发展活力。推动物流产业合理布局，优化分工和生产要素分布，促进区域协调发展。推动物流园区兵地共建和物流企业合作发展。进一步盘活供销、邮政、物资储备等领域原有物流设施，加强改造升级，加快传统仓储设施改造和功能转型，提高存量资产使用效率。搞好央企与巴州在铁路、管道等重大物流基础设施建设和运营方面的对接与合作。铁路部门要积极参与地方经济建设，对于地方政府重点支持的物流园区、工业企业物流设施，需要与铁路接轨的，应当积极支持，在接轨政策和运力计划安排上给予倾斜。积极支持工业企业和物流企业改造，提升现有铁路专用线资源，实现铁路和地方经济良性互动发展。

实现设施连通、网络连通、信息连通。推进各种交通运输方式之间物流设施的衔接协调，加强公、铁及航空枢纽之间的有效衔接，完善中转联运设施和集疏运体系。以巴州物流公共信息平台为基础，扩大平台应用和对外交流合作，逐步实现州交通运输物流公共信息平台与“八县一市”物流公共信息平台、铁门关市物流公共信息平台等信息平台无缝对接，集成企业间和企业内的供应链管理系统、企业资源计划管理系统、客户关系管理系统以及销售管理系统等，形成物流一体化信息系统。推进铁门关市连接库尔勒市城际公路和垦区、团场连接巴州县、市公路建设，建立互联互通的公路运输格局。加快库尔勒市物流集群区之间物流通道的联通建设，着力推动库尔勒国家级开发区与上库物流园区的连通、上库物流园区与塔什店物流园区的连通等。

二、促进南疆区域物流协调发展

坚持优势互补、互利共赢原则，着眼扩大南疆区域物流共同利益，探索推动主要合作区域和领域的体制机制创新，提升巴州现代物流业发展水平和活力。从“大市场、大物流”和“区域一体化、城乡一体化”角度，推动南疆区域间物流通道、区域内物流网络、城市群物流、地区物流节点的建设。发挥巴州在塔里木盆地经济区的主体作用，建立健全与阿克苏、喀什、克州、和田等周边地州和青海省格尔木地区等中西部省份的跨省区物流协作组织，建立更加紧密的区域合作机制。适时出台更有针对性的政策、措施，共同引导、推动区域物流、铁路、货代和口岸企业间建立战略合作机制。

加快融入丝绸之路经济带和中巴经济走廊，立足库尔勒市的石油石化、装备制造、商贸、冷链等优势产业，依托高速公路、铁路等交通基础设施，发挥连接南北疆的区位优势和第二条出疆通道的产业集聚优势，推进库尔勒市物流业发展，实现与南疆其他城市物流错位化，避免同质化竞争。

第十二章
巴州重大工程

第一节　物流产业标准化工程

根据国家物流标准体系和巴州经济社会发展特征，明确提出研究物流产业的一系列标准化体系，着力解决物流产业发展不规范问题。抓住国家大力推进物流标准化的契机，研究和制定物流标准化体系建设规划，建立健全各种物流业态的物流标准体系，确定物流标准化实施路线图。做好物流标准化的协调和组织工作，按照国家标准，尽快研究制定适应巴州物流业发展需要，与国际、国内接轨的物流技术标准和工作标准，促进各种物流技术标准和服务规范标准协调一致。印发执行《物流标准化中长期发展规划》，推行物流基础类、技术类、信息类、管理类、服务类等技术标准。制定和推广物流基础设施、技术装备等方面的基础性、通用性标准，安全卫生和环境保护方面的强制性标准，各种物流作业和服务方面的专业标准，实现与国际物流标准接轨。推动物流标识标准化，实现与交通运输业、农业、制造业、商贸业等其他行业标准，以及与海关、质检等部门标准的衔接。实施物流标准化服务示范工程，选择大型物流企业、物流园区开展物流标准化试点工作并逐步推广。通过集中培训、经验推广等方式做好物流标准化宣传普及工作。

一、实施物流空间组织分类挂牌

研究设定巴州各类物流空间组织，包括物流园区、物流中心、配送中心（末端网点）等的设立和挂牌标准，划分物流空间组织的发展等次。对各层次物流空间组织的设立和挂牌提出明确的行业标准和基础设施载体标准。依托物流空间组织标准，对现有州域物流产业空间组织进行重新评价梳理，对重点物流产业空间组织实施挂牌，加快物流产业空间组织的专业化分工，实现物流空间载体从低层次的同质化竞争向综合化、专业化、差异化转型升级。确立物流园区的建设和运营标准，统筹培育发展若干个以布局集中、用地节约、产业集聚、功能集成、经营集约为特征的物流园区。挂牌物流空间组织优先申报相关扶持性项目。

二、对物流企业实施分等级、分标准认定

研究设计物流企业的评价指标体系和等级划分标准，对现有物流企业进行标准化评价和划分，列出给予扶持的物流企业名录，有效引导物流产业组织的规范化发展。建立适应巴州现代物流业发展需要的物流企业评估标准体系，在企业规模、人员、设备、经营管理和信息技术等方面设立基本的评估标准，在市场准入等方面实施公平规范的管理。积极推行国家出台的《物流企业分类标准和评价体系》。推进重点物流企业参与医药、汽车、电子、家电、冷链等行业及物联网、城市配送等领域物流技术标准和管理标准的制定和试点工作。完善物流企业申请高新技术企业、技术先进型服务企业认定标准。鼓励和支持各级物流行业协会开展企业 A 级评定申报工作，向国家积极推介巴州有实力的品牌物流企业。支持行业协会开展物流职业资格培训和认证工作。

三、积极推进物流基础设施标准体系

努力推进技术装备的使用规范及标准，支持物流企业开展质量、环境和职业健康安全管理体系认证。推进条码、电子标签、RFID、全球定位系统（GPS）、运输管理系统（TMS）、库存管理系统（WMS）、电子订货系统（EOS）、电子数据交换（EDI）、货代管理系统等物流信息技术的标准化建设。推进专用车辆、集装箱等物流设施设备的标准化建设，形成与全国乃至国际接轨的技术标准化体系。鼓励物流企业采用标准化物流计量、货物分类、物品标识、物流装备设施、工具器具、信息系统和作业流程

等，提高物流管理、技术和服务标准化水平。加快对现有仓储、转运设施和运输工具的标准化改造。要抓紧制定适用于城市配送车辆的相关标准，积极引导企业推广并使用符合标准的配送车型，推动城市配送车型向标准化、厢式化发展，加快开展城市配送车辆统一标识管理工作。邮政管理部门要研究制定非机动车从事快件收投业务的相关行业标准，城市邮政管理部门要会同交通运输等部门，研究出台非机动车从事快件收投业务的相关管理办法。

第二节 农产品溯源体系示范工程

“十三五”期间，以构建巴州特色农产品溯源体系为目标，按照生产有记录、信息可查询、流向可跟踪、质量可追溯的基本要求，运用现代二维码等信息技术，建成全州共享的农产品质量安全追溯管理信息系统，将生产基地的质量安全信息、检验检测信息、产品质量及流向动态，农产品生产、用药、施肥、采收信息，部门监管信息等实现互联互通和资源共享，为转变巴州农业发展方式、提高巴州农业发展质量发挥积极作用。依托各市县积极创建国家农产品质量安全县，将农产品质量安全可追溯体系建设作为创建的一项重要工作来抓。

一、优先推动特色农产品溯源体系示范项目

巴州农产品质量安全溯源体系建设必须立足巴州农业标准化生产的现状逐步推进，先期在“三品一标”认证的农业生产企业、合作社、家庭农场和州级以上示范性农业生产主体中选择标准化程度高、产业基础好、产品竞争力强的单位及产品进行可追溯建设试点，在总结经验的基础上，逐步向全州推广普及。先期要依托库尔勒香梨、长绒棉、若羌红枣、番茄、辣椒、牛羊肉、水产品等特色产品，示范性设定一批特色农产品进行溯源体系建设，以全面保障和维护巴州特色农产品的地理商标权益，不断调整巴州特色农产品的市场定位和提升特色农产品的形象价值，全面优化巴州

特色农产品的营销渠道。建立全覆盖的溯源子系统，推动特色农产品包装和标识的标准化，健全监管平台，有效监督肉、水果、蔬菜流通行业的屠宰、批发、零售等环节，完善特色农产品质量安全可追溯制度。

二、构建农产品溯源体系综合配套工作机制

依托自治州食品药品监督管理局、农业部门、经济信息化部门、质量检测部门以及专业化信息平台运作机构，构建符合全州特色农产品质量安全溯源体系发展要求的公共性溯源管理信息系统平台。构建涉及众多行业管理部门、生产企业主体、物流配送主体和最终消费者群体的公共性对接平台，完善农产品质量安全溯源平台网站和农产品质量安全追溯监管系统、农产品质量安全检测系统、农产品生产管理信息系统、农业投入品备案与实名销售系统、农产品质量安全信息服务等系统模块，形成集生产、检测、监管、溯源于一体，覆盖全州特色农产品质量安全的溯源管理系统。实现监管工作网络化、全程化、社会化、信息化“四位一体”，实行内外网分别管理，外网面向公众，内网由政府和有关管理部门使用。强化追溯点主体的软硬件配套，运用物联网、互联网技术，以追溯到责任主体为基本要求，进一步建立健全以二维码监管为核心的质量追溯体系。

第三节　物流信息公共平台工程

积极打造政府牵头，各方市场主体有效参与，专业机构有效运作的物流信息公共服务平台。整合各部门物流相关信息资源，推进与物流相关的政务信息系统的协调与开放，有效实现市场信息集成、相关政务信息发布与交流等功能，构建全州物流信息采集、交换、共享机制。

一、整合公共物流信息资源

按照“政府推动、政策配套、市场运作、企业经营”的原则，依托现有各类信息平台资源，整合相关部门或企业公共性物流基础信息数据，建

设面向全社会、全行业的综合性公共物流信息平台，并支持物流或相关企业开发基于公共物流信息平台的物流信息增值服务。依托国家交通运输物流公共信息服务网络等已有平台，开展物流信息化区域合作。巴州要在全疆范围率先开发建设区、地两级的公共物流信息平台，并与国家交通运输物流公共信息平台管理中心全面对接，成为全国交通运输物流公共信息平台的新疆巴州节点，建设自治州级的公共物流平台，实现州内各节点市县、各大型物流企业、政府各部门及区内与国际的物流信息对接，实现资源共享、数据共用、信息互通。加快优势重点产业、行业、物流枢纽市县的物流信息化建设，逐步形成以信息技术为支撑的现代物流服务体系。整合现有物流信息服务平台资源，形成跨行业和区域的智能物流信息公共服务平台。加强综合运输信息、物流资源交易、电子口岸和大宗商品交易等平台建设，促进各类平台之间的互联互通和信息共享。

二、鼓励龙头物流企业搭建面向中小物流企业的物流信息服务平台

依托大型物流园区和重点物流企业，鼓励龙头物流企业搭建面向中小物流企业的物流信息服务平台，促进货源、车源和物流服务等信息的高效匹配，有效降低货车空驶率。重点发展公路物流信息平台，实现物流供需双方的有效对接，提高公路运输的组织效率。建设智能物流信息平台，形成集物流信息发布、在线交易、数据交换、跟踪追溯、智能分析等功能于一体的物流信息服务中心。鼓励各类企业加快物流信息化建设，深化信息技术在物流各环节的应用。引导大型物流企业开发应用企业资源管理系统及供应链管理、客户关系管理等先进物流管理系统。

第四节　产业管理体制改革工程

构建全州一元化物流管理体制，综合行使物流产业战略谋划职能、物流管理工作协调职能、物流产业发展督促职能、物流工作条例制定职能、

物流产业基金管理职能、物流工作制度发布职能、物流政策出台职能等。

一、加大全州物流工作研究力度和政策出台力度

全州上下要明确物流业的战略基础性地位。随着现代物流在国民经济中的产业地位和功能价值逐步提升，物流业的发展水平已成为反映地区经济发展水平的重要指标。要尽快在全州上下确立现代物流业作为巴州核心产业的意识，明确巴州构建丝绸之路经济带核心区物流腹地的发展思路，形成全社会积极支持物流事业发展的良好氛围。适时研究颁布《巴音郭楞蒙古自治州现代物流业发展条例》《巴音郭楞蒙古自治州鼓励类物流产业导向目录》《巴音郭楞蒙古自治州邮政条例》《巴音郭楞蒙古自治州邮政、快递服务车辆运行管理办法》《巴音郭楞蒙古自治州重点物流企业认定办法》《巴音郭楞蒙古自治州物流园区认定办法》《巴音郭楞蒙古自治州物流行业社会统计调查制度》等基础性规范文件，并在全州范围内分步实施。适时研究启动《关于库尔勒国家级经济技术开发区建设中巴经济合作区的建议书》《关于加快库尔勒市建设南疆物流集散中心城市的意见》《关于巴音郭楞蒙古自治州创建丝绸之路经济带核心区现代物流示范区的报告》等文件报告的起草工作，并向自治区相关职能部门和规划部门报送、对接、备案。

二、完善物流统计监测制度

物流需求调研和统计工作是一项重要的基础工作，对加强物流基础管理、增强决策准确性和科学性具有重要的意义。“十三五”期间，应重点推进物流调查统计工程，在全州范围内深入开展物流业统计核算工作，研究科学统计方法，明确统计口径，通过全面调查、抽样调查、重点调查、网上直报等多种方法，贯彻实施社会物流统计核算与报表制度。加强对国家物流统计指标体系的研究，在借鉴国内外其他地区开展物流统计核算工作成功经验的基础上，建立健全完善的物流统计指标体系，为政府部门制定物流发展政策和规划、掌握巴州物流业发展的全面情况、加强宏观管理

和决策提供重要依据。形成制度化统计核算工作机制，加强对全州物流业发展的跟踪监测和研究，定期发布巴州物流业运行情况。优化物流统计网上直报系统，推动市县和开发区（园区）的物流统计工作，建立物流统计二级平台，建立健全物流统计信息共享机制，提高统计数据的准确性、权威性和时效性。

三、发挥行业中介组织作用

充分发挥物流、仓储、交通运输等协会的桥梁和纽带作用，加强协会在调查研究、提供政策建议、做好服务企业、规范市场行为、开展合作交流、人才培训咨询等方面的中介服务。建立巴州物流协会诚信建设协调机制，支持物流企业参加诚信守法及等级评估，促进物流行业规范自律，推动物流市场健康有序发展。

第五节　电商物流示范工程

适应电子商务快速发展需求，结合国家电子商务示范城市、示范基地、物流园区、商业设施等建设，构建电子商务物流服务平台和配送网络。加快实施“互联网+”战略，加强北斗导航、物联网、云计算、大数据、移动互联等先进信息技术在物流领域的应用，推进物流数字化建设，实现线上集配和线下储运的有机结合。建立电商创业基地，从租金政策、财税政策、物流补贴政策方面引导广大电商人员入园创业、发展电商产业。

一、推进电子商务与现代物流融合发展

推进电子商务与现代物流融合发展，鼓励大型物流企业与电子商务企业、信息服务企业协作，实现物流、商流、信息流的融合互通。加快物流电子交易平台建设，引导建立一批以网络平台为依托，以第三方物流服务为主体，集信息发布、交易结算、跟踪、信用评价等功能于一体的网络物

流资源交易中心，促进传统、分散的中小企业物流服务模式创新。引导中小企业依托公共信息平台开展电子商务，实现网上谈判、网上订货配货、网上交易、网上支付、实时跟踪监控等，推进物流业务的信息化和网络化。鼓励大型的电商企业向社会开放物流服务，支持具有较强协同和资源整合能力的电商物流平台带动广大中小企业共同发展。支持电商物流企业利用配送过程回收电子废弃物，发展“互联网+回收”，建设逆向的物流体系。深化与知名电商的战略合作，吸引电子商务巨头布局建设区域物流节点，鼓励电子商务企业与第三方物流企业开展深度合作，实现电子商务与现代物流的集成发展。重点推进库尔勒经济技术开发区国家级电子商务示范基地、国家级及自治区级电子商务进农村示范县、尉犁电子商务产业园、颐高电子商务产业园等项目建设。

二、建立电子商务物流配送基地

建立以现代物流配送中心和高效信息管理系统为支撑的电子商务物流基地，形成覆盖主要城市、辐射农村的快捷、便利、畅通的网络购物配送体系。建成一批区域性仓储配送基地，吸引制造商、电商、快递和零担物流公司、第三方服务公司入驻，提高物流配送效率和专业化服务水平。建设适应电子商务发展需要的物流网络体系，围绕电商物流的需求进一步完善与优化全州和城乡电商物流区域的布局，加强集散中心、配送中心和社区集散网点的建设，推动仓位一体，加强共同配送、标准循环供应等高效物流运作系统互联互通，相互衔接。利用库尔勒开行中欧国际货运班列和国家级开发区综合保税区建设机遇，电子商务及跨境电子商务、供应链金融、物流信息化等重点领域实现突破发展，创造有利条件开展进口商品的展销、分拨、国际电子商务等物流服务。

三、进一步提高农村电子商务支撑能力

积极支持电商物流企业向农村延伸服务网络，推动流通企业、物流企业与各类涉农机构和企业的深化合作，结合电子商务进农村、快递向西向

下等项目拓展相关工作，构建质优价廉产品流入、特色农产品流出的快捷渠道。进一步提高农村电子商务支撑能力，提升电商进农村的服务功能，扩大电子商务在农村的应用范围，优化农村电子商务发展环境，加大高层电商管理团队和人才引进力度，推动电子商务在农村发展。积极整合、引导乡镇现有商贸中心、配送中心、邮政、电商、快递企业、电信移动通信运营站点等资源，合理规划和布局农村物流基础设施，健全完善面向农村的综合物流信息服务平台，打通农村电子商务“最后一公里”，进一步提高特色农产品附加值，促进农产品流通增值。积极开展特色农产品网上营销活动，扩大社会影响力和认知度，通过充分挖掘提升特色农产品文化内涵，积极培育当地品牌，努力提高特色农产品在电子商务平台上的覆盖面和知名度，为各族农牧民持续增收奠定良好的基础。

第六节 社区物流服务站试点工程

适应网购和快递物流的迅速发展形势，结合城市快递物流的配送体系建设，选择一些城市社区和县域新城区进行社区物流服务站的试点设立工作。国家高度重视保障和改善民生，提出到2020年“基本公共服务均等化总体实现”的战略目标。巴州各族群众对小量、快速、个性化的寄递服务需求日益旺盛，“十三五”期间逐步扩大城市社区的配送服务站规模，为全面建设全州各地区社区物流服务站打下重要工作模式和推动机制基础。

一、建立符合城镇居民生活需求的社区物流末端服务站

现代商业的繁荣和商业模式的变革，特别是电子商务等新型流通业态的发展，使得多样化、个性化的配送需求不断增加。城市居民对配送时效性、便捷性的期待日益提高，配送企业和商贸企业对改善城市配送环境、提升城市配送效率的诉求愈加强烈。各有关部门要主动适应城市配送发展的新形势，切实履行职责，满足广大人民群众对城市配送管理工作的新要

求。探索构建服务规范、方便快捷、畅通高效、保障有力的城市配送体系，促进城市配送与城市经济社会发展相适应、相协调。以满足城市居民和经济社会发展需求为目标，以提高配送效率、降低物流成本为核心，全面提升城市配送的公共服务能力，结合城市规模、类型、产业结构和发展条件，科学规划城市社区物流服务站建设目标，鼓励多种形式的探索实践，确保社区物流服务站建设符合实际、适应需求。

二、理顺城市配送体制机制，落实管理职能

地方各级发展和改革、交通运输、公安、工业和信息化、住房和城乡建设、商务、邮政管理等部门要在地方人民政府的统一领导下，进一步明确各部门在城市配送管理工作中的职责和任务分工。强化地方人民政府在城市配送管理工作中的主导作用，明确牵头管理部门或成立协调管理机构，建立城市配送管理工作会商制度，完善城市配送管理工作目标考核机制，科学研判城市配送发展形势和规律特点，定期研究解决城市配送发展中的突出问题，及时完善相关政策措施。城市规划部门要会同发展和改革、交通运输、公安、工业和信息化、住房和城乡建设、商务、邮政管理等有关部门，组织制定城市配送发展规划。规划内容应当包括城市配送发展目标、通道与节点布局、运力投放规模与结构、运输组织、信息化建设、配送车辆通行管理措施以及社区配送基础设施用地保障等。做好城市配送发展规划与城市土地、商业、交通、物流、快递等相关规划的衔接，保障城市社区物流配送基础设施建设用地，满足城市配送发展要求。城市商业区、居住区、生产区、高等院校和大型公共活动场地等城建项目，应在控制性详细规划中合理设置快递配送所需的场地和空间。商务、邮政等有关部门要按照各自职责继续组织开展城市配送试点工作，选取典型社区开展示范工程，在体制机制、法规政策、基础设施、通行管控、运输组织、市场监管、信息技术、装备设备等方面先行先试，总结成功经验，逐步向全州推广。

三、依托专门企业集约化经营社区物流服务站

鼓励专业化的物流企业在人员居住密集区自建末端网点，通过与连锁商业机构、便民服务设施、社区服务组织、学校及第三方企业开展合作等多种方式布设智能快件箱等自助服务设施，加大末端网络密度，解决快件“最后一公里”问题。加快推进邮政投递网建设，鼓励邮政企业在人口密集区域设置便民服务站，拓展服务覆盖的深度和广度。支持邮政企业推广智能包裹箱、自提点等，探索智能包裹箱与信报箱的统一建设和综合利用，健全城镇末端网络。整合存量配送资源，加强城区末端能力建设，在住宅小区、大学校园、商务区、写字楼、政府机关、企事业单位等投递量集中的区域布局智能包裹箱、公共自助提货柜、便民服务站等。

第七节　物流市场拓展工程

启动一批物流市场拓展的战略性工程和标志性工程，培育若干个物流产业新兴增长极。优化和提升物流枢纽和节点县市的区域性物流资源配置功能，对外拓展物流服务区域，吸引周边地区的物资在巴州区域集散，加大对南疆物流资源的稳步整合力度。

一、建设若羌新疆南大门综合物流体系

基于全疆的视角，顶层设计、高端谋划若羌县建设新疆南大门综合物流体系，使之成为促进新疆与内地经济一体化的又一节点型动力区域，以及拉动南疆区域经济发展的重要引擎区域。加强对重大建设项目的地方经济社会发展影响的预判工作，使地方发展诉求和重大基础设施项目建设需求有机地结合起来。依托若羌出疆关口的货物运输量和结构分析，在若羌县铁路、公路和航空枢纽站点超前谋划一批中转物流业务类型的物流园区和物流中心。积极争取国家在若羌规划布局矿石等大宗散货中转储备基地，将第二大出疆大通道系列物流园区项目纳入国家相关发展规划。充分

发挥格库铁路作为中西部物流大通道的作用，加快建设若羌公路港，吸引中西部地区企业到若羌建设“飞地港”，吸引更多的大宗散货从若羌关口进出，积极拓展若羌中转物流业务。随着南疆铁路网的完善，“十三五”期间要抓住铁路货运能力释放的良好契机，积极发展若羌的环塔里木铁路集散物流。适应东部产业转移趋势，依托第二条出疆通道和南疆丰富的农业资源和矿产资源，加强若羌招商部门与四川省、重庆市、湖南省、江西省、浙江省、福建省、广东省相关区域产业领域的有效对接，着力打造特色原料资源加工聚集区，重点在若羌县各类产业园区建设承接东部产业转移基地，拓展、提升城市人流规模和商流功能，建立符合转移产业生产经营模式的物流服务体系。在若羌县建设省区际边界现代物流枢纽中心，打造南疆地区多式联运枢纽，促进空港物流和陆港物流等多种运输方式构成布局合理，满足作为中亚、疆内向华中地区通道、客货增长需求的对外交通运输系统。鼓励支持州内和南疆其他地州的制造企业、物流企业参与若羌各类物流基础设施和进出疆节点型物流园区、物流中心建设，促进边界物流枢纽区域与整体南疆区域的产业经济互动。充分利用各类招商引资推介会、大型会议及报纸、网络等媒体广泛宣传若羌建设新疆南大门物流枢纽城市的整体形象，向社会公众宣传推广其特点和优势，以提高在广大潜在投资者心目中的知名度和美誉度，打造该区域物流的整体品牌。

二、建设南疆干果交易集散中心

新疆是全国重要的干果交易集散中心，由于新疆的干果品质较好，近年来在国内外市场获得了较好的口碑，市场认可度逐年提高。新疆80%的干果产于南疆，若羌和且末的红枣、轮台和库车的杏干、阿克苏和和田的核桃、喀什的巴旦木和无花果形成了相对的规模化产量优势。目前，新疆的干果在全疆范围内尚未形成一个规模化的集散基地，大部分干果以零散方式从南疆各县市集中到乌鲁木齐市若干农副产品交易市场，然后发往全国各地。总体来看，市场集约化程度低，导致运输成本过高。因此，建议依托库尔勒市优越的区位优势，在巴州建设南疆干果交易中心，有效集散南疆和中亚干果资源。大力推动在库尔勒建设干果交易市场，构建一个规模大、交通条件完善、接待能力强的大型综合交易市场。开辟依托格尔木线的内地配送通道，可缩短与内地主要市场约 800 千米的运距，大大降低物流运输成本，直接拉动巴州物流产业的规模化发展。进一步做好巴州库尔勒作为南疆干果交易集散中心的对外宣传工作，形成“新疆的干果到库尔勒”的宣传效果。举办新疆特色干果博览会，邀请全国的电商、物流企业、各大交易市场、各大超市的商务代表到新疆库尔勒订货。充分利用和吸引内地高校新疆籍大学生的网上交易平台资源，保障南疆干果交易集散中心可持续发展。依托交易市场平台，进一步推动巴州干果产业链形成，带动加工、收购、包装等行业的发展。有效对接中亚的干果资源，成为全国较大规模的干果集散中心，构建“一带一路”上的干果交易平台。

三、培育总部型物流企业，整合南疆物流资源

拓展区域物流市场的主体是龙头企业。巴州建设丝绸之路经济带物流腹地以及库尔勒建设南疆物流集散中心，必须培育一批能够整合区域物流资源的龙头企业。库尔勒市的南疆物流枢纽城市地位，不仅要依托完善的综合性物流基础设施条件，更重要的是要依托资源整合能力很强的龙头企业。对此，巴州要优先发展和扶持总部型物流企业，鼓励企业在全州范围内进行物流产业资源整合，构建和完善以总部型物流集团企业为主导，中小物流企业专业化配套、集群化发展的新型产业组织结构。鼓励龙头型物流园区在南疆各地州设立分支机构，整合物流资源和货物资源，加强库尔勒市和若羌县对整体南疆区域货物资源的转运和分拨功能。鼓励本州龙头物流企业“走出去”，不断拓展南疆物流通道，采取并购、股权置换等方式，逐步建立塔里木盆地物流网络，增强巴州物流品牌的竞争力和辐射力。实施“请进来、走出去”腹地拓展战略，鼓励州内物流龙头企业到南疆各地州承接大宗散货运输业务。政府通过制定和落实优惠政策，鼓励本地物流企业与国内外大型物流企业开展多种形式的合作，通过引进资金和人才，创新管理方式和方法，培育和发展一批管理先进、竞争力强的现代

物流集团企业，形成物流企业总部集群，逐步整合周边区域物流资源。

四、建设中巴（巴基斯坦）经济合作区

响应国家中巴经济走廊建设倡议，在库尔勒经济技术开发区划拨一定规模的土地，建设中巴经济合作区，为开发区未来转型为国际港务区打下重要基础，形成与喀什开发区和霍尔果斯开发区遥相呼应的新疆特殊经济开发区三足鼎立的局面。中巴经济合作区具有“引进来”和“走出去”两大功能，一是引进一批巴基斯坦企业进入经济合作区进行特色产品加工，以及建设巴基斯坦特色商品外销市场平台；二是鼓励国内企业入驻经济合作区，借助合作区平台走进巴基斯坦相关产业领域进行投资贸易。为此，中巴经济合作区要设立一系列促进两国贸易便利化的实质性措施。最终通过提高双边经济合作区贸易规模，实现货物在库尔勒市域的集散，以充分发挥西行国际班列、格库铁路货车编组站和库尔勒建设新疆第二大区域性机场的功能，使巴州真正成为丝绸之路经济带核心区的综合性物流腹地。同时，以开发区中巴经济合作区管理委员会为牵头单位，在巴基斯坦商贸物流中心城市建设“中国巴州大巴扎”，开拓国内商品出口巴基斯坦的市场渠道，加强双边贸易，加大国内商品和巴州特色产品在巴基斯坦的市场开发力度，与州内经济合作区形成两头互动的经贸合作发展格局。鼓励龙头物流企业入驻中巴经济合作区和驻巴基斯坦合作区，打造“中巴物流”品牌，建立和完善在国外的物流节点布局，构建国际区域性物流战略联盟，抱团参与国际物流市场竞争。

第八节　产业环境优化工程

作为国民经济的动脉产业，物流产业涉及面广，运行的环节相对复杂，对各产业部门的促动或抑制作用十分突出。巴州要在全疆范围实现物流产业的率先发展，形成区域物流发展优势，必须率先在全疆，甚至全国范围采取一些优化物流产业发展环境的果断性措施，进一步降低区域物流

的运行成本，进一步加强物流产业优质生产要素在巴州区域的聚集。对此，必须大胆深化相关领域的改革措施，从本质上大力推动物流产业的有效发展，充分发挥物流产业对州域经济社会发展的重大促动作用。

一、进一步化解制约物流产业发展的瓶颈因素

在物流安全管理环节，要重新评估和优化区间测速工作和道路测速体系，构建安全和效率兼顾的道路监测体系。依托与高速公路并列的老公路或者辅道，试点性设立专项货运车辆通行通道，进一步降低货运车辆物流成本，逐步扩大全州与高速公路并列的辅道规模。在若羌县、尉犁县专门规划设置环城货运车辆运输通道，以改变大量货运车辆直接穿越中心城区行驶的通行格局。制定降低物流企业规费负担的政策，积极清理向货运车辆收取的各种不合理费用，严禁违规对物流企业乱检查、乱收费、乱罚款。各级发展和改革（价格）、交通运输、商务等部门要按照各自职责分工对物流配送领域包装、搬运、装卸、仓储、运输等各环节乱收费行为进行清理整顿。规范道路交通管理和超限治理行为，在重点交通节点，减少对各类州内外货运车辆的过度罚款，通过抵消一定规模的罚没收入换来区域生产要素和物资的快速流动，从而促进区域发展和国民财富的积累。规范物流企业的服务标准，对物流服务价格实行以市场为主导的宏观指导，规范物流企业相关的各种收费标准，整顿收费站点。公安、交通运输部门在执法过程中，要在坚持依法行政的前提下，慎重使用扣车、扣照、扣货措施，切实提高工作效率。要进一步完善和优化各类安检站点和业务系统的工作模式，不断提高车辆的通行效率，加强对各类安检站点工作人员的专业化培训。改进在安检工作体制改革过程中出现的一些新情况、新问题。提高安检系统效率，多配备先进技术设备，保障车辆快速通行效率，提供人性化服务，以州为单位构建多方向安检节点，县市之间不再设置安检系统。进一步改进北 4 县快递管理工作过程中出现的不利于物流运行效率和市场主体行为的工作模式，取消部分降低市场效率的不合理做法，构建安全与效率兼顾的有效市场规范模式，解决物流“最后一公里”问题。

全州统一明确县域快递管理部门，召开全州相应论证会议，科学确定县域快递行业的管理部门，实行县域快递行业备案和引导发展机制。

二、率先启动丝绸之路经济带现代物流示范区建设

充分争取自治区赋予巴州“先行先试”的政策，加快推进物流产业领域各项制度改革创新，率先突破体制机制障碍，增强物流产业发展活力和内在动力。将巴州中疆物流产业发展轴建设成丝绸之路经济带物流业体制机制创新的试验区，包装、设立和备案若干个示范性项目，建设物流业与其他产业联动发展的示范区，并探索物流业带动区域经济社会发展的新途径，同时，把巴州中疆物流产业发展轴建设成连接我国中西部地区与南亚、中亚的桥梁和纽带。支持库尔勒市开展国家服务业综合改革试点，创新发展模式、完善体制机制，为全州物流业发展提供经验。从长远上，要实现将巴州中疆物流产业带建设成为中西部领先的综合型内陆港和国内重要的铁路、公路货运基地，以及辐射全国的区域分拨中心和辐射南北疆及周边部分地区的集散中心。要抢抓机遇，充分发挥先发比较优势，按照完善布局、优化结构、提升业态、强化合作、扩大辐射的总体要求，加快推进重点工程建设，着力推动产业优化升级，强化公、铁、航等多种运输方式的有效衔接。加强企业间、城市间战略合作，共建信息资源共享对接平台，不断扩大物流货源辐射地域，逐步构建与国际接轨的现代物流服务体系。

三、加强物流宣传工作，打造巴州区域物流品牌

加强媒体宣传，营造物流发展氛围，推动物流品牌建设，在全社会营造重视物流业发展的良好氛围。在交通干线和骨干道路沿线设立物流产业标志性口号和产业理念宣传标牌，打造中疆物流区域品牌效应。推动巴州“丝绸之路经济带核心区物流腹地”“丝绸之路经济带核心区现代物流示范区”等公共战略品牌、“库尔勒—南疆物流集散中心”“若羌—新疆南大门综合物流枢纽”等区域品牌建设，形成示范效应。利用重要的网络平台和

会展平台，加强物流业与制造业、服务业联动研讨、培训和宣传。依托行业协会搭建交流平台，强化联动宣传力度。开展物流产业政策、相关法律法规和物流标准的宣传，引导物流企业和物流从业人员合法合规经营。适时举办南疆物流论坛、青新铁路物流论坛、物流园区论坛等专业性论坛，邀请政府相关部门、物流业内大型重点物流企业、专家学者参与，通过论坛宣传推广巴州、库尔勒、若羌区域物流品牌，提升知名度。“十三五”期间，在州域设计和包装一批标志性考察路线，围绕丝绸之路经济带商贸物流中心建设，争取召集一次全疆物流产业现场工作会议，宣传推广丝绸之路经济带核心区综合物流“巴州模式”。

第十三章
巴州保障措施

第一节　加强组织领导和行业指导

一、加强组织领导

为实现巴州物流产业发展规划确定的目标，巴州现代物流业领导小组及其办公室要加强领导，不定期深入园区及企业开展调查研究工作，及时研究解决规划实施中遇到的重大问题，制定支持物流产业发展的政策措施。建立与物流业率先实现跨越式发展相适应的管理队伍，切实加强各级党委抓物流产业的领导力量，在编制和干部配备上给予倾斜，从机构和人员上给予保障。选拔任用一批懂物流、善管理的中青年优秀干部，充实到各级领导班子中，从组织上给予保障。领导小组办公室要发挥好牵头、协调职能，加强巴州形势分析和考核工作。领导小组各成员单位要按照各自职能加强对规划工作的指导，加大支持工作力度。各县市要高度重视物流产业发展，并成立相应的领导机构和工作机构，切实履行职能和职责，具体抓好项目的建设和管理工作。建立健全与物流业发展新任务、新要求相适应的工作机构和推进机制，明确各部门职责分工，进一步加强对物流业发展工作的组织协调、统筹规划和政策研究。建立主要领导亲自抓、分管领导具体抓、牵头部门协调落实、相关部门协作配合的领导机制。建立“条块结合、分工推进、上下联动”的工作机制，明确任务，找准定位，强化责任。要进一步解放思想，主动适应物流产业发展的要求，创新发展理念，调整工作思路和工作方法。

二、强化行业引导

强化行政推动作用，充分发挥组织指导、协调、服务职能，加强发展战略的组织实施。各部门、各单位要依据巴州物流产业发展战略，明确发展目标、工作重点和政策措施，分解落实目标任务。明确巴州物流产业发展定位和主要目标，指导物流业空间布局，形成与未来经济社会发展相吻合、与产业发展相配套、与城镇化进程相协调、与居民消费需求相适应，具有巴州发展特色的现代物流服务业体系。为了保证“十三五”期间物流发展战略有效实施，巴州发展改革委要围绕物流体系建设和重点工程，确定近期（三年）行动方案，明确牵头部门和配合部门，对建设任务进行分解落实，跟踪推进重大战略项目建设。制定适合巴州实际，符合巴州物流产业发展现状的产业政策，以此协调财政、税收、价格、监管、资源与环境保护等政策，促进物流产业科学、健康、可持续发展，加快推动巴州物流产业的产业化进程，提升产业竞争力。科学制订年度计划，通过年度计划促进总体规划的分步实施，保持规划实施的连续性。明确职责分工，加强衔接配合，确保各项规划在总体要求上保持一致，在空间配置上相互协调，在时序安排上科学规范，提高规划的管理水平和实施效果。各县市也要制订具体的建设计划和行动方案，明确责任分工，落实推进工作措施，并及时沟通反馈重大项目进展情况，切实解决规划实施过程中出现的问题。各有关部门和机构要根据产业战略明确的发展目标和重大措施，正确履行职责，加强统筹安排、创新协调推进，及时建立规划实施的评估和检查制度，为规划实施创造良好的机制、政策、市场等环境，确保规划目标和任务的顺利完成。建立健全评价考核机制，有效督促推进巴州物流业的各项工作。完善评估机制，建立和完善规划评估修订机制，在中期评估基础上，建立滚动衔接和修订机制，并根据形势变化和规划实施进度进行必要的修订，由州相关部门提出建议，提请州党委常委会审议批准后实施。

三、完善产业政策

相关部门依据国家产业结构调整的有关规定，抓紧细化、完善物流业发展指导目录，明确行业发展重点及支持方向。根据物流业跨度大、领域广的实际，分门别类地调整和完善相关产业政策，认真清理限制产业分工等影响物流业发展的不合理规定，逐步形成有利于物流业发展的产业政策体系。立足现有基础和比较优势，制定突出本地特色的物流业发展指导目录，并制定相应政策措施。

四、争取政策扶持

对国家“一带一路”倡议、自治区核心区建设及商贸产业的相关政策进行系统研究和梳理，在用好用足现有政策的同时，向国家、自治区争取差异性的政策支持。积极争取把商贸物流战略性大项目纳入国家“一带一路”重点项目、自治区“丝绸之路经济带核心区”重点项目和商贸物流业相关试点工程，赢得国家、自治区相关方面的政策和资金支持。认真落实商贸物流事业相关税收优惠政策，用足用好推动企业发展的政策，积极做好管理、指导、协调和服务工作。努力争取运输费用补贴等扶持政策，解决重点产业运输成本高等突出问题。

五、加快兵地物流融合发展

着力推动巴州物流产业与兵团农二师物流产业实现融合互动发展，加强管理体制、规划、信息交流、项目建设等层面的对接交流，进一步完善联系、协调、合作机制，积极做好兵地双方物流产业重大问题的衔接和沟通，对产业资源进行合理配置和优化调整。加强兵地合作，大力发展融合经济，实现资源共享、优势互补、互惠互利、共同发展。

六、充分发挥援疆工作机制作用

产业援疆是提高巴州自我发展能力的有效途径。加快产业援疆，对于加速推进物流产业规模化发展，构建现代物流体系，确保巴州在自治区率先实现物流产业现代化的目标任务，意义重大、影响深远。按照巴州关于推进产业援疆工作的实施意见及分工方案，优化资源配置，大力发展建设城市高速公路服务区、再生物资回收、第三方物流等现代服务业。强化资源整合，配套完善物流园区基础设施，支持巴州物流产业做大做强。主动加强与国家各部委、河北各省市的联系沟通，做好项目的谋划对接和实施配合工作，积极引进物流相关项目，努力争取更多项目资金。借助河北省对口支援平台，加快自身改革、创新体制机制、注入发展活力。充分利用河北省的人才、技术和市场优势，在互利共赢的前提下推进与河北省的大企业大集团合作，实施大项目带动，积极推进物流产业规模化发展。

第二节　推进产业结构优化升级

一、加快产业结构调整，转变发展方式

加快物流业产业结构调整，充分促进专业化分工体系的建立和发展。以信息化为基础，以生产性服务业为重点，抓住企业、人才两个关键，积极打造产业特色鲜明、空间相对集中及具有资源集合、产业集群、服务集成功能的现代物流业集聚区。着力培育物流业发展园区、企业和项目“三大载体”，形成一批规模较大、市场竞争力强的大型物流企业，抓好重点项目建设，带动物流业上规模、上水平。把物流业集聚区建设纳入城市总体规划，成片规划、整体开发。在物流业集聚区的规划建设过程中，鼓励多用存量土地、原有老厂房，实现土地集约使用。引导产业向重点区域集中，围绕产业园区、乡场城镇，利用重点企业产业链、配套协作细化的优势，带动关联产业、关联技术、关联企业的集聚和发展，形成各具特色和优势的产业区域布局。依托产业园区和乡镇场载体，建设物流产业集群，引导产业集聚，促进物流园区快速发展，发挥区域物流增长中的引领和支撑作用。紧紧围绕规模化发展、集约化管理、标准化服务、产业化经营的

现代物流业发展方向，探索“以现代企业制度管理、以市场化运作”的发展机制，推动物流业发展方式根本转变。广泛学习、积极吸收和主动探索，创造有利条件，采取入股、投资、加盟和股份合作等多种灵活方式，广泛引进和吸纳企业、社会资金，建立具有现代企业制度性质的发展模式。

二、做大做强商贸流通业

巩固库尔勒市的商业中心地位，同时向多行业、多业态延伸，有序推进商贸中心、特色商业街建设，加快连锁超市和区域性配送中心建设。搞好各县市商业网点规划布局，加快城镇商贸服务中心区、便民服务网点和各类专业市场建设。加快发展现代信息管理，提升现有商贸市场的档次和品位。围绕钢材、建材、农机等重要生产资料加快构建专业市场，向地方市场和其他县市场加快扩张，扩大经营规模。依托农产品产销地批发市场，构建集市场开拓、加工转化、储运调节、信息服务等功能于一体的农产品现代流通体系。在中心乡镇建设与当地经济发展和人口规模相适应的商贸功能区、商业街、社区商贸中心等，提升居民消费环境。支持乡镇场农业生产基地、农民专业合作社在县市、乡镇社区设立多种形式的鲜活农产品直销网点，方便居民生活。进一步健全、完善和壮大工业产品销售、运输、贮藏体系。组织有意愿、有实力的货物运输企业成立第三方物流公司。利用电商交易平台，大力发展现货与电子交易，推进流通现代化建设，培育发展新型业态，全面提高市场竞争力。深入开展“西果东送”“万村千乡”“新网工程”和城镇商业便民服务等市场工程建设，以专业批发市场为中心建立商品销售网络，逐步形成布局合理、错位发展、全面覆盖、符合发展需求、功能完备的商贸流通体系。

三、加快关联产业发展

充分发挥物流产业链条长、对相关产业带动效应高的优势，在加速发展物流业的同时，协同培育发展与物流业相关联的上下游配套产业，使其产生就业外部化效应，创造更高的附加值。加强物流业与第一和第二产业的关联度，相互作用、相互支撑、相互促进，共同发展。利用物流业的加速发展对原料、能源、信息等生产要素及各种中介服务产生旺盛需求，积极推动现代金融、信息服务等第三产业的发展。利用大集团、大企业产业链、配套协作细化的优势，带动关联产业、关联技术、关联中小企业的集聚，形成特色优势产业集群。

四、推进物流业与城镇化互动发展

物流业在城镇化进程中衍生成长，是城镇就业重要的容纳器。同时，物流业加快发展，可以为城镇化进程提供广泛的发展空间。城镇化初期发展主要靠商贸和工业带动，当城镇化发展到一定阶段后，物流业将成为城镇化发展的主要动力之一。在推进巴州城镇化的过程中，要加快发展战略性新兴产业，大力发展现代物流业，逐渐形成以物流业为主体的产业体系，推动物流业与城镇化的良性互动发展。加快完善各类物流园区基础设施建设，搭建良好产业发展基础和硬件平台。统一规划、合理布局，细分物流园区功能和发展定位，要将物流园区和小城镇建设结合起来，实现基础设施资源共享。

五、促进物流业市场活力

鼓励和引导民间资本投向物流业，国有与民营、区内与区外均享受同等政策待遇，促进物流业市场活力。重点培育行业龙头企业，发展成跨地州、跨所有制、具有自主品牌和核心竞争力的现代化企业，提高行业集中度和竞争力。支持物流龙头企业发展成为集运输、仓储服务、配送、物流信息管理、物流综合服务于一体的综合性现代物流企业集团。大力发展第三方物流，促进州域内生产性企业内部物流社会化，实现从传统物流向现代物流的转变，提高物流综合服务水平。推进现代化物流园区建设，构建布局合理、功能完善的物流设施网络，引导物流企业集聚集约发展。重点支持龙头企业开发新业态，完善服务体系，推动物流业规模化、标准化发展，努力在巴州境内形成与优势产区相适应的物流产业支撑布局。

第三节 加大金融扶持力度

一、加大财政支持力度

通过新增和有效整合财政资源，重点支持物流园区（基地）和骨干企业技术改造、新业务开发、服务平台等方面重大项目建设。产业引导资金和产学研发展专项资金及技术改造资金、中小企业发展资金等，加大对物流业项目支持力度，充分发挥其引导和激励作用。执行“两免三减半”税收优惠政策，增强巴州物流业发展后劲。认真落实关于鼓励物流聚集区发展的财税扶持政策，对转移项目除国家规定的收费外，免收相关行政事业性费用。各类发展性专项资金优先支持物流聚集区内项目建设。积极争取国家和自治区项目支持，统一规划和安排资金的使用，努力减轻中小物流企业资金压力。结合县市、企业各项工作发展实际，积极寻找切入点，指导县市和企业争取自治区专项资金，指导“西果东送”、“万村千乡市场工程”、外贸公共服务平台、外经贸区域协调发展，促进中小企业国际市场开拓资金等政策支持，充分发挥政策资金引导推进效应。整合服务业领域的财政扶持资金，综合运用贷款贴息、经费补助和奖励等多种方式支持物流业发展。各县市、城镇根据需要安排服务业发展专项资金和引导资金，预算内投资要加大对规划内重点物流业项目的投入，同等情况下优先支持物流业项目。

二、加大信贷扶持力度

加大金融机构对巴州物流业的支持力度，积极协调争取政策性金融机构和商业银行根据国家投资和信贷政策的规定对重点建设项目和重大技术改造项目给予信贷支持。金融机构要创新贷款抵押担保方式，扩大物流企业有效抵押担保范围。鼓励各银行业金融机构支持物流产业的结构调整和升级，创新信贷产品，积极开展应收账款、订单、仓单等质押贷款和产业链融资等业务。支持符合条件的物流企业通过发行企业债券、中小企业集合债券、短期融资融券等方式融资，指导具备一定条件和规模的企业多渠道募集资本，支持企业上市融资。各级担保机构要把物流企业列为重点扶持对象，降低担保和资金使用成本。积极协调争取商业银行对有市场、有效益、有还贷能力的物流企业所需的流动资金贷款优先安排、重点支持。大力吸引银行、保险等金融机构入驻巴州，加快创办城镇银行、小额贷款公司、融资性担保公司等，创新金融服务模式，畅通物流中小企业融资渠道。

三、创新投融资模式

健全财税金融政策支持体系，要有所为，有所不为，加大对重点领域、优势领域的扶持力度，尤其是对新兴物流业态的支持。从财税、信贷、投融资等方面完善促进物流业发展的政策体系，坚持引资、引技、引智、引平台有机结合，积极获取政策和要素平台支持。按照“谁投资，谁所有，谁受益”的原则，建立灵活的投融资机制，多渠道增加产业投资。针对物流龙头企业在平台建设、仓储设施建设、技术研发、基地建设等方面的资金需求特点，与金融机构共同探索开发与之相适应的融资产品。引进风险投资，建立和完善风险投资的中介服务体系，创造风险投资良好的社会和市场氛围。积极发展物流业政策性保险业务。创新投融资体制，加快构建包括金融资本投入、社会资本投入在内的物流业投入机制，激发市场主体参与现代物流业发展的积极性。通过放宽准入、改善服务以及争取税收优惠政策等多种方式，吸引更多的疆内外资金、民间资金投向园区产业，允许社会资金以独资、合作、联营、参股、特许经营等方式进行投资。着力构建大型物流基地建设投资机制，强化行政投入的导向作用，积极引导企业和民间资本参与物流基地建设，形成以企业和民间投资为主体、行政参与的多方共建机制。

第四节　提高招商引资效率

一、积极把握国内外服务业加速转移的有利机遇

现代物流业的发达程度是衡量一个国家、地区或城市经济社会现代化水平的重要标志。同时，现代物流业的发展是实现经济跨越式发展的有效途径。从全国角度看，物流业将在信息技术的支持下快速发展。巴州应充分发挥地缘和资源优势，以县市物流园区为平台，积极主动承接东部产业转移，主动融入东中西互动的开放格局。学习借鉴中东部地区先进的发展理念，发挥援建省市资金、市场、人才等各方面优势，加强与对口援建省市的沟通与全方位合作。全面了解和准确把握全国物流产业发展格局和龙头企业分布状况，根据不同的招商任务，明确工作方向和招商对象，精心准备、倾力争取，切实提高招商工作的成功率。

二、创新招商方式

创新观念，创新招商方式，采取多种合资合作方式，结成利益联结体，促进投资主体的多元化。鼓励各类企业、投资商参与巴州招商项目的建设。坚持行政推动与企业招商、民间招商并重，积极引进一批规模大、产出高、带动作用强的项目。通过资源或市场的纽带，以资源换资金，以市场换技术，采取产业招商、资源招商等多种招商方式吸引资金和项目，实现优势资源与优势企业的对接。紧紧围绕国家产业政策和投资导向，积极寻求结合点，引进一批科技含量高、发展潜力大、低碳环保、增加财源的重大项目，形成建设一批、投产一批、储备一批的项目建设规划。

三、进一步健全完善推进机制

从整合巴州物流资源的角度，统筹规划物流产业发展，开展项目可行性论证，建立和补充完善项目储备库。精心准备物流投资项目报告，让投

资者一目了然、有的放矢，吸引更多外来和民间资金投入物流项目开发。制定和完善各项促进资金引进和企业发展的政策和服务。集中力量、集中精力抓好重大项目建设和布局，对重大项目主要领导亲自抓，相关部门密切协作配合，加强跟踪服务，努力破解影响项目建设的突出问题。建立招商项目服务责任制，对重点项目要建立由州领导牵头、有关部门负责人参加的跟踪服务小组，随时了解掌握项目进展情况，及时帮助投资者解决项目实施过程中存在的问题，千方百计确保项目落地，实现快建设、快运营、快达效。

四、加强招商项目土地保障

加强土地收储与挖潜，提高供地能力。开设土地审批“绿色通道”，承接转移项目用地及配套设施用地，优先接受用地预申请，优先报批。属于重大建设项目的，统筹安排所需用地计划指标，对不足部分，可申请使用预留用地计划指标。实行建设用地增减挂钩，周转指标优先用于聚集区转移企业或项目建设。

第五节 大力培养和引进人才

一、坚持培育与引进相结合，实行人才建设“两手抓”

紧紧围绕巴州物流产业发展的需求，利用多种形式，培养用得上、留得住的实用型人才。大力培养和选拔优秀人才，全面提高人才队伍整体素质。培养和引进一批懂物流、善管理、会经营的专门人才。统筹当地职业教育和企业两种资源，建设培训管理人才的实训基地。完善引进人才办法，以引进国内外高层次人才为重点，建立项目、基地、人才一体化的引才机制，重点引进一批自主创新能力强的高层次人才、创新型人才和复合型人才。立足提升巴州现代物流业服务水平，加强物流人才引进和培养，完善以各级政府为主导、行业企业为主体、大学和职业院校为基础、社会支持的高技能人才培养体系，有效缓解物流业人才短缺的状况。

二、提升从业人员素质

加强优质注册执业人员队伍建设。严格落实注册执业人员的法律责任，增强其执行法律法规的自觉性，发挥其在规范市场行为中的独立性及中坚作用。开展技能培训和岗位练兵，培养一批技术人才。大力提高劳动力资源素质，通过校地合作等方式搭建物流从业人员培训学习平台，培育一支研发、管理、应用、服务相配套的高素质专业人才队伍。大型物流园区建设需要大量的专业技术人才，因此，要围绕园区建设，建立完善人才引进、培育机制以及劳动力市场体系。根据园区建设与发展的人才需求方向，积极在区内外各类院校定向为大型物流园区培养专业人才和技能人才。要从有利于资金、技术、人才、管理等生产要素集聚并实现效益最大化出发，强化管理、技术和制度创新，为物流园区发展提供活力和动力。

三、加强优秀项目经理队伍建设

要努力改变现有项目经理队伍参差不齐的现状，加强项目经理队伍建设，提高建筑项目管控水平。坚持“引进来”与“走出去”相结合，通过双向挂职、两地培训等方式，加快为巴州培养一批物流职业经理人才。增强管理人才队伍实力，提高经营管理人员的科学管理水平。引导企业建立有利于人才选拔任用的新机制，培养造就一批熟悉现代企业经营管理的高素质企业经营管理人才队伍。通过建立管理人才奖励机制，即建立管理人才带头人制度和管理人才政府津贴制度，营造尊重和重视管理人才的社会氛围。要结合现代物流业发展的特点和趋势，加强企业中高层管理人员战略规划、现代化管理知识等管理理论、管理技能等方面的培训，以适应大型物流园区（基地）建设要求。

四、加强优良企业家队伍建设

重视和加强物流业企业家队伍的建设，完善和创新企业家队伍建设机制，注重实践锻炼，精心挑选具有发展潜力的企业家后备人才，努力培养出一批战略思维强，科学决策能力、参与国际竞争能力、应对复杂局面能力、化解风险能力、资本运营能力过硬的企业家。通过多种方式、多种途径，努力建设一支熟悉国际与国内市场、善于经营管理、善于开拓创新的企业家队伍。建立有利于优秀企业家脱颖而出的培养和选拔机制，不拘一格使用优秀企业家。对经营业绩突出的管理者，要大力推进股权奖励、优惠购股和期权激励等激励措施，让企业家的智慧和创造价值得到尊重和体现。

五、健全人才服务保障机制

牢固树立“人才资源是第一资源”的观念，坚持市场化和职业化方向，实施人才发展战略，多渠道、多层次、多形式地培养吸引人才。通过对现有人力资源服务平台和服务机构的整合提升，为物流企业提供管理层培训、人才招聘、人才推荐、人才派遣、聘前考察、人事档案代理、职称受理、代办各类社会保障卡等人事代理服务，为企业提供优质的人力资源服务信息。通过项目建设、科技咨询和引进智力等形式，引进项目运营等重点领域紧缺人才。鼓励地方政府、协会和企业等各方投资建设实训基地，面向物流行业开展一线操作个人技能培训，提升专业人员职业素质和业务能力。围绕产业发展方向，搭建引才平台，创新引才载体。建立以能力和业绩为导向的社会化人才评价机制和科学人才使用机制。人事和劳动保障部门要鼓励各类物流就业服务机构发展，加快建设覆盖城乡的公共就业服务体系。加强政府和企业人才交流机制，定期派遣人员学习，建立持续、动态的经验交流平台，促进巴州物流人才库和知识池的发展。

第六节 提升科技引领作用

一、全面提高行业信息化水平

多渠道、多层次加大科技投入，不断改善物流信息化装备基础条件，加强信息化平台建设。加强引导、统筹规划、分类指导，重点推进物流企业管理与核心业务信息化建设和专项信息技术的应用。建立涵盖物流全过程的信息化标准体系，促进行业信息共享。运用信息技术强化项目过程管理、企业集约化管理、协同工作，提高项目管理等方面的信息化技术应用水平，促进行业管理的技术进步。加大物流信息服务网络建设，努力形成集包装、贮藏、运输、配送于一体的物流服务体系。大力推进信息技术在商贸流通领域的应用，有效地开展电子商务活动，提高企业管理水平，增强企业参与市场的竞争能力。推进信息技术在物流园区的应用推广，建立资源共享的园区信息平台和服务应用平台，努力推进巴州物流园区向“电子园区”的方向发展。

二、提高物流产业先进科技装备水平

积极推进物流企业技术进步，转变物流业增长方式。科技是第一生产力，加强新技术在传统产业中广泛应用和渗透，加快传统产业的结构调整和技术升级。物流企业必须研究掌握国内外先进的管理技术与管理理念。在提高自身技术装备水平的同时，改变粗放型管理模式，转变企业的经营机制，不断增强企业自主经营能力和灵活应变能力，提高物流企业的整体竞争力。立足于全州经济社会跨越式发展的战略需要，瞄准国内外行业先进水平，采用新技术，提高技术装备水平。广泛开展国际合作与交流，引进、消化、吸收国外先进技术，加大先进适用技术的推广力度。加快制定推进和鼓励企业技术创新相关政策，完善相关激励机制。围绕物流园区产业链的完善，将产研紧密结合，为入园企业提供技术和产业平台等方面的服务。鼓励企业加大科技投入，创新物流服务手段，促使物流企业由传统运输型向现代科技装备型转变，从而提升物流产业竞争力。

三、提高物流产业科技管理水平

以协会、院校和龙头企业为依托，通过吸收国际先进的品牌、管理、营销理念，建立集技术、设备、示范于一体的服务体系，为物流企业提供项目设计、技术设备引进、信息服务、品牌战略及市场开拓等方面的服务。大力推进以企业为主体、产学研相结合的企业创新能力建设，把引进技术的消化吸收再创新作为提升产业创新的主要途径。制定和完善物流业务操作规程，加快物流安全标准的制定和实施。加强管理体系建设，形成核心竞争力，占据市场主流地位，提高市场占有率。突出标准化服务，抓好市场体系建设和服务体系建设。引导企业通过建立战略联盟、战略合作、校企合作等方式，加大技术研发投入，加快技术改造，积极应用先进技术推进物流产业技术更新与创新。把引导物流企业创新发展模式和经营业态、拓展物流业的发展空间作为加快物流业发展的主要途径。

第七节 深化物流业体制改革

一、深化体制改革，完善物流业的推进机制

物流业是国民经济的基础动脉产业，对促进区域发展具有不可替代的作用，应提升对物流产业的重视程度。进一步解放思想，提高认识，切实增强加快物流业发展的紧迫感和责任感；进一步提高各县市、企业对加快物流业发展的重视程度。政府在物流业发展中应充分发挥合理规制、促进竞争、奠定基础等作用，加强宏观调控作用。根据物流产业运行规律，按照系统工程原理，确定政府各部门对物流管理的职责分工，划定物流管理工作周转流程，规定部门间工作配合准则，建立一套科学、合理、完善的物流产业管理体系。研究行业发展政策，制定行业发展规划，在各个发展阶段及时提出工作指导意见，为行业发展提供指导和服务，推动行业发展和进步。构建物流发展公共服务体系，引导金融机构加大对重点商贸、物流企业的融资支持，推行 PPP 开发建设模式，吸纳社会资本参与物流园区、中心建设。鼓励有条件的非公有制企业做大做强，创造条件使其成为推动物流业可持续发展的重要力量。支持具备条件的物流园区拓展综合服务功能，建立完善公共信息等服务平台。尽快出台鼓励和促进非公有制投

资的政策，为加快非公有制经济进入物流业领域营造良好的环境。以机制体制创新、构筑现代企业集团、产业结构调整为重点，以示范园区建设为载体，以重点项目建设为平台，重点突破，梯次推进良好的物流环境。充分利用各种新闻媒体，深入宣传加快服务业发展的重要意义、相关政策措施以及各地好的做法，为加快物流业发展营造良好的氛围。

二、放宽物流业市场准入

充分发挥市场机制的作用，引入多元竞争主体，扩大物流业的对内对外开放。

着力打破行业垄断，消除市场壁垒。加快转变政府职能，进一步精简审批环节，降低门槛，建立健全公开、平等、规范的市场准入制度，培育多元化的市场竞争主体。进一步清理行政审批事项，最大限度地减少审批事项，下放审批、核准权限。工商行政管理部门可适当放宽物流企业在营业场所、投资人资格、业务范围等方面的市场准入条件。放宽物流业企业注册限制，允许分期缴纳注册资本金。抓紧研究提出放宽市场准入、鼓励社会力量增加供给的具体措施。加快推进国有物流企业改革，推动国有物流企业股份制改革和战略性重组，将物流业国有资本集中在重要公共服务领域，鼓励国有物流企业通过股权并购、股权置换、相互参股等方式进行重组，鼓励非公有制企业参与国有物流企业的改革、改组、改造。建立公平透明的市场准入标准，鼓励物流企业开展跨区域网络化经营。鼓励物流企业整合资源、加强协作，提高物流市场集中度和集约化运作水平，提高物流发展规模化水平，减少低水平无序竞争。

三、规范行业秩序，强化安全监管

严格规范服务业市场秩序，加强市场监管，规范收费行为，促进公平竞争。实施动态管理，加强督促检查，适时进行阶段评估，不断总结探索物流产业发展的新问题、新思路、新途径。加强对物流市场的监督管理，完善市场监测调控服务功能体系。加强对物流市场竞争行为的监督检查，依法查处不正当竞争和垄断行为。切实维护好企业合法权益，创造良好的投资和发展环境。完善法规制度和标准规范，不断完善服务质量标准体系。建立跨地区、跨行业的联合惩戒机制，加大对失信行为的惩戒力度。加强物流服务质量满意度监测，开展安全、诚信、优质服务创建活动。加强对物流重点环节的监管，建立健全服务质量保证体系，严格审查企业经营条件，严格按照标准组织物流服务。强化企业法人是生产安全的第一责任人的意识，督促企业加强道德规范建设，引导企业诚信守法，建立自律机制，充分发挥信用的警示和惩戒作用，营造物流安全信用环境，建立巴州物流信用体系的基本框架和运行机制。全面推行生产安全巡查制度，逐步建立以生产安全巡查为主要手段、以行政执法为基本特征的生产安全监管模式。建立市场与现场联动的监管机制，增强生产安全监管工作的针对性。严格落实生产安全责任，落实注册执业人员的行业责任，健全责任追究制度，提高质量安全监管效能。建立巴州物流信用信息使用和披露制度，构建物流诚信体系，完善物流企业和从业人员信用记录，并纳入统一的信用信息平台。根据物流运输方式、特点、危险等级等统一规划公共管廊、仓储设施和交通设施，通过一体化的物流设施确保物料在区内外经济安全地输送。危险品库区、罐区统一布置在各自厂区的化学品及综合库区内，实行集中管理，减少安全隐患。

四、支持行业组织发展，建立物流业统计调查体系

引导、支持物流业行业组织健康发展，规范发展行业评估等中介机构。完善商贸物流标准化工作体系，引导物流企业采用国际标准和国外先进标准。提升商务管理信息化、网络化的综合管理水平，构建相关部门、行业组织和标准技术归口单位的协调沟通机制。加强现代物流与电子商务的宣传推广、培训、咨询服务。加快建立科学、统一、全面、协调的物流业统计调查制度和信息管理制度，为政府宏观管理和企业经营决策提供参考依据。完善物流业统计调查方法，加快构建科学的物流业统计指标体系，加强数据质量控制与评估，不断提高统计工作质量和水平，不断提高

统计数据的准确性和及时性。加强物流业统计机构和人员队伍建设，建立政府统计和行业统计互为补充的物流业统计调查体系，建立健全物流业统计信息，对外提供共享机制，健全物流业信息发布制度。

第八节　加快“走出去”步伐

一、发展壮大优势企业，鼓励企业“走出去”

实施名牌战略，发挥自身资质、科技、人才优势，争创一批出自巴州的集中度高、资质等级高、竞争实力强的外向企业、全能企业和拳头企业，鼓励有实力的物流企业“走出去”。进行多元化发展和专业化发展，强调综合实力和规模，优先发展一批服务质量好、管理水平高的大型名牌物流企业。同时，积极鼓励物流主营企业和专业实力企业参与丝绸之路经济带的交流与合作，成为物流市场具有竞争力的知名公司。通过经济洽谈会、观摩交流、庆典活动等形式，加强对巴州物流企业的宣传推介，积极向外拓展市场。引导企业选择优势领域、重点区域，大力开拓国外市场，加快企业“走出去”步伐，形成资金、团队、管理综合优势。鼓励巴州物流企业以合资、合作或者投资收购等方式在国外成立企业，有效利用当地资源拓展业务领域。鼓励有实力的团场企业对外投资合作，加强与区外、国外合作，带动技术、原料和劳务输出。

二、完善相关政策

推动对外物流服务有关税收、信贷、保险、担保等扶持政策落实。同时，鼓励贸易、咨询、法律服务、知识产权服务、人力资源等企业积极为物流业“走出去”提供服务。引导和规范企业对外投资合作，支持有实力、有信誉、有竞争力的各种所有制企业“走出去”，加强引导和协调，避免企业在境外盲目投资和恶性竞争。优化进出口结构，转变服务贸易增长方式。集中使用区域协调发展资金和结构调整资金，积极引导，着力发展外向型产业，增强外贸对巴州整体经济的带动与拉动作用。充分发挥巴州的地缘优势和资源优势，指导帮助企业做好开拓国际市场的资格准入工作。

三、稳步推进物流领域对外开放

进一步扩大开放需要深入持续地优化环境，尤其是软环境，包括廉洁高效的政务环境、开放开明的政策环境、公正公平的法治环境、规范有序的市场环境和积极向上的舆论环境，大幅提升对外开放的吸引力和竞争力。积极扩大服务业对外开放，坚持以开放促改革，提高整体发展水平。坚持“引进来”与“走出去”并重方针，全面提升物流业开放水平，努力提高服务贸易在巴州对外贸易中的比重。通过发展对外贸易促进经济发展、增加就业，在优化结构、提高质量的基础上扩大物流业利用外资规模。做好利用外资工作，注重提高引进外资质量和优化结构，更多地引进先进技术、管理经验和高素质人才。支持鼓励先进设备和技术进口。推动物流企业与国际先进物流企业合作交流，扩大商贸物流、电子商务领域的对外开放。

参 考 资 料

[1] 阿布都伟力·买合普拉. 区域物流研究：基础理论和综述[M]. 乌鲁木齐：新疆大学出版社，2014：139-152.

[2] 国家发展改革委，交通运输部. 国家物流枢纽布局和建设规划[Z]. 2018-12-21.

[3] 巴音郭楞蒙古自治州人民政府. 巴音郭楞蒙古自治州国民经济和社会发展第十三个五年规划纲要[EB/OL]. 巴音郭楞蒙古自治州人民政府网站，2016-05-24.

[4] 巴音郭楞蒙古自治州人民政府. 巴音郭楞蒙古自治州国土空间总体规划(2010—2020)[EB/OL]. 巴音郭楞蒙古自治州政府网站，2017-03.

[5] 巴音郭楞蒙古自治州人民政府统计局. 2010—2015 年巴音郭楞蒙古自治州国民经济和社会发展统计公报[EB/OL]. 巴音郭楞蒙古自治州人民政府统计局网站，2016-04-02.

[6] 喀什地区统计局. 2011—2015 年喀什地区国民经济和社会发展统计公报[EB/OL]. 喀什政府信息网，2016-04-19.

[7] 阿克苏地区统计局. 2011—2015 年阿克苏地区国民经济和社会发展统计公报[EB/OL]. 阿克苏地区统计局网站，2016-01-22.

[8] 和田地区统计局. 2011—2015 年和田地区国民经济和社会发展统计公报[EB/OL]. 和田地区统计局网站，2016-04-01.

[9] 克孜勒苏柯尔克孜自治州统计局. 2011—2015 年克孜勒苏柯尔克孜自治州国民经济和社会发展统计公报[EB/OL]. 克孜勒苏柯尔克孜自治州统计局网站，2016-04-26.

后　记

我于2012年完成中国科学院的博士学业之后，便依照学习期间的计划，开始撰写关于区域物流的基础理论著作。博士阶段所完成的文献综述，为我后续的区域物流基础理论研究奠定了坚实的基础。2014年，我在新疆大学出版社出版的《区域物流研究：基础理论和综述》系统探讨了区域物流的基本概念、要素框架以及国内外理论研究进展等诸多问题。随后的几年里，我转向应用研究，致力于将所学的理论知识应用于新疆区域物流的实践研究和政策研究中。随着"一带一路"倡议的推进，新疆作为丝绸之路经济带的核心区，其建设热潮为我的理论和政策研究提供了丰富的实践素材。在此背景下，我围绕新疆区域物流体系建设主持了近十项省部级研究课题，并在《中国流通经济》《商业经济研究》《亚太经济》《物流技术》等核心期刊发表了多篇理论文章，深入探讨了新疆区域物流研究的相关理论和应用性等内容。其间，我的一些咨询报告获得了自治区领导的批示。

在丝绸之路经济带核心区建设的背景下，依托自治区的相关宏观规划，新疆各地州掀起了区域物流规划研究的热潮，我有幸参与了华夏第一大洲——新疆巴音郭楞蒙古自治州的区域物流规划研究课题。通过广泛的实地调研，对地州、县市、乡镇物流体系的现实运行情况、地方政府部门的物流产业工作举措等有了深刻的体会，尤其对我国内陆地区最大盆地——塔里木盆地的综合物流体系建设形成了一些具有理论性的思考成果。巴音郭楞蒙古自治州地处新疆的地理中心区域、塔里木盆地东部，其所在的南疆地区是我国典型的内陆地区和绿洲经济区域。从区域经济学视角来看，内陆绿洲地区物流产业具有其独特的运行机理和特点。在依托区域物流规划的区内外广泛调研中，我越来越感受到我国政府主导型市场经济体制背景下区域物流发展问题的理论和政策研究价值。我国发布的《物流业发展中长期规划（2014—2020年）》为区域物流产业发展战略研究提供了重要的政策背景和规划指导。制定区域物流发展战略已成为各省区市、各级地方党政部门的共识，这意味着区域物流可以被视为一个宏观性产业来进行规划和发展。通过产业规划，各级政府可以有效地引导和调控特定区域的物流发展，通过基础设施项目投资来改善区域物流的发展布局并提高其运行效率。而“区域物流”作为“区域”要素和“产业”要素的融合体，无论从哪个视角来看，都具备了从战略视角进行研究的客体条件。

通过参与巴音郭楞蒙古自治州的区域物流规划研究，我初步认识到区域物流发展的一些战略要素，包括区域物流的基础设施系统、市场（需求与供给）运行系统及网络布局、管理与调控系统等。这些要素在理论上勾画出了特定区域如何依托特定思路、整合特定要素、实现特定发展目标的框架图景，实质上构成了特定产业发展战略的技术轮廓。在此背景下，本书的初步研究框架和思路得以形成。在相关基础理论研究方面，国内沿海发达地区的区域物流产业战略研究成果相对丰富，对于西部内陆地区特定区域的物流产业发展战略研究则相对较少。本书以新疆巴音郭楞蒙古自治州区域物流发展为例，对区域物流产业发展战略理论进行了初步验证，并在框架和技术层面进行了一些积极的探索，旨在为我国物流产业发展战略研究区域特色提供补充。

新疆作为“五口通八国，一路连欧亚”的全国最大面积行政区域，在全国综合物流体系布局中具有独特的地位。它不仅是我国内陆战略纵深发展的重大支撑区域，更是连接亚欧大陆物流网络的核心枢纽。在“一带一路”倡议的推动下，新疆正致力于构建与欧亚对接、联通国内、畅通疆内的现代物流网络体系。可以说，新疆物流产业的发展是我国西部地区物流产业发展的重要实践之一，具有鲜明的“双循环”时代特征。这一格局的构建需要全国各省区市加强与新疆亚欧综合物流枢纽的建设联系，以新疆为平台，进一步加强与中亚、西亚、欧洲市场的连接。同时，我期望全国各地的学者同人能够关注新疆区域物流的发展战略研究，多给予帮助与指导。

阿布都伟力・买合普拉

2024 年 3 月